VIVRE À L'OMBRE DU BARRAGE DE MANANTALI

Les représentations sociales des impacts

Collection « Études africaines »

Forte de plus de mille titres publiés à ce jour, la collection « Études africaines » fait peau neuve. Elle présentera toujours les essais généraux qui ont fait son succès, mais se déclinera désormais également par séries thématiques : droit, économie, politique, sociologie, etc.

Dernières parutions

Trésor LUMFUANKENDA BUNGIENA, *Architecture du care en République démocratique du Congo, Repenser l'infrastructure hospitalière*, 2025.
François KODENA (dir.), *Jean-Marc Ela ou l'audace de géo-penser. Voici le Taon des Héritiers*, 2025.
Riman VAN, *Les défis contemporains de la démocratie et des droits de l'homme en Afrique. Étude à l'aune du droit international et du droit régional*, 2025.
Salomé SOLOUM, *Mode vestimentaire, accessoires et parures corporels dans le sud-Bénin du XVIIe au XIXe siècle*, 2025.
Salomon MAMPETA WABASA, *Gouvernance du parc national de la Salonga en RD Congo, Protectionnisme écologique et résistances locales*, 2025.
Ibrahim HAROUNA OUSMANE, Enjeux sécuritaires et mobilisation des jeunes dans les groupes extrémistes violents, Une analyse par l'exemple d'Abala au Niger, 2025.
Sous la direction de Saouré KOUAME, Philanthropie et développement de l'Afrique, 2025.
Romain KABONGO TCHISSENS, Gouvernance des entreprises publiques en République démocratique du Congo, Des sociétés à chartes aux sociétés commerciales, une déliquescence programmée, 2025.
Ilunga MUKADI, *Afromanie. Essai d'études africaines*, 2025.
Jean NSONSA VINDA et Pascal KAMUFUENKETE LUVUMBU, *La République Démocratique du Congo peut-elle décoller ? Fédéralisme et développement de la RDC*, 2025.
Daniel NDITIFEÏ BOYSEMBE, *La crise sécuritaire en République centrafricaine (2012-2019). La vérité sur le mouvement des Anti-balakas*, 2025.
Amouzou ESSÈ AZIAGBÉDÉ, *Pouvoir et illusion du pouvoir en Afrique noire*, 2025.
Sous la direction de Raphaël PORTEILLA et Hélène TOURARD, *Afrique et paix, De la gestion des crises à la culture de la paix*, 2025.

Coumba Cissé

VIVRE À L'OMBRE DU BARRAGE DE MANANTALI

Les représentations sociales des impacts

L'Harmattan

5-7, rue de l'École-Polytechnique – 75005 Paris

www.editions-harmattan.fr

ISBN : 978-2-336-51475-8
EAN : 9782336514758

AVANT-PROPOS

En 1988, le bassin du fleuve Sénégal au Mali a vu la mise en service d'un barrage par l'Organisation pour la mise en valeur du fleuve Sénégal (OMVS). L'objectif principal était la production d'énergie électrique partagée entre le Mali (52 %), le Sénégal (33 %) et la Mauritanie (15 %). Or, l'apparition de cet ouvrage a constitué une perturbation profonde dans l'organisation et le fonctionnement des espaces riverains. Les territoires autour du Bafing, affluent où se situe le barrage, se sont trouvés ainsi cloisonnés en une partie amont et une partie aval du lac de retenue. Ce dernier a insufflé une nouvelle dynamique spatiale, avec l'installation de 25 campements de pêche.

Cette nouvelle économie a constitué un facteur d'attraction de pêcheurs professionnels venus des régions du centre du Mali, particulièrement de Mopti et de Ségou. Le lac est ainsi devenu une immense réserve de poissons avec des tailles plus importantes par rapport à ceux capturés dans les affluents du Bafing, du Bakoye ou même du fleuve Sénégal. En amont du barrage, la pêche est devenue la première activité économique, poussant de jeunes agriculteurs et éleveurs « autochtones » à une reconversion professionnelle pas toujours aboutie.

Les campements de pêche occupent un ancien site des villages déplacés lors de la construction du barrage. Trente-trois villages ont été réinstallés en aval du barrage dans le finage d'autres hameaux préexistants. Cette cohabitation a bouleversé l'occupation de l'espace et entraîné des tensions foncières.

Certains sites, comme Manantali, à 5 km du barrage, en sont les grands bénéficiaires. Ce village s'est transformé en un véritable « centre rural », en accueillant les cadres et les ouvriers qualifiés et toute la main-d'œuvre venue du Mali, voire de l'étranger. Cet afflux d'habitants urbanisé a profondément changé la configuration du site et l'a surtout fortement discriminée. Les bureaux de la société d'exploitation au pied du barrage, le vieux village de Manantali, les cités des ouvriers et celle des cadres sont autant de témoins d'un espace urbain en devenir, fonctionnel et très inégalitaire.

Ce livre permettra aux professeurs et aux étudiants en géographie d'avoir un exemple pour illustrer les impacts du barrage hydroélectrique de Manantali sur l'organisation socio-spatiale et physique des territoires riverains. L'entrée par une lecture des représentations sociales, consensuelles comme conflictuelles, par les habitants et par les différents acteurs est privilégiée pour exposer l'importance de la prise en compte de la dimension humaine dans la réflexion sur les impacts et dans ce contexte de changements climatiques. Le concept de représentation sociale est posé de la façon suivante :

« Les représentations forment des codes mémorisés par le cerveau, mobilisables de façon consciente et se prêtant à de multiples utilisations mentales. Ces codes servent en particulier à décrypter notre environnement géographique, mais aussi à communiquer avec autrui, à rêver, à imaginer, à planifier et à orienter nos conduites ou nos pratiques les plus diverses. » (Di Méo, 2008)

Au cœur de ce livre se trouvent les représentations sociales des acteurs, des responsables politiques à différentes échelles et, surtout, de l'habitant ordinaire qui vit à l'ombre du barrage de Manantali. Cette notion d'ombre doit être comprise dans la polysémie des impacts de l'ouvrage, tout autant néfastes que bénéfiques, et par rapport à son aire d'influence. Ce livre montre des expressions plus subtiles dans les représentations des habitants ordinaires et des acteurs. Il révèle aussi une distinction entre une forme « d'ombre spatiale », une « ombre protectrice » et une « ombre malfaisante ». Les principales zones considérées se situent à « l'ombre proche » de l'ouvrage – soit l'échelle locale –, dans un rayon de 50 km autour du barrage. Il s'agit de 8 villages déplacés et anciens, mais également des 25 campements de pêche autour du lac de retenue.

Ce livre vise aussi à apporter une meilleure compréhension de la zone de chalandise des ventes de poissons du lac de retenue, qui conduit à la considération de deux autres échelles : régionale et nationale. Il permettra de réfléchir sur les impacts environnementaux, de comprendre les enjeux et les problèmes de l'exploitation sur les territoires ainsi que de mieux orienter la gestion des besoins des populations qui vivent à l'ombre de ce barrage.

Mots clés : représentations sociales, impacts, barrage hydroélectrique, haut bassin du fleuve Sénégal, villages, campements, échelles, Manantali.

REMERCIEMENTS

Ce livre est une version améliorée du document produit dans le cadre de ma recherche en doctorat en géographie. La recherche a été réalisée grâce au soutien de nombreuses personnes.

Mes premiers remerciements vont à la professeure Bezunesh Tamru et au professeur Alphonse Yapi-Diahou pour leur appui dès la conception du projet de thèse, qui n'aurait jamais existé sans leur grande disponibilité. Je tiens aussi à exprimer ma gratitude envers les professeurs Adrien Coly et Boubou Aldiouma Sy.

Au Sénégal, la rencontre avec les équipes du Haut-Commissariat a été possible grâce à l'aide de Saloum Cissé. Je lui exprime toute ma gratitude. Je remercie également Makhily Gassama, qui m'a accordé sa confiance.

Au Mali, je tiens à remercier les familles Cissé, Diabaté, Sylla et Konaté, qui m'ont accueillie dans leur foyer lors des campagnes de terrain. Je tiens à remercier chaleureusement l'ancien directeur d'Eskom Énergie Manantali. Le Service Santé Sécurité Environnement et la Cellule limnologique m'ont accueillie lors de mes trois séjours à Manantali. Je remercie infiniment la directrice Mariame Sissoko Konaté ainsi que Bécaye Togola pour leur disposition, leur professionnalisme et leur confiance. Ils m'ont permis de connaître le lac, les campements, les villages et l'environnement de travail de la société d'exploitation. Je souhaiterais remercier toutes les personnes qui ont bien voulu répondre à mes questions lors des enquêtes, des entretiens individuels ou des entretiens collectifs. Vos réponses, les discussions et le séjour à vos côtés m'ont aussi enrichie humainement.

Je remercie toutes les personnes qui m'ont aidée à la relecture et à la révision linguistique.

Je ne saurais terminer sans remercier plus spécialement ma famille (Cissé, Sarr et Dabo) et mes amis. À mes parents, je ne trouve pas les mots pour dire combien je vous suis reconnaissante de votre soutien depuis toujours. Un remerciement particulier à mon époux, qui a été plus que compréhensif pendant toutes ces années de recherche.

SIGLES

ADRS	Agence de développement rural de la vallée du fleuve Sénégal
AOF	Afrique-Occidentale française
CCEG	Conférence des chefs d'État et de gouvernement
CESCOM	Centre de santé communautaire
CICOS	Commission internationale du bassin Congo-Oubangui-Sangha
CIRAD	Centre de coopération internationale en recherche agronomique pour le développement
CLC	Comités locaux de coordination
CMDT	Compagnie malienne pour le développement du textile
CN	Cellules nationales
CNC	Comités nationaux de coordination
CPE	Commission permanente des eaux
DCCRC	Discours de chefs de campement et de responsables de coopérative
DCVD	Discours de chefs de villages déplacés
DCVND	Discours de chefs de villages non déplacés
DDSN	Discours de directeurs de structure nationale
DDSPAR	Discours de directeurs de structure et de présidents d'association régionale
DEESA	Discours d'employés d'Eskom et de l'ADRS
DEPDE	Discours d'élus politiques et de directeurs d'école
DEPR	Discours d'élus politiques régionaux
DNHE	Direction nationale de l'hydraulique et de l'électricité
DRAAS	Discours de responsables d'association et d'agents de santé
ODIPAC	Opération de développement intégré de la production arachidière et céréalière
OMVS	Organisation pour la mise en valeur du fleuve Sénégal
PADY	Programme d'appui au développement de Yélimané
PAPAM	Programme d'amélioration de la productivité agricole au Mali
PDAK	Projet de développement du Kaarta
PDIAM	Projet de développement rural intégré en aval du barrage de Manantali
PEDRIK	Programme de développement intégré de la région de Kita

PGIRE	Programme de gestion intégrée des ressources en eau et de développement des usages multiples
PRM	Projet de réinstallation de Manantali
RECOPEB	Réseau communal pour la protection de l'environnement de Bamafélé
RGPH	Recensement général de la population et de l'habitat
RIMA	Réseau interconnecté de Manantali
SEMAF	Société d'exploitation de Manantali et de Félou
SOGED	Société de gestion et d'exploitation du barrage de Diama
SOGEM	Société de gestion de l'énergie de Manantali
SOGENAV	Société de gestion et d'exploitation de la navigation
SSSE	Service Santé Sécurité Environnement
UEMOA	Union économique et monétaire ouest-africaine

PREMIÈRE PARTIE :
LES ENJEUX DE L'EXPLOITATION DU FLEUVE SÉNÉGAL PAR L'OMVS : L'IMPLANTATION DU BARRAGE DE MANANTALI

CHAPITRES

1. Quels enjeux de l'implantation du barrage de Manantali sur le fleuve Sénégal ?

2. Le problème du barrage de Manantali

3. Comment comprendre les représentations sociales du barrage ?

CHAPITRE 1 : QUELS ENJEUX DE L'IMPLANTATION DU BARRAGE DE MANANTALI SUR LE FLEUVE SÉNÉGAL ?

Le fleuve Sénégal joue le rôle d'unificateur pour les pays riverains. L'étendue de son bassin versant et son linéaire qui traverse plusieurs pays, du sud vers le nord, mettent en relation ces différents États. Selon Rochette (1974) :
« Long de 1800 km, le fleuve Sénégal prend naissance dans le nord de la Guinée, traverse la partie occidentale du Mali, puis constitue, sur tout le reste de son parcours, la ligne de frontière entre les territoires de la République du Sénégal et de la République islamique de Mauritanie. »
Ce fleuve se divise en trois parties : le haut bassin, la vallée et le delta. D'après Sambou et ses collègues (2009) :
« Le bassin versant du fleuve Sénégal à Bakel s'étend sur une superficie de 218 000 km^2. Le Bafing et le Bakoye, tous deux provenant du territoire guinéen, se rejoignent près de la ville de Bafoulabé pour former le fleuve Sénégal. Le réseau hydrographique est ensuite enrichi par quelques affluents de moindre importance sur la rive droite (Karakoro et Kolombiné), ainsi que par le plus important affluent de la rive gauche, la Falémé. »
En 1972, les pays riverains (le Mali, la Mauritanie et le Sénégal) de ce fleuve en Afrique de l'Ouest (Carte 1) ont décidé de se réunir sous le nom de l'Organisation pour la mise en valeur du fleuve Sénégal (OMVS) afin d'arriver à une exploitation commune des ressources en eau. Ces pays étaient déjà liés par l'histoire politique et du peuplement.

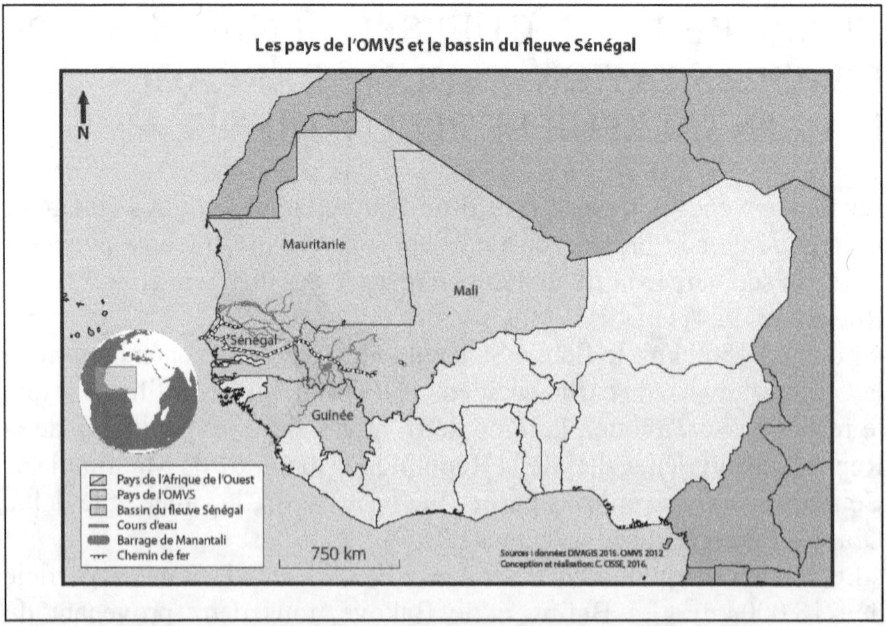

Carte 1 : Pays de l'OMVS en Afrique de l'Ouest

Carte 2 : Haut bassin du fleuve Sénégal situé au Mali

Le haut bassin au Mali couvre une superficie d'environ 155 000 km^2, soit 53,6 % du bassin total, qui est estimé à plus de 289 000 km^2, selon l'OMVS. Il occupe 12,5 % de la superficie du Mali, avec une population de 3 424 772 habitants. Il s'étale entièrement sur la région administrative de Kayes et sur une portion de celle de Koulikoro à l'est (Carte 2).

Héritage commun : l'histoire politique et du peuplement

Le bassin du fleuve Sénégal a longtemps fait partie des zones d'échange en Afrique de l'Ouest. Selon Milet (2007) :

« L'empire du Ghana ou l'empire du "roi guerrier" a existé de 300 à 1240. Cet empire s'étendait sur le Mali, la Mauritanie et le Sénégal. Il fut le premier grand empire noir de l'Afrique de l'Ouest. Sa capitale Koumbi-Saleh a connu une grande prospérité grâce aux échanges commerciaux qui existaient entre le monde berbère au nord et le pays malinké au sud. Fondé au VIIIe siècle par les Soninkés de Nara, l'empire du Ghana atteint son apogée au XIe siècle, consécutivement à de nombreuses conquêtes militaires. C'est en grande partie grâce au commerce de l'or, dominé par le Kaya Maghan "maître de l'or", titre que l'empereur se donnait lui-même, que cet empire a pu asseoir sa souveraineté dans toute cette partie de l'Afrique. »

L'auteur ajoute que l'empire était une société matriarcale, peuplée en majorité par les Soninkés animistes. La hiérarchie sociale était marquée par la division entre les clans, les tribus, les castes, les nobles et les esclaves.

En dehors du commerce, l'agriculture (agrumes, fruits, légumes, tubercules, mil, etc.) et l'élevage (caprins et bovins) étaient les activités principales. La forge et les mines ont également permis le développement économique de l'empire. Attirés par toute cette richesse, les Almoravides, qui ont pris le pouvoir dans l'empire vers 1076 à la suite d'une sécheresse qui a affaibli le royaume, tentaient d'imposer l'islam.

Cette situation conduira à la dislocation de l'empire par la fuite des uns ou par le détachement des autres. Selon Milet (2007), « le pays tout entier s'appauvrit, faisant le jeu des royaumes satellites… Ainsi, celui de Sosso, moins de deux siècles après la prise de Koumbi-Saleh par les Almoravides, s'empara du Ghana ».

Le royaume de Sosso fut à son tour dominé lors de la fameuse bataille de Kirina en 1235 par Soundiata Keita. Ce roi de l'empire du Mali était né dans la capitale du même nom, Niani.

Par la suite, le grand empire du Mali, peuplé par les Malinkés, a connu un essor incroyable grâce à l'extraction de l'or et au trafic caravanier, c'est-à-dire aux échanges commerciaux entre le nord, qui fournissait le sel, le cuivre, les tissus et les produits manufacturés, et le sud, d'où partaient les épices, l'ivoire, la kola et les esclaves. Au même moment, l'agriculture prospérait, avec les cultures d'arachide et de coton. L'empire du Mali voulant continuer à s'agrandir, il sera affaibli par les multiples crises de pouvoir internes, qui conduisirent à sa dislocation vers le XVIIe siècle. Par la suite, s'est installé dans la zone un autre royaume du nom de Khasso, où cohabitaient les Peuls, les Soninkés, les Malinkés, les Bambaras et les Maures.

La construction du fort de Médine en 1855 marqua les premiers instants d'une nouvelle domination de la zone du haut bassin au Mali par les colonisateurs. Ces derniers cherchaient à développer de nouveaux échanges commerciaux avec le ralliement des bassins du Sénégal et du Niger. L'installation du poste de Bafoulabé et la construction du chemin de fer à partir de Kayes marquaient la volonté de pénétrer dans le pays vers Bamako et de rallier le lac Tchad : « Le chemin de fer Dakar-Bamako était un cordon ombilical entre le Sénégal et le Mali[1]. »

Le haut bassin au Mali joua ensuite un rôle important dans l'histoire administrative du pays. Il abritait, au XIXe siècle (1892), la capitale du Soudan français, à Kayes. À cette époque, les bâtiments administratifs de Kayes ont vu le jour : le logement du gouverneur, le gouvernorat, la mairie, les quartiers le long du fleuve, le commissariat, la gare et le camp militaire. La capitale fut transférée à Bamako en 1899. Malgré ce transfert, Kayes resta une zone de passage des migrants des pays voisins.

Les pays de l'OMVS étaient membres de la fédération de l'Afrique-Occidentale française (AOF) jusqu'en 1958. Puis, le Sénégal et le Mali, ancien Soudan français, furent réunis dans le cadre de la fédération du Mali. Les deux pays étaient parvenus à avoir un seul gouvernement avec comme capitale Dakar. Toutefois, à cause des jeux politiques et d'intérêt, la fédération se disloqua. Le Soudan devint le Mali, qui garda le nom.

---

[1] Entretien avec le responsable du Musée régional de Kayes, mai 2014.

Après l'indépendance dans les années 1960, les deux pays conservèrent la même devise et portèrent un drapeau national presque similaire.

En 1972, la création de l'OMVS succéda à une phase de sécheresse, qui motiva les États membres à maîtriser les eaux du fleuve Sénégal. Toutefois, auparavant, de nombreuses tentatives d'aménagement du bassin avaient existé.

L'OMVS ou l'aboutissement de nombreux projets d'aménagement

L'histoire de l'aménagement de ce fleuve est racontée dans l'ouvrage de Maïga (1995) intitulé *Le bassin du fleuve Sénégal : de la traite négrière au développement sous-régional autocentré*. L'auteur montre l'enjeu de la colonisation agricole du fleuve Sénégal. Les populations du bassin avaient des habitudes culturales et des modes de gestion foncière propres qui feront échouer les projets d'aménagement. Les nombreuses propositions de primes et de nouvelles cultures n'ont pas empêché les hostilités. Malgré ces réticences, l'idée d'exploiter les ressources en eau du bassin de ce fleuve international est restée soutenue, particulièrement au lendemain de la Seconde Guerre mondiale.

Ce projet d'aménagement du fleuve Sénégal pour le développement économique des États membres s'est concrétisé avec l'adoption du statut juridique du bassin. Du début du XIXe siècle jusqu'au milieu du XXe siècle, le bassin du fleuve Sénégal a fait l'objet de plusieurs initiatives[2] d'aménagement.

---

[2] La publication du Plan de colonisation agricole de 1802 ; les études partielles sur la navigabilité du fleuve publiées en 1908 sous le titre d'instructions nautiques entre Saint-Louis et Kayes (924 km) ; le projet de l'Union hydroélectrique africaine de 1927 avec pour objectif l'étude de la navigation, de l'irrigation et la de production de force motrice. La Mission d'études du fleuve Sénégal (MEFS), fondée en 1935, a réalisé de nombreuses études topographiques sur le fleuve. En 1938, la Mission d'aménagement du fleuve Sénégal remplace la MEFS. Elle réalise des travaux d'aménagement agricole dans le delta et dans la vallée. Avec les indépendances dans les années 1960, le processus institutionnel s'accélère. Avec la Convention internationale du 26 juillet 1963 relative à l'aménagement général du bassin du fleuve Sénégal, les quatre pays riverains mettent en place le Comité interétatique (CIE). La première convention faisant du fleuve un cours d'eau international est signée. On parle de Programme intégré des ressources en eau du bassin. En 1968, le CIE est remplacé à son tour par l'Organisation des États riverains du fleuve Sénégal (OERS). Son objectif était

Le contexte de sécheresse des années 1970-1980 a joué un rôle particulier dans la prise de conscience des problèmes climatiques et de leurs effets sur la situation alimentaire des populations de la zone sahélienne :

« Depuis le début des années 1970, la situation alimentaire dans la zone sahélienne a été largement discutée, disséquée, analysée à l'occasion de symposiums ou de colloques. On dispose désormais d'un nombre impressionnant de publications de toutes natures et de toutes origines (climat, environnement, alimentation, économie, société, etc.) sur les causes et les effets de la sécheresse et des famines sur les populations. » (Gado, 1993)

Dans ce contexte, selon Niasse et ses collègues (2004) : « La création de l'OMVS a été ainsi l'aboutissement d'un long processus datant de la période coloniale et visant à organiser une gestion intégrée des ressources du bassin [...] ».

Fonctionnement et objectifs de l'OMVS

L'OMVS comptait trois États membres, mais un quatrième s'est ajouté depuis 2006 : la Guinée. Lors de sa création, l'organisation avait pour objectif de sécuriser et d'accroître les revenus des habitants du bassin du fleuve Sénégal et des zones avoisinantes ; puis de rendre les économies des États membres moins vulnérables aux conditions climatiques et aux facteurs extérieurs. Il s'agissait aussi de sauvegarder le milieu naturel, d'inciter à l'établissement de l'équilibre écologique et d'accélérer le développement économique par la promotion intensive de la coopération sous-régionale.

---

l'aménagement, mais aussi l'harmonisation des politiques sectorielles des États. En 1972, au lendemain de la grande sécheresse, l'Organisation pour la mise en valeur du fleuve (OMVS) Sénégal avait pour ambition de favoriser un développement intégré et coordonné du bassin du fleuve.

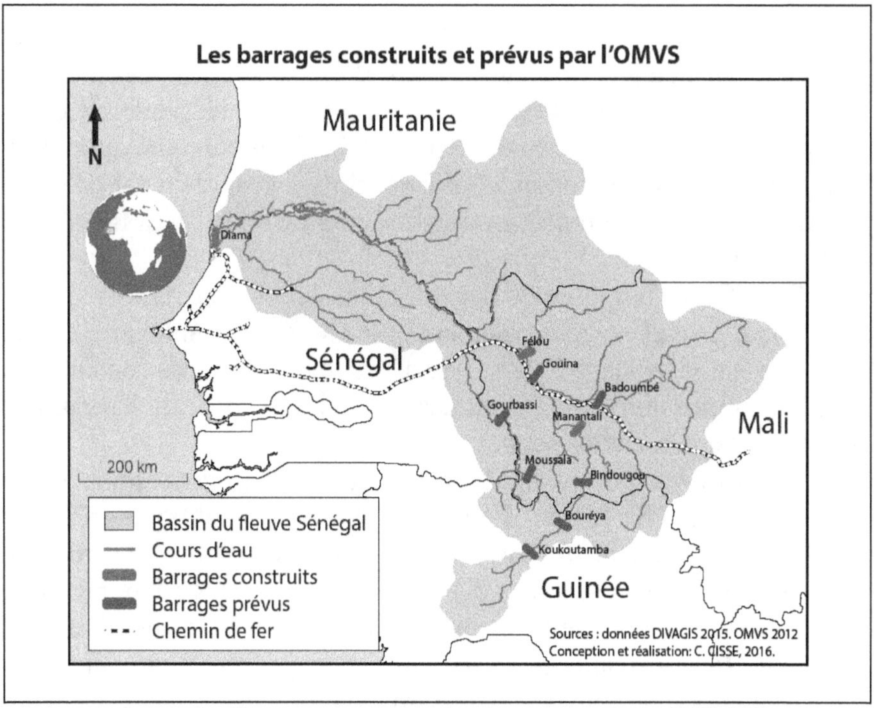

Carte 3 : Barrages construits et en projet de l'OMVS

Pour atteindre ces objectifs, l'organisation a construit des barrages. D'autres ouvrages sont aussi en projet (Carte 3). Les barrages de Diama et de Manantali ont été conçus pour être complémentaires. Ils ont pour fonctions particulières :

- de régulariser le régime du fleuve Sénégal ;
- de développer l'irrigation de 375 000 ha de terres aménagées ;
- de permettre l'approvisionnement en eau des zones urbaines et rurales ;
- d'assurer la liaison fluviale navigable de Saint-Louis à Ambidédi ;
- de produire en moyenne annuelle 807 GWh d'énergie électrique répartie entre les trois pays que sont le Sénégal, le Mali et la Mauritanie.

Un modèle spécifique de fonctionnement

La première convention[3] du 11 mars 1972, signée à Nouakchott par les chefs d'État, place l'OMVS sous la tutelle de la Conférence des chefs d'État et de gouvernement (CCEG), instance suprême qui définit la politique de coopération et de développement de l'OMVS. La présidence de la Conférence est assurée à tour de rôle et pour un mandat de deux ans.

L'OMVS est composée de deux organes délibérants (la Conférence des chefs d'État et de gouvernement et le Conseil des ministres), d'un organe exécutif (le Haut-Commissariat) et de trois organes consultatifs, dont la Commission permanente des eaux et le Comité de bassin. Les cinq organes permanents sont :

1. Le *Conseil des ministres* est un organe de conception et de contrôle chargé de l'élaboration de la politique générale d'aménagement du bassin du fleuve Sénégal pour la mise en valeur de ses ressources. Sa présidence est assurée à tour de rôle, pour un mandat de deux ans, par chacun des États membres ;
2. Le *Haut-Commissariat* (Figure 1) est dirigé par un haut-commissaire nommé pour un mandat de quatre ans. Ce dernier est assisté par un secrétaire général, également nommé pour un mandat de quatre ans. Le Haut-Commissariat applique les décisions du Conseil des ministres et rend compte régulièrement de leur exécution ainsi que de toute initiative prise dans le cadre des directives reçues et dans la limite des pouvoirs qui lui sont délégués. Il est l'organe exécutif de l'organisation ;
3. La *Société de gestion de l'énergie de Manantali* (SOGEM), créée le 7 janvier 1997, est une société publique interétatique qui a

[3] La convention de 1972 a défini le statut juridique du fleuve Sénégal : « cours d'eau international sur les territoires du Mali, de la Mauritanie et du Sénégal ». Elle garantit la liberté de navigation entre les pays et l'utilisation équitable de l'eau du fleuve. L'accord-cadre relatif aux privilèges et immunités accordés à l'OMVS et à ses fonctionnaires et agents a été signé le 4 mai 1976. Le 21 décembre 1978, une convention sur le statut juridique des ouvrages communs a été signée : elle définit le statut de copropriétaire ainsi que les modalités de la création d'agences de gestion des ouvrages communs. À Bamako, le 12 mai 1982, la convention relative aux modalités de financement des ouvrages communs a été signée. Elle stipule que la Mauritanie paiera 22,60 %, le Sénégal 42,10 % et le Mali 35,30 %. En mai 2002, la Charte des eaux a été adoptée. En 2003, la Déclaration de Nouakchott lors de la 13e Conférence des chefs d'État et de gouvernement de l'OMVS a reprécisé les missions de l'OMVS. En 2006, un traité et des amendements apportés aux conventions antérieures ont permis à la Guinée d'intégrer l'organisation.

pour rôle l'exploitation, l'entretien et le renouvellement des ouvrages communs dont lui est confiée la gestion. Elle est également chargée de toute opération industrielle, commerciale ou financière directement ou indirectement liée aux objets et à la mission de la société. La société est administrée par un conseil d'administration de neuf membres dirigé par un directeur général ;

4. La *Société de gestion et d'exploitation du barrage de Diama* (SOGED) est une société publique interétatique, pareillement créée le 7 janvier 1997. Elle a presque les mêmes missions que la SOGEM, est administrée par un conseil d'administration de neuf membres et a à sa tête un directeur général ;
5. La *Société de gestion et d'exploitation de la navigation* (SOGENAV[4]) s'occupe « de gérer et d'administrer les activités de la navigation et du transport sur le fleuve ainsi que l'exploitation, l'entretien et le renouvellement des ouvrages qui lui sont confiés ».

[4] Créées sous la forme de sociétés publiques interétatiques, la SOGEM, la SOGED et la SOGENAV sont placées sous la tutelle de l'OMVS et disposent chacune d'organes propres : conseil d'administration, direction générale et assemblée générale des actionnaires.

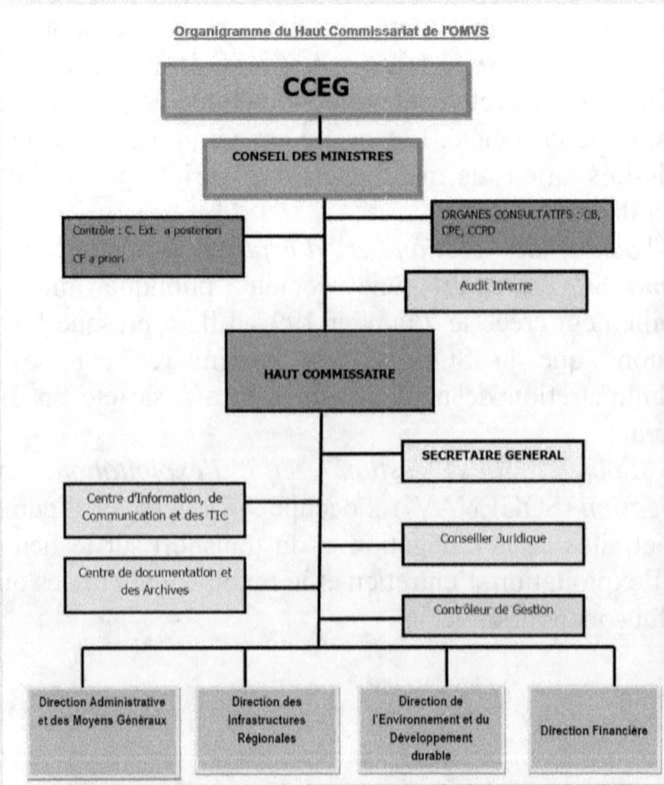

Figure 1 : Organigramme du Haut-Commissariat de l'OMVS

Le ministre de tutelle de l'OMVS

Les cellules nationales sont sous la tutelle, dans chaque pays, du ministère en relation avec l'OMVS, qui suit les activités et les programmes de l'organisme dans son pays.

Les cellules nationales (CN)

Pour faciliter la gestion à l'échelle nationale de chaque État membre, des cellules nationales (CN) se trouvent au Mali, en Mauritanie et au Sénégal. Elles sont dirigées par des coordinateurs membres de la Commission permanente des eaux (CPE).

Les comités nationaux de coordination (CNC)

Chaque cellule nationale a la responsabilité d'animer les comités nationaux de coordination (CNC), regroupant les services de l'administration, les représentants des collectivités territoriales et la société civile.

Les comités locaux de coordination (CLC)

Les CNC sont relayés à l'échelle locale par les comités locaux de coordination (CLC).

Cependant, les CNC et les CLC au Mali n'ont pas atteint les objectifs que les gestionnaires s'étaient fixés dans une volonté de démarche participative à cause d'un manque de volonté des acteurs locaux et d'un manque d'information, selon un agent de la cellule de Bamako[5].

Quoi qu'il en soit, le modèle d'exploitation du bassin du fleuve Sénégal et de gouvernance des ouvrages de l'OMVS est cité en exemple. Il inspire d'autres organismes de bassin qui réalisent des travaux d'étude pour mieux comprendre son fonctionnement.

C'est le cas de la Commission internationale du bassin Congo-Oubangui-Sangha (CICOS) : « L'OMVS offre un exemple unique de planification et de réalisation de projets de développement ayant utilisé la région comme base opératoire » (Tondo, 2007). Aussi, « en tant qu'organisation supranationale, l'OMVS a également exercé un impact positif en instaurant et en entretenant la coopération régionale et l'intégration de ses trois États membres. Le dialogue politique ainsi institutionnalisé est une composante essentielle de la coopération transfrontalière » (Severino, 2008).

En résumé, le fonctionnement de l'OMVS vise à être équilibré entre les différents États membres. C'est dans ce contexte, et pour réduire les risques de conflits que ses bailleurs de fonds ont exigé l'exploitation du barrage de Manantali par une entreprise électrique indépendante des États membres. L'OMVS a donc fait un appel d'offres international et l'offre a été octroyée à une entreprise sud-africaine appelée Eskom (Energy Supply Commission).

Eskom[6] Énergie Manantali était le maître d'œuvre jusqu'au 30 juin 2014, date à laquelle son contrat avec la SOGEM a pris fin. Nous

[5] Entretien avec un agent de la cellule OMVS à Bamako, été 2012.

[6] Eskom Énergie Manantali (EEM) SA était une entreprise enregistrée à la Chambre de commerce du Mali et détenue à 100 % par des Sud-Africains. Elle comptait environ 150 employés. Elle s'occupait de la gestion de la centrale hydroélectrique de Manantali, du barrage, des lignes et postes à haute tension, des cités d'habitation et

n'aborderons pas ici l'organisation d'Eskom, car elle a été remplacée depuis cette date par une filiale, la Société d'exploitation de Manantali et de Félou (SEMAF, structure de droit malien), ayant été créée par la SOGEM.

Barrage de Manantali : de la conception à l'exploitation

Comment le projet de construire le barrage de Manantali a-t-il été financé ? Quels sont les caractéristiques, le mode d'exploitation et de distribution de l'énergie de ce barrage ?

Le projet de Manantali a fait l'objet de plusieurs études et de réinvestissements entre 1960 et 1970. Ces études ont été rémunérées par le Programme des Nations unies pour le développement (PNUD) et réalisées par le Groupe Sénégal-Consult. D'autres financements ont suivi, à l'image de celui de la République fédérale d'Allemagne à l'époque pour l'actualisation des données et pour l'étude d'exécution réalisée par le Groupement Manantali : le Fonds saoudien, le Fonds koweïtien, le Fonds d'Abu Dhabi, la Banque islamique, la République fédérale d'Allemagne, le Fonds européen de développement, la France, le Fonds de l'OPEP et l'Italie ont financé les travaux de génie civil. La Banque africaine de développement a payé la construction des équipements de surface et les auxiliaires électriques, tandis que le Canada et l'Italie s'occupaient de leur mise en place. Les travaux ont été confiés à l'Entreprise de construction du barrage de Manantali (ECBM). Le personnel de l'OMVS, le maître d'ouvrage, était chargé de superviser, de coordonner et de contrôler toutes les activités du chantier de construction du barrage. Environ 2000 ouvriers de plusieurs nationalités y ont travaillé (OMVS, 1977).

Le barrage de Manantali se présente comme un ouvrage mixte long de 1460 m et haut de 68 m au-dessus des fondations (Photo 1). Il est constitué d'une partie centrale avec des contreforts en béton. Cette partie est formée de 32 contreforts épais. Les contreforts de rive ont 14 m de largeur et sont partiellement noyés dans les digues. La partie centrale est prolongée par deux digues latérales en enrochement

---

autres installations communautaires, conformément au contrat d'exploitation qui la liait à la SOGEM. Son but principal était de produire, de transporter et de livrer l'énergie aux trois États membres de l'OMVS et d'assurer le recouvrement des factures. Elle était composée de plusieurs directions (ressources humaines, financières, commerciales, de l'énergie, techniques), mais également de services pour mieux protéger l'environnement du bassin.

jusqu'aux falaises des plateaux environnants (OMVS, 1977). Le barrage est accompagné d'un bassin amortisseur long de 103,5 m, mais également de galeries qui traversent le barrage longitudinalement pour permettre son suivi. Un système de gestion des crues est composé de huit vannes de déversement de 9 m de largeur et est doublé d'un jeu de batardeaux à l'amont.

Bâti entre 1982 et 1988, le barrage est situé sur l'affluent du Bafing (*fleuve noir* en langue bambara), dans la région de Kayes, au Mali[7] :
« Le barrage de Manantali, implanté sur le territoire malien, mais appartenant à trois pays différents, correspond à une sorte d'extraterritorialité. En effet, une chose est certaine, c'est que l'ouvrage en question est bien situé hors des deux autres pays. Mieux, les "mesures législatives, réglementaires et administratives" que le Mali s'engage à prendre en vue de mettre à la disposition de l'organisation "les terrains nécessaires..." sont comparables à de véritables immunités diplomatiques. » (Ba, 1995)

Ce barrage hydroélectrique de l'OMVS a causé le déplacement d'environ 10 000 personnes.

Photo 1 : Barrage et centrale hydroélectriques de Manantali

Les phases de construction du barrage

Grâce aux bailleurs de fonds et à la détermination des dirigeants, le barrage de Manantali a été réalisé en trois phases :

---

[7] Le Bafing déborde légèrement au nord sur le Bambouk et à l'est sur le Gangara, soit : 12° 40' à 13° 20' nord et 10° 10' à 10° 40' ouest. Le relief de la zone du barrage est marqué par les plateaux des monts mandingues (ISH, 1985).

1. Avant 1984, les premiers contreforts sont construits en rive gauche à l'abri de deux batardeaux. C'est pendant cette période que les travaux d'injection et d'élévation ainsi que les digues sont réalisés ;
2. De 1984 à 1986, pour continuer l'érection des contreforts, l'eau du Bafing est déviée dans un chenal de 42 m ;
3. En novembre 1986, le chenal est fermé. Alors qu'une partie de l'eau est retenue, le passage de la première crue a lieu le 18 juillet 1987.

La cote normale d'exploitation a été atteinte pour la première fois dans la nuit du 23 au 24 septembre 1991. Pendant une année entière, d'avril 1988 à avril 1989, des travaux de rénovation du site ont été réalisés.

Pour construire[8] le barrage, plusieurs types et quantité de matériaux[9] ont été utilisés pour le génie civil :

- 712 000 m^3 de béton ;
- 220 000 tonnes de ciment ;
- 1 590 000 m^3 de terrains meubles ;
- 1 950 000 m^3 de rochers ;
- 1 432 000 m^3 de noyau ;
- 696 000 m^3 de filtres ; et
- 5 506 000 m^3 d'enrochement.

Soit un total de 130 000 000 000 FCFA seulement pour le génie civil.

De plus, les travaux[10] d'équipement étaient divisés en deux sous-lots :

---

[8] Ont participé à la construction du barrage : pour le génie civil sous le nom de Groupement ECBM : Zublin (RFA), Dykerhoff et Widman (RFA), Sage Com (Sénégal), Losinger (Suisse). Pour les équipements : 2 consortia formés d'une part de MAN (RFA), de Vevey (Suisse) et d'autre part de Mongah (Canada), de Man Lepper (Canada), Riva Calzoni (Italie) et ATB (Italie). La supervision a été assurée par les firmes de génie-conseil Rhein Ruhr (RFA), Tractebel (Belgique) et SONED-Afrique (Sénégal).

[9] Tous les matériaux utilisés dans la construction du barrage de Manantali (granulat, sable, ciment, eau), aussi bien la partie béton que la partie remblai, ont été produits sur place. Une colline environnante servait de carrière d'où des blocs de pierre étaient tirés et transportés par de gros engins pour le concassage afin d'obtenir les différentes dimensions d'agrégats souhaitées. Pour l'occasion, une station de traitement d'eau a été mise en place.

[10] Les travaux de construction du barrage proprement dits, y compris les préparatifs, la construction des deux cités pour les travailleurs, l'installation des équipements techniques, des ateliers et des magasins de chantier, la construction des ouvrages de

1. Le sous-lot 2A concernait les équipements de surface et auxiliaires électromécaniques. Ces travaux ont été confiés en mars 1983 au consortium MAN-Vevey. Ils ont coûté 124 800 845 FCFA ;
2. Le sous-lot 2B concernait les équipements des prises d'eau et des évacuations de fond. Les travaux ont été réalisés par le Consortium MAN-SOMETAL avec les financements du Canada (32 975 892 $ CAN) et de l'ABB-Riva Calzoni en Italie (6 260 000 $ CAN) en 1984. Tous ces travaux ont été supervisés[11] par le Groupement Manantali, qui est lié par un contrat à l'OMVS. Le montant de ce dernier est estimé à 482 693 736 FCFA (OMVS, 1977).

Les dépenses relatives aux travaux de construction du barrage se sont élevées à 150 milliards de FCFA et équivalents. Le projet énergie qui a suivi a coûté, sur la base des fonds engagés jusqu'en décembre 1995, la somme de 220 milliards de FCFA.

Le barrage a été inauguré le 29 octobre 1992, date à laquelle la première pierre de la centrale hydroélectrique de Manantali a été posée. Cette centrale, chargée de la répartition, sera inaugurée à son tour le 21 mai 2003. Il a fallu le travail de plusieurs centaines d'ouvriers et une utilisation importante de matériaux afin d'implanter cet ouvrage et la centrale hydroélectrique qui l'accompagne dans la zone du Bafing.

La zone du Bafing avant et pendant la construction du barrage

Voyons comment cette zone du Bafing, soit le sous-bassin du Bafing où se situent les terrains d'étude, était avant la construction du barrage et les changements qui s'y sont produits.

Le barrage de Manantali est situé dans le sous-bassin du Bafing, dont la taille est estimée à 27 800 km^2. Selon l'ISH (1985), le relief du Bafing :

« est dominé par les plateaux gréseux des monts Mandingues. Sur le plan de la morphologie, la région est caractérisée par l'existence de divers établissements et surfaces d'aplanissement ainsi que par

franchissement du fleuve, l'aménagement des pistes internes et l'agrandissement de la gare de déchargement de Mahinanding ont commencé le 2 juin 1982 et devaient être terminés en mars 1988.

[11] La supervision et le contrôle des travaux ont été également assurés par les bailleurs de fonds, tels que la Banque africaine de développement, le Fonds saoudien, le Fonds koweïtien, le Fonds d'Abu Dhabi et le KFW.

l'existence d'un sédiment très développé qui correspond à la partie basse de la vallée. Les plateaux qui dominent la vallée sont quelquefois recouverts de croûtes latéritiques. Quant à la frange des terrains meubles, elle se limite à la partie basse de la vallée, dont le fond révèle des éboulis provenant de la falaise ainsi que des alluvions argilo-sableuses situées le long du fleuve où elles constituent une frange relativement étroite. Ce sont des sols réservés à l'agriculture. »

Le climat de la zone du barrage « est soudanien, tropical et humide avec une hauteur des pluies variant entre 800 mm et 1350 mm par an » (ISH, 1985), tandis que la végétation est marquée par des arbres hauts, des baobabs et des jujubiers. Elle est généralement abondante sur les sites quand ceux-ci ne sont pas cultivés. Le long du fleuve est occupé par une végétation arbustive.

La composition socio-spatiale avant les déplacements

Les Malinkés constituent l'ethnie majoritaire. Parmi les minorités, il y avait les Peuls, les Bambaras et les Sarakolés. La vie sociale était façonnée par des rapports patriarcaux et gérontocratiques, hiérarchisés en vertu du droit coutumier : « L'organisation sociale s'articule autour du clan, de la famille et du ménage. Les principaux clans sont ceux des Dembélé, des Sissoko et des Keita. C'est parmi eux que l'on trouve généralement les chefs de village et les conseillers » (ISH, 1985).

La zone du barrage était composée de nombreux villages de 300 à 800 habitants répartis dans la vallée. Les hameaux de culture cohabitaient avec les villages et étaient assez éloignés les uns des autres pour une bonne pratique de l'agriculture. L'élevage, la chasse, la poterie et la forge formaient les activités principales des populations.

Les sites se trouvaient habituellement au bord des cours d'eau :

« Les dimensions des maisons ne dépassaient habituellement pas 150 m de diamètre. Le reste de l'habitat était éparpillé dans la cour. Les maisons étaient rondes avec des pailles sur le toit. Les murs de terre comportent parfois des armatures de bambou tressé. L'usage de la pierre est rare. Elle est réservée principalement aux fondations de greniers. Une des caractéristiques de cet habitat est son extrême mobilité. » (ISH, 1985)

Avant le barrage, cette zone manquait considérablement d'équipements sociaux et économiques, mises à part quelques infrastructures et pistes. Elle était marquée par l'existence de nombreux foyers d'onchocercose (BECIS, 1987). Le début des travaux du barrage va modifier cette organisation socio-spatiale.

La phase de construction du barrage : une rupture

Pour les besoins du chantier de construction, des bureaux, des maisons, des réseaux électriques, des magasins et des ateliers ont été installés : « Une micro-turbine hydroélectrique de 500 kW, doublée de groupes thermiques de secours, a été construite en vue d'assurer une alimentation correcte en énergie des diverses installations, des bureaux et des cités » (OMVS, 1977).

Les conditions de déplacement et de réinstallation des habitants

Les États membres de l'OMVS ont confié, lors de la réunion du Conseil des ministres de l'OMVS tenue à Dakar en septembre 1982, les études des déplacements à la République du Mali. Pour réinstaller les populations en amont et en aval du barrage de Manantali, une convention (n° de projet 625 0955) a été signée le 11 août 1984 entre les gouvernements du Mali et des États-Unis par l'intermédiaire de l'Agence des États-Unis pour le développement international (USAID). Le gouvernement malien a par la suite créé le Projet de réinstallation de Manantali (PRM[12]) par l'*Arrêté n° 4100/MECE-CAB du ministère d'État chargé de l'équipement datant du 21 août 1984*.

[12] « Il était composé de 77 permanents et de 507 saisonniers. Au sein de l'équipe, des personnes inexpérimentées, un surplus d'individus ou l'emploi de gré à gré de personnes non qualifiées pour des missions de cette taille a conduit à des pertes, des retards, des renvois et des cas de malentendus avec les populations. La majorité de ce personnel sort tout juste d'école et, dans certaines circonstances, la composante "expérience" a certainement fait défaut. La DNHE aurait dû en tenir compte et, conformément aux termes des accords de projet, mettre en place une équipe qui n'est pas à son premier chantier et qui a une expérience certaine des relations avec les villageois » (BECIS, 1987). Il était composé de plusieurs équipes : une direction de projet, une section technique, une section sociale, une section administrative, une antenne à Bamako et une assistance technique. Le projet a coûté plus de 27 179 000 dollars USD et a été cofinancé, entre autres par l'USAID et le Programme alimentaire mondial (PAM). Au même moment, le Mali a payé les salaires des fonctionnaires détachés du PRM et les charges sociales. La communication insuffisante entre les différentes équipes ou sections du PRM ainsi que leur fragmentation (les équipes maliennes rapportant au Mali, tandis que l'assistance technique ne s'adressait qu'à l'USAID) ont entravé le bon déroulement du projet.

Le PRM était rattaché à l'époque au ministère de l'Hydraulique et de l'Énergie du Mali, qui avait pour mission de déplacer, de réinstaller et de dédommager les habitants. La réinstallation concernait plus de 100 ménages, sur une population régionale de 1 067 007 habitants. Financées par le PNUD, par l'USAID, par le PAM et par le Mali, des études pour réduire les risques de conflits lors des déplacements ont porté sur les secteurs suivants : socioéconomie, agropédologie[13], hydrogéologie, topographie et archéologie.

Dans la suite, deux phases de réinstallation ont eu lieu :

1. La première concernait les villages situés en dessous de la courbe de 165 m ;
2. La seconde était destinée à déplacer les villages se trouvant en dessous de la courbe de 212 m.

Selon le rapport du PRM, ces deux réinstallations ont eu lieu en 1986 et en 1987. Les habitants avaient en majorité accepté de partir, mais selon des conditions variables d'une localité à l'autre. En général, ils voulaient avoir le droit de consulter leurs devins sur le futur site et avoir leurs mots sur le choix de celui-ci. Ensuite, ils cherchaient à obtenir de bonnes terres agricoles près de l'eau et à ne pas perdre le nom de leur village d'origine. Les habitants étaient très attachés à leur ancien site pour des raisons économiques (bonnes terres, proximité de l'eau), sentimentales (lieu de naissance) et religieuses (tombeaux, lieux de culte).

La prise en compte de toutes ces conditions a conduit le PRM à entreprendre les actions suivantes :

- la construction de forages, soit 121 forages en pompes manuelles ou en puits-citernes. La norme était 1 puits-citerne pour 200 habitants et 1 forage pour 100 habitants ;
- le défrichage[14] de nouveaux sites : 5 690 ha répartis en deux sous-groupes, à savoir 450 ha pour les villages et 5 240 ha pour les terres de culture ;
- la reconstruction des villages : 4 515 cases ;
- la construction des pistes : 50 km permettant de rallier les villages entre eux et la route principale ;
- la construction d'une pépinière à Bamafélé pour reboiser les nouveaux villages.

[13] Science relative à la constitution physique et chimique du sol cultivé.

[14] Les arbres fruitiers ont été dédommagés. En outre, des dispensaires, des écoles et des maternités ont été construits sur les nouveaux sites.

Pour effectuer ce travail, des habitants se sont associés à la tâche. Ils recevaient 1 500 FCFA par personne et par jour. Entre 1986 et 1987, le nombre de travailleurs villageois est passé de 18 à 46 personnes. Les populations ont participé à l'opération de défrichement et ont reçu, entre 1985 et 1987, plus de 115 millions de FCFA issus du PRM (BECIS, 1987).

Tous les villages déplacés ont été réinstallés dans deux zones :

1. Manantali amont : Au sud de Manantali, elle est entrecoupée par des reliefs très marqués et il y est difficile de trouver de l'eau par les puits. Les populations restées en amont vivent de manière traditionnelle ;
2. Manantali aval : La zone en aval est moins enclavée. L'installation est plus linéaire sur le Bafing. Toutefois, le projet de réinstallation a eu de nombreuses limites.

Construction des villages : un projet trop ambitieux et mal organisé

Les travaux du PRM présentent de nombreuses limites, malgré les efforts fournis par les experts de l'époque pour faire participer les habitants au processus de réinstallation. En effet, les responsables du PRM avaient fait certaines démarches auprès des populations : des réunions avec les responsables et représentants des villages ainsi que des visites du barrage de Sélingué avec les délégués des villages ont été effectuées. Malgré cela, les relations du PRM et des villageois ne sont pas restées bonnes très longtemps. Une cause citée était que certains agents se permettaient de faire des promesses à tour de rôle aux habitants.

Ensuite, il y a eu des problèmes de compréhension avec la population sur l'habitat. Les cases ont été construites par les tâcherons et supervisées par la firme de génie-conseil GID-SEMA[15]. Le PRM avait proposé aux populations de faire elles-mêmes les toitures des maisons, les greniers et les cuisines pour gagner du temps et économiser de l'argent[16]. La case traditionnelle était généralement maintenue.

---

[15] GID = Groupement d'ingénieurs de développement et SEMA = Société d'équipement du Mali. Ce groupement avait un contrat avec la DNHE pour la construction des 33 villages.

[16] La construction des cuisines et des greniers ne faisait pas partie du contrat de GID-SEMA. Le PRM a proposé un remboursement en numéraire aux villageois en raison de 1 grenier à 30 000 FCFA et 1 cuisine à 20 000 FCFA. Les villageois ont refusé cette offre, exigeant le même traitement que les tâcherons pendant la première campagne, à savoir 1 grenier à 80 950 FCFA et 1 cuisine à 99 000 FCFA. Malgré ce

En troisième lieu, le PRM envisageait d'offrir aux villageois de nouvelles constructions : « Une meilleure organisation spatiale tout en respectant le même plan d'installation ; un choix de modifier leur concession, si possible ; un logement plus solide avec des matériaux de qualité » (BECIS, 1987). Cependant, ces objectifs étaient presque impossibles à atteindre dès le début du chantier. Déjà en 1987, « les plans fournis par GID-SEMA ne présentent aucune organisation spatiale, les rues et les places publiques ne sont pas matérialisées, l'assainissement du village n'est pas étudié un instant, soit peu » (BECIS, 1987). Il n'existait tout simplement pas de cadastre dans cette zone avant le barrage. Pour connaître les sites de reclassement, les responsables du projet et autres planificateurs ont effectué plusieurs visites dans les villages d'accueil et les villages à reloger afin de discuter avec la population. Certains disent qu'une enquête a été faite pour déterminer la taille et le processus d'attribution des nouvelles terres. Les enquêteurs ont tenu compte des droits coutumiers reconnus par le gouvernement malien, du nombre d'actifs, de femmes et d'enfants de plus de 8 ans (Koenig et Diarra, 1998).

Le dernier problème remarqué lors de la réinstallation est cette situation de dépendance des nouveaux arrivants aux villages hôtes. Ils ont perdu leur autorité, car, n'ayant plus de terre à distribuer, ils ont été obligés de se soumettre aux règles de ces localités. La première famille qui s'installe dans un village possède le pouvoir ou la chefferie. Si certains villageois ont bénéficié d'une nouvelle vie dans les hameaux, d'autres ont été hébergés. L'avantage des hameaux est qu'ils sont souvent constitués de routes et de marchés. Cette situation leur a permis d'avoir un développement économique et une liberté dans leurs relations avec les autres villages. Les planificateurs ont commis l'erreur de négliger ce point social si important aux yeux des habitants (Koenig et Diarra, 1998).

Bref, dans la zone du Bafing, les déplacements et la réinstallation ont été teintés de faiblesses liées à une incompréhension entre les habitants et les constructeurs ; des problèmes de gestion.

---

refus, certains villageois ont construit leur grenier et leur cuisine sans remboursement (BECIS, 1987).

La production et la distribution de l'énergie aux États membres de l'OMVS

Après sa mise en service et la création d'une centrale hydroélectrique, le barrage de Manantali a participé à l'économie des États membres de l'OMVS par l'apport en énergie électrique :

Par sa conception, Manantali est un barrage régulateur et hydroélectrique. Il permet, en combinaison avec le barrage de Diama, la production annuelle de 800 GWh d'énergie électrique garantie 9 ans sur 10, l'irrigation de 255 000 ha de terres dans la vallée, la navigabilité du fleuve Sénégal de Saint-Louis à Ambidédi, environ 800 km, et tout au long de l'année.

Cet objectif de production d'énergie est assuré depuis 2003 par une centrale hydroélectrique construite au pied du barrage entre 1997 et 2002. Dans la centrale, l'eau stockée de la retenue de Manantali est transformée en énergie cinétique par cinq groupes, puis en énergie mécanique et avec l'alternateur en énergie électrique.

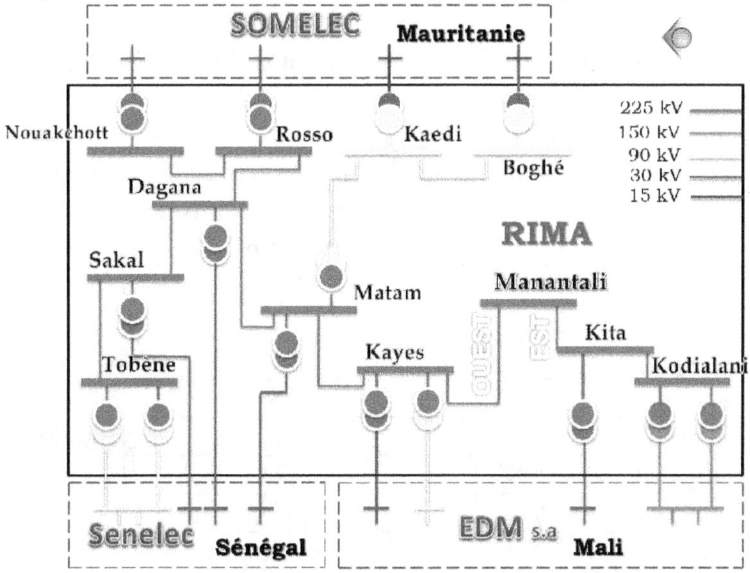

Figure 2 : Réseau interconnecté de Manantali (RIMA)

Le transport se fait grâce aux cinq transformateurs élévateurs de tension de Manantali, placés en dehors de la centrale. Chaque transformateur est relié à un groupe, à des lignes et à des postes à haute tension.

Le barrage de Manantali dispose de deux principales voies de transport : la ligne est (pour le Mali) et la ligne ouest (pour le Sénégal et la Mauritanie). Ces lignes forment, avec les postes de haute tension et les pylônes, le Réseau interconnecté de Manantali (RIMA) long de 1700 km, qui conduit l'énergie du barrage aux États membres de l'OMVS (Figure 2).

Ce dispositif participe à la reconfiguration de l'espace du haut bassin au Mali. Les villages aux côtés de ces lignes y sont exposés et sont vulnérables. Une emprise de 40 m pour les lignes 225 kV et une emprise de 25 m pour les lignes 150 kV et 90 kV avec les villages doivent être respectées. Selon Adams (1997), « l'électricité de Manantali est destinée avant tout à alimenter Dakar, Nouakchott et Bamako. Elle sera transmise par un réseau de plus de 1 400 kilomètres de lignes, coûtant à lui seul 114 milliards de francs CFA ». La distribution aux sociétés nationales d'électricité des États membres de l'OMVS obéit aux règles fixées dans les accords en 1972. Elle se présente comme suit : le Mali (EDM) reçoit 52 % de la production, le Sénégal (Senelec) 33 % et la Mauritanie (Somelec) 15 %. Le tableau 1 montre que l'énergie produite par la centrale entre 2003 et 2013 est estimée à 9016,9 GWh. La production la plus faible correspond à celle des années 2007 et 2008.

Tableau 1 : Évolution de la production d'électricité de 2003 à 2013

Année	**Production réalisée en GWh**
2003	847
2004	827,4
2005	880
2006	815,4
2007	596
2008	571
2009	837,2
2010	842,6
2011	894,5
2012	998,9
2013	906,9

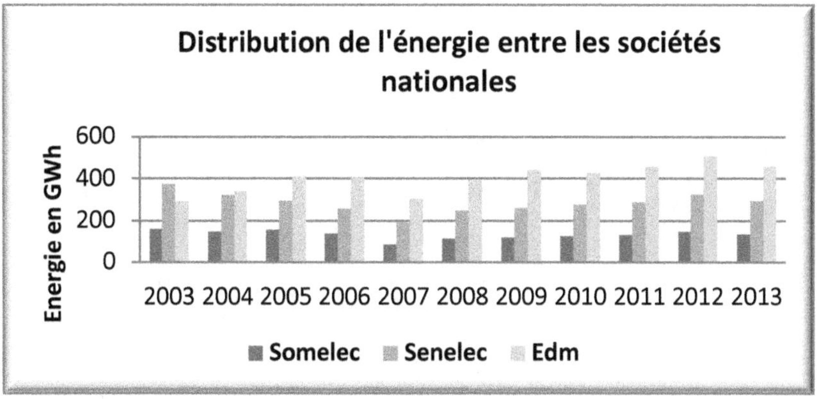

Figure 3 : Répartition d'électricité entre les sociétés d'électricité de 2003 à 2013

La figure 3 montre qu'EDM au Mali a toujours eu la plus grande part dans la distribution de l'électricité, sauf en 2003, à la faveur du Sénégal (Senelec). Ces deux pays sont suivis par la Mauritanie (Somelec).

Résumé du chapitre 1

Les pays riverains du fleuve Sénégal ont mis en place trois barrages : Diama, Manantali et Félou. Ces barrages entrent dans le cadre d'un programme ambitieux d'exploitation des ressources en eau par l'OMVS, qui est composée de la Guinée, du Mali, de la Mauritanie et du Sénégal. La création de l'OMVS « intervient dans un contexte de graves péjorations climatiques, marquées par une sécheresse persistante et sévère qui dévaste toute la vallée. Les cycles de sécheresse, la dégradation des ressources naturelles, les cultures sous pluie et de décrue entraînent l'appauvrissement des populations et une forte émigration des jeunes. À cela s'ajoute la remontée de la langue salée sur près de 250 km, rendant les terres impropres à la culture[17]. » L'OMVS a succédé à plusieurs tentatives d'exploitation du fleuve Sénégal. Elle assure une gestion internationale de ses barrages, dont celui de Manantali, qui aide à répondre aux besoins en énergie de ses États membres.

[17] https://www.omvs.org/historique/

CHAPITRE 2 : LE PROBLÈME DU BARRAGE DE MANANTALI

Ce chapitre 2 expose les aspects de l'environnement physique qui ont été également modifiés par l'implantation du barrage. Il sera l'occasion de constater les perturbations du régime du cours d'eau ; sa dépendance à la pluviométrie ; et les effets sur la qualité de l'eau et sur la dynamique de la population piscicole qui vit dans la retenue de Manantali et le Bafing. L'analyse du comportement du lac de Manantali suivant les années se fait avec les données sur le volume de l'eau, sur la surface d'eau et sur la cote du lac. La dynamique des pluies, principale source d'approvisionnement de la retenue, est examinée. Les stations hydrométriques posées sur le haut bassin au Mali fournissent des renseignements pour cette observation.

La régularisation de l'affluent du Bafing a des effets sur les stations de l'aval, particulièrement sur celle de Bakel, située à la limite du haut bassin au Sénégal. La qualité de l'eau du lac et du Bafing en aval est aussi considérée. Sa modification entraîne une perturbation du cadre de vie de la population piscicole. Certaines espèces de poissons ont pu s'adapter à ce changement.

Création d'un lac de retenue en amont du barrage

Les photos 2 et 3 montrent la zone du Bafing avant et après la création du lac de retenue. Le réservoir de Manantali se situe entre les latitudes 13° 11′ 246 N et 12° 56′ 003 N et les longitudes entre 10° 25′ 772 O et 10° 16′ 565 O. Dans la commune de Bamafélé, sa présence se traduit par un immense bassin d'eau qui abrite des îlots[18] (Planche photos 1). « Cette retenue alimentée par le Bafing occupe environ le 1/3 de la superficie totale de la commune » (ADRS, 2011).

[18] Le paysage du lac est marqué par la présence d'oiseaux, dont le cormoran africain, le héron crabier, le héron garde-bœuf, l'aigrette gazette, la grande aigrette, le héron cendré, l'ombrette, le jacana, l'échasse blanche, l'œdicnème du Sénégal, le pluvian d'Égypte, le pluvier pâtre, le vanneau éperonné, le bécasseau de Temminck, le bécasseau cocorli, le chevalier-aboyeur, l'oie de Gambie et le dendrocygne veuf.

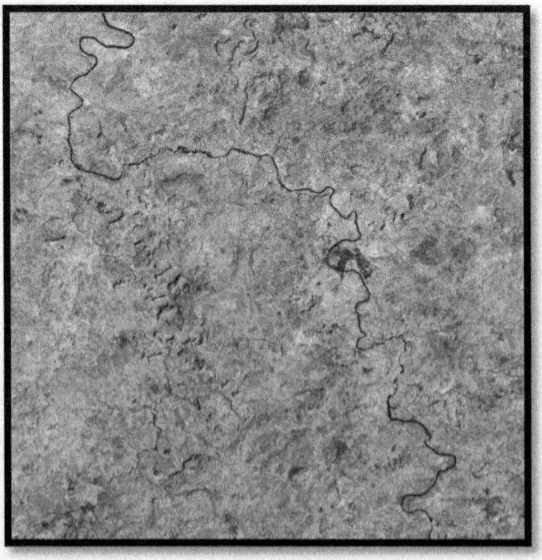

Photo 2 : Zone de Manantali avant le barrage
(Source : NASA, http://earthobservatory.nasa.gov/IOTD/view.php?id=36241)

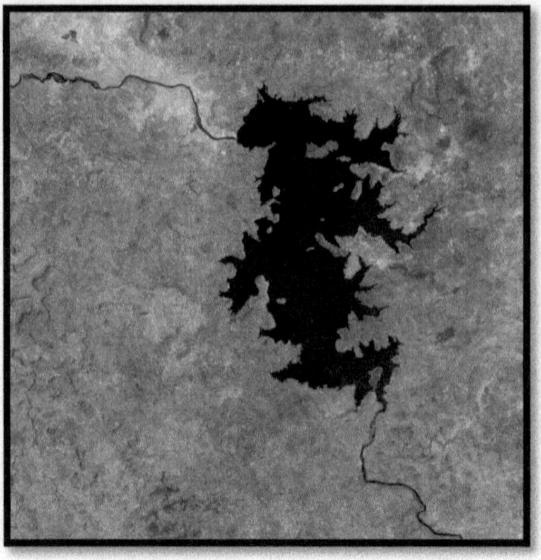

Photo 3 : Zone de Manantali après le barrage
et la création du lac artificiel
(Source : NASA, http://earthobservatory.nasa.gov/IOTD/view.php?id=36241)

Planche photos 1 : Types d'îlots visibles
sur le lac artificiel de Manantali

Le début du lac se situe aux alentours du village de Goungoudala (Photo 4). Le lit mineur du Bafing n'est visible qu'après les murs du barrage, au niveau du bassin d'amortissement.

Photo 4 : Début du lac de Manantali en amont

Le réservoir couvre une superficie de 475 km^2, à la cote de 208 m et pour une profondeur maximale de 55 m. Le volume plafond d'eau est de 11,3 milliards m^3.

Variation de la retenue d'eau et du Bafing en aval

La superficie et le volume d'eau

La surface moyenne annuelle du lac est située entre 166,5 km^2 en 1987 et 450,35 km^2 en 1998. Mais, entre 1987 et 2013, elle n'a jamais atteint la superficie totale estimée à 475 km^2 par l'OMVS (Figure 4).

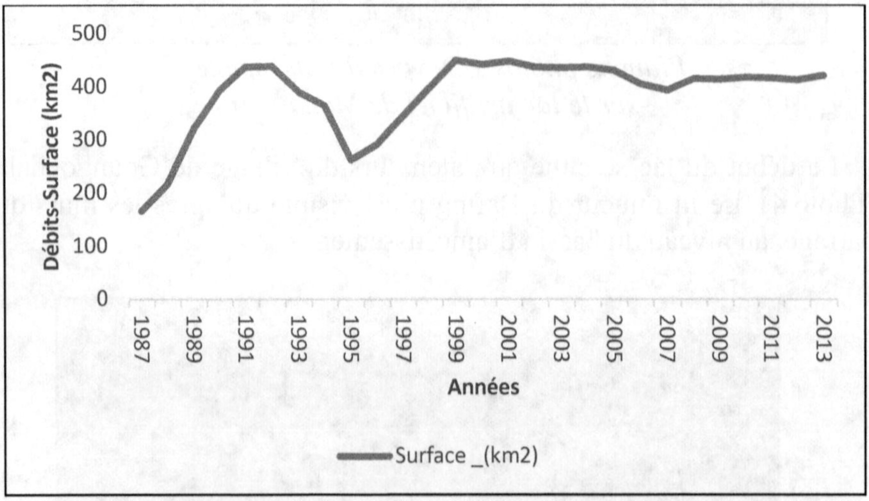

Figure 4 : Variation de la surface d'eau du lac entre 1987 et 2013

Figure 5 : Variation du volume d'eau dans le lac

La comparaison entre l'évolution de la surface d'eau (Figure 4) et le volume d'eau (Figure 5) montre des similarités. En effet, les chiffres du volume des premières années du barrage, de 1987 à 1989, sont faibles. Le lac s'est rempli au fil des années, pour atteindre 9 milliards m^3 d'eau en 1991-1992. Une baisse a ensuite été observée de 1992 à 1998. Le volume le plus bas a été enregistré en 1995 avec 3,2 milliards m^3 d'eau. Les écarts de volume (autour de 7, 8 ou 9 milliards) d'une année à l'autre sont moins importants ces dernières années.

La cote du lac

En associant les deux indicateurs précédents, il est possible de déterminer la cote du lac. Elle correspond à un volume d'eau stocké par rapport à une surface donnée. La figure 6 montre une dynamique du niveau du lac par année ; elle a baissé entre 1992 et 1995. En 1995, le niveau moyen de la retenue était de 184,52 m, correspondant au volume d'eau stocké de 3,175 8 milliards m^3. L'amplitude maximale est de 18,85 m.

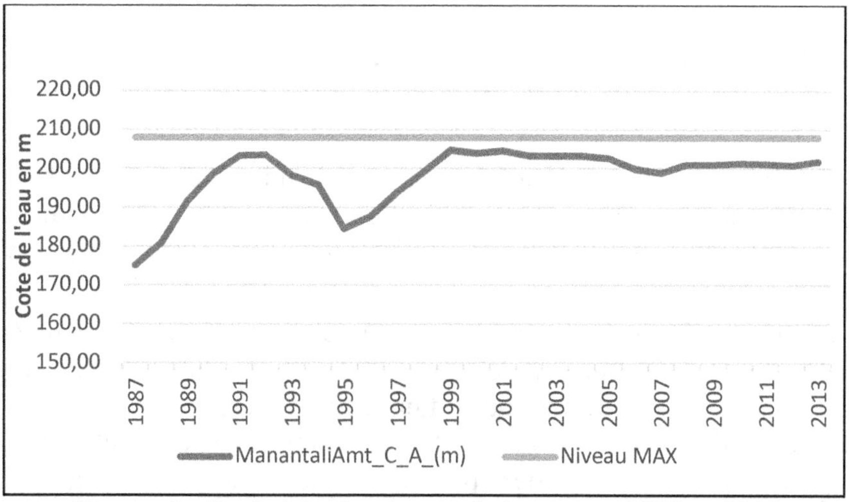

Figure 6 : Variation du niveau du lac entre 1987 et 2013

Les variations de niveau sont plus visibles sur le graphique mensuel (Figure 7). La courbe du niveau par mois montre qu'il est très bas en juin (195,70 m) et en juillet (194,59 m). Toutefois, la pluviométrie élevée à cette période permet de remplir le lac et d'avoir les niveaux les plus élevés en saison sèche : en octobre (204,52 m), en novembre (205,03 m) et en décembre (204,62 m). Une période de transition est visible de janvier à mai. Les pluies constituent la principale source d'approvisionnement du lac.

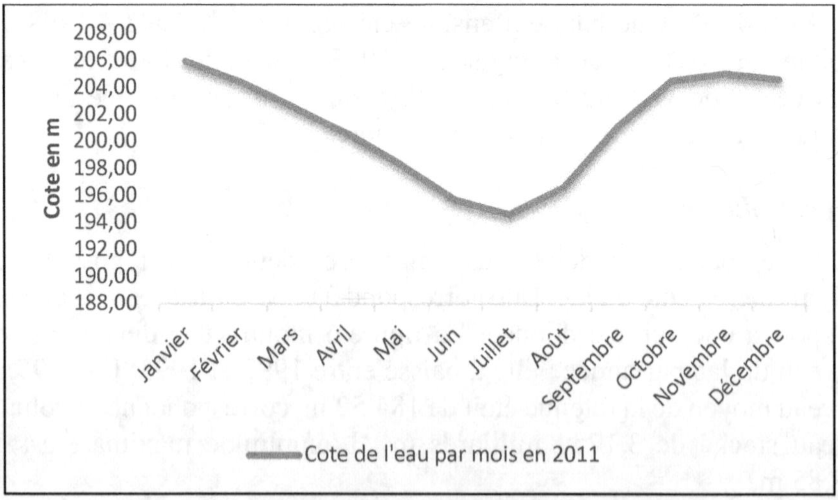

Figure 7 : Variation du niveau du lac par mois

La dynamique des précipitations essentielles pour le stockage de l'eau

Le régime de stockage du lac dépend essentiellement des précipitations majeures dans cette partie du bassin. Les conditions pluviométriques de cette zone expliquent le choix de l'OMVS d'y implanter le barrage :

« Le fleuve Sénégal et ses affluents traversent successivement des régions soumises aux climats guinéen, soudanien, sahélien avant d'atteindre la zone littorale où se fait sentir l'influence de la mer. Son régime hydrologique subit l'influence dominante d'un climat qui oppose partout saison des pluies et saison sèche. Le gradient pluviométrique est donc régulièrement décroissant de l'amont vers l'aval : 2 000 mm de pluie à Mamou (près des sources du Bafing) et moins de 300 mm dans la basse vallée (vers Podor et Saint-Louis). Les conditions bioclimatiques conditionnent l'abondance, la composition et la diversité des ressources fauniques et ichtyologiques. » (Ndiaye, 2003)

Une tendance générale à la baisse

Dans la zone étudiée, l'observation de l'évolution de la pluviométrie s'est faite avec les données de sept stations hydrométriques. Les stations de Daka Saidou, de Bafing Makana et de Manantali sont situées sur la rivière Bafing. Le Bakoye héberge la station Oualia, tandis que celle de

Gourbassi est logée sur la Falémé. Enfin, les stations de Kayes et de Bakel se situent respectivement sur le Bafoulabé et sur le fleuve Sénégal.

Moyenne des pluies sur 10 ans 1990-1999

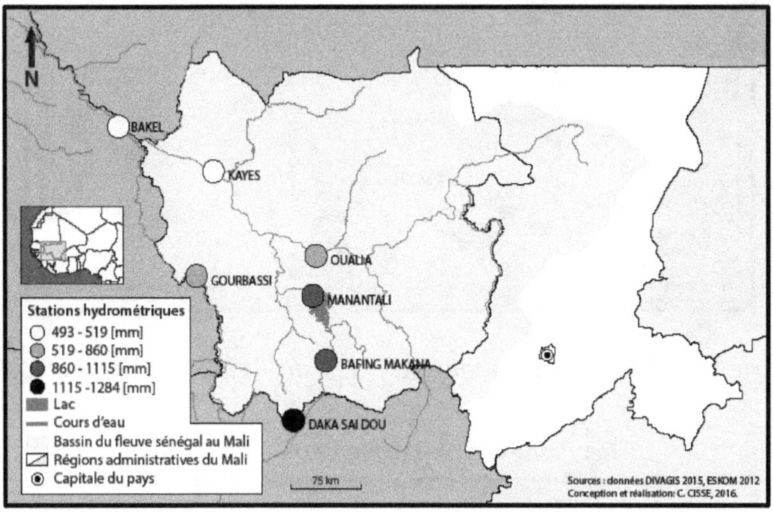

Carte 4 : Moyenne des pluies dans les stations entre 1990 et 1999

Les cartes 4, 5 et 6 montrent que la pluviométrie diminue en allant du sud, de la station de Daka Saidou, vers le nord, à la station de Bakel. Elle varie d'une décennie à l'autre dans toutes les stations. À Daka Saidou, elle varie entre 1814,5 mm en 2010 et 771,5 mm en 2012. À Bafing Makana, le minimum enregistré est de 791,4 mm en 1990 et le maximum, de 1741,9 mm en 2003. À Manantali, une spécificité caractérise l'année 2012, qui enregistre une valeur supérieure à 1500 mm. Les pluies les plus faibles notées à cette station sont comprises entre 600 et 700 mm par an ; elles concernent les années 1992, 2000 et 2006. Au total, une tendance générale à la baisse est notée particulièrement dans cinq stations sur sept, même si la baisse est plus faible en amont.

Moyenne des pluies sur 10 ans 2000-2009

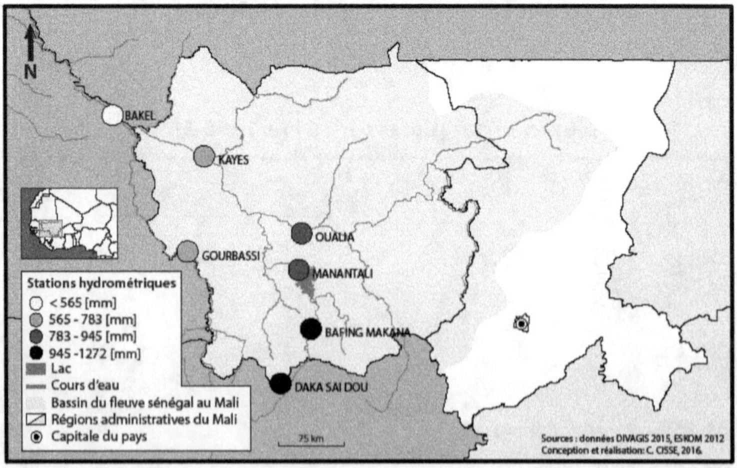

Carte 5 : Moyenne des pluies dans les stations entre 2000 et 2009

Moyenne des pluies sur 3 ans 2010-2012

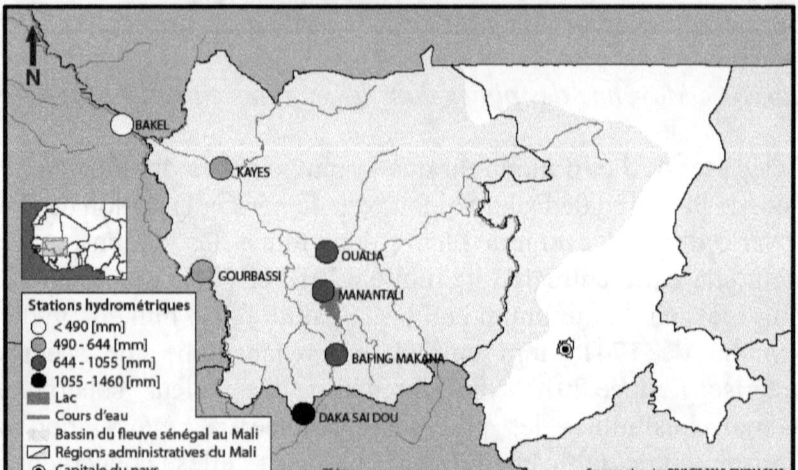

Carte 6 : Moyenne des pluies dans les stations entre 2010 et 2012

L'influence du barrage sur les débits des stations hydrométriques

Stations situées en amont

Les débits enregistrés sont supérieurs à ceux de la décennie 1990 dans les stations en amont du barrage, soit à Bafing Makana et à Daka Saidou. La figure 8 montre que les débits consignés pour ces deux stations sont très variables de 1905 à 2011. Concernant la première station, ils sont compris entre 113,4 m^3/s en 1984 et 285,5 m^3/s en 2003. À Bafing Makana, le minimum, soit 126,9 m^3/s, et le maximum, soit 324,5 m^3/s, sont aussi respectivement enregistrés en 1984 et en 2003. Les débits de ces deux stations du Bafing sont liés à une forte pluviométrie, soit 1816 mm à Daka Saidou et 1741,9 mm à Bafing Makana.

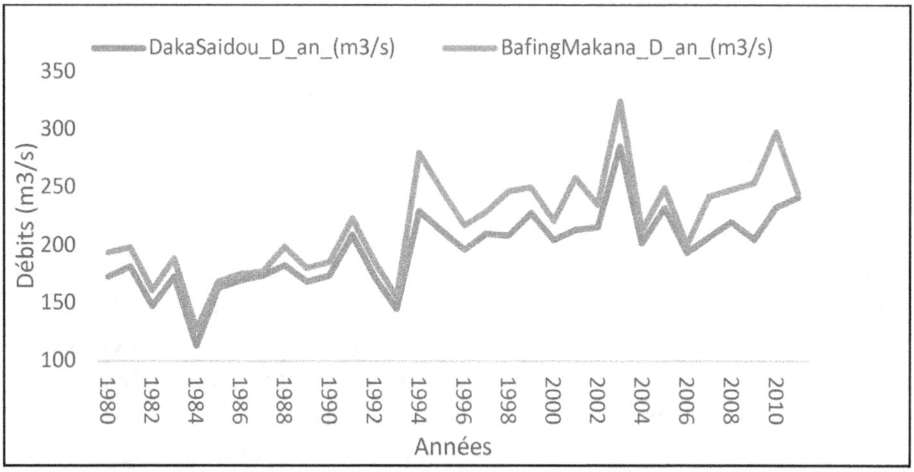

Figure 8 : Débits des stations du Bafing avant et après le barrage

Stations situées sur les cours d'eau régularisés

Le barrage a un effet particulier dans les stations qui se situent sur le Bafing et sur le fleuve Sénégal. Ces stations, notamment celles de Manantali, de Kayes et de Bakel, sont influencées par les lâchers par le barrage (Figure 9).

L'analyse de la figure 9 montre deux périodes. De 1987 à 1999, les quantités d'eau lâchées par le barrage sont irrégulières. Une seconde période, de 2000 à 2013, est marquée par une variation interannuelle moins forte. Dans les premières années, de 1987 à 1992, les débits lâchés étaient toujours inférieurs à la pluviométrie, car l'objectif était de remplir le lac. À partir de 1993, ces lâchers étaient souvent supérieurs à la quantité de pluies tombées. L'année 2003 marque le début d'une gestion plus rigoureuse des lâchers, du fait d'un besoin de stockage de l'eau dans le bassin pour produire de l'énergie électrique.

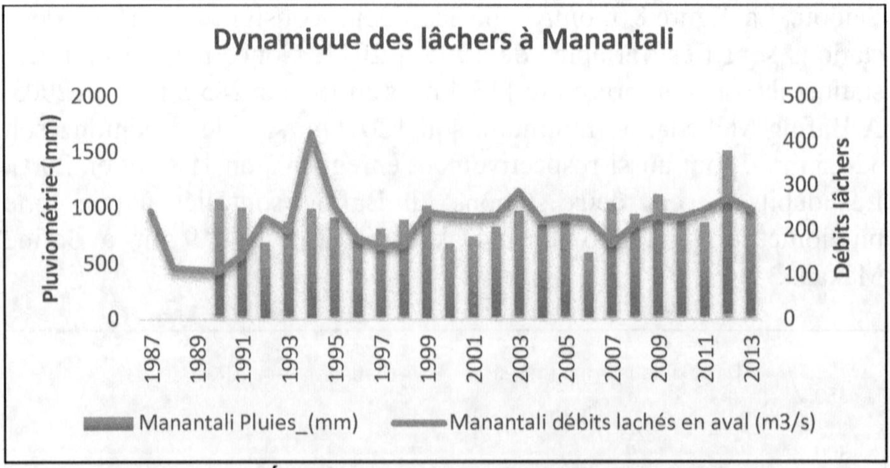

Figure 9 : Évolution des débits lâchés à Manantali

Les lâchers du barrage exercent une influence particulière sur la station de Bakel, qui sépare le haut bassin et la vallée du fleuve Sénégal. Nous l'avons vu en 2024 avec les inondations dans le département de Bakel. Des effets similaires sont indiqués par Hassane et ses collègues (2000), auteurs et chercheurs au Centre de coopération internationale en recherche agronomique pour le développement (CIRAD), qui ont opté pour une méthodologie « basée sur des données hydrologiques des aménagements hydrauliques et des stations hydrométriques du fleuve Niger ». Grâce à cette méthode, les auteurs démontrent que la gestion du barrage de Sélingué a une influence sur les soutiens d'étiage. En outre, les changements de niveau dans les retenues des barrages de Sélingué et de Markala se font sentir à l'entrée du delta. Les oscillations auraient plus d'impacts négatifs sur la pêche. Les périmètres irrigués de l'office du Niger en aval affichent une dépendance à ces barrages (Hassane et collab., 2000).

Sur la station de Bakel

« Le régime des eaux du fleuve est de type tropical, il se caractérise par une seule saison annuelle de hauts débits qui survient entre juin-juillet et octobre-novembre. Les étiages sont très marqués : le débit à Bakel peut s'annuler. L'irrégularité interannuelle est considérable. » (Groupement Manantali, 1978)

Du fait de sa localisation, cette station est considérée comme clé par le Service de l'hydraulique et de la planification d'Eskom : elle reçoit tous les affluents de l'amont. Son fonctionnement dépend en grande partie du barrage de Manantali, surtout en saison sèche. Par exemple, pour l'année 2010-2011, la contribution de Manantali à Bakel et les apports des lâchers des autres stations sont les suivants :

- Manantali = 15 023,750 millions m^3 d'eau, soit 45,82 % ;
- Bakoye à Oualia = 5632,329 millions m^3 d'eau, soit 17,18 % ;
- Falémé à Gourbassi = 7064,064 millions m^3 d'eau, soit 21,55 % ;
- bassin versant intermédiaire = 5064,682 millions m^3 d'eau, soit 15,45 % (source : données d'Eskom, Service de l'hydraulique et de la planification, 2012).

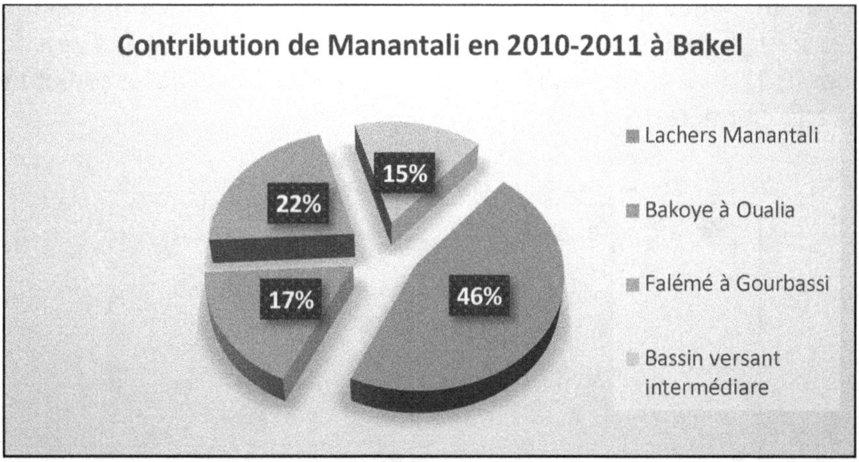

Figure 10 : Impacts du barrage de Manantali sur le fonctionnement de la station de Bakel

Si l'on se réfère à la figure 10, le barrage de Manantali participe à lui seul à 46 % des débits de la station de Bakel. Il est le fournisseur principal qui aide cette station et, donc, la vallée tout entière à répondre aux besoins agropastoraux, d'eau de boisson et de navigation des populations en aval. Les apports des bassins versants intermédiaires sont importants, mais particulièrement en hivernage, car, en saison sèche, ils sont plutôt négatifs. Le nombre de mètres cubes qui s'est écoulé à Bakel s'élève à 32 784 825. Ce chiffre ne concerne que l'année 2010-2011.

Après l'analyse de la quantité d'eau de la retenue et de l'effet particulier du barrage sur le comportement des stations, observons la qualité de l'eau.

La qualité de l'eau

Remini et Remini (2003), des chercheurs en hydrologie, se sont intéressés au phénomène de sédimentation important dans les pays du Nord de l'Afrique (Algérie, Tunisie, Maroc) et ont révélé que les particules solides déposées par les cours d'eau à l'entrée des lacs créent des effets négatifs sur la qualité de l'eau et menacent la sécurité des barrages. Dans le cas du lac de Manantali, la qualité de l'eau est suivie par la Cellule limnologique de la société d'exploitation.

Du lac

Le suivi de la qualité de l'eau du lac se fait au sein de trois stations (Carte 7), matérialisées sur le lac par des balises (Photo 5). Il s'agit des stations 1, 3 et 4. La station 2 a été éliminée à cause de sa proximité avec la première.

Les trois stations de suivi de la qualité de l'eau sur le lac

Carte 7 : Répartition des stations de mesure sur le lac

Si, dans les années 1980-1990, ce suivi annuel était aléatoire, le mois changeant d'une année à l'autre, il se fait désormais tous les trimestres depuis 2003. Parmi les paramètres mesurés se trouvent :

- *La température (°C) :* Dans les stations 1, 3 et 4, l'eau est plus dense en surface. La photosynthèse devient possible dans cette couche supérieure dite euphotique, où la lumière est suffisante et permet la respiration des espèces ichtyologiques ;
- *L'oxygène dissous (mg/l) :* Comme la température, il est important en surface dans les stations 1, 3 et 4, puis diminue constamment avec la profondeur. Avec la profondeur, la respiration l'emporte sur la photosynthèse et l'on peut même atteindre des conditions anaérobiques (manque d'oxygène) ;
- *Le potentiel d'hydrogène (pH) :* Le pH permet de savoir le degré d'acidité ou d'alcalinité d'une eau. Il y a trois domaines de valeur du pH :
  – pH ‹ 7 : solution acide ;
  – pH = 7 : solution neutre ;
  – pH › 7 : solution basique.
  L'acidité est d'autant plus forte que le chiffre est petit. Une eau potable doit avoir un pH compris entre 6,5 et 7,5. Un pH de 7 est donc 10 fois plus acide qu'un pH de 8. Les poissons peuvent dans certains cas s'adapter pour vivre dans une eau dont le pH ne leur convient pas, mais ils sont alors fragilisés. Certains poissons ont besoin d'eau acide, d'autres ont besoin d'eau basique. Selon le Service Santé Sécurité Environnement (SSSE), l'eau dans les trois stations de Manantali est basique ;
- *La conductivité (µS/cm) :* Plus la conductivité est basse, plus l'eau est douce. On emploie un conductimètre pour prendre ces mesures. Elle augmente avec la profondeur ;
- *La transparence (m).*

Le choix des paramètres est lié à leur régularité dans les mesures en fonction de la profondeur du lac, de 0 à 55 m. Chaque indicateur de mesure de la qualité de l'eau est doté d'une valeur à respecter. Le dépassement de ces valeurs conduit à une prise de mesure corrective pour éviter l'eutrophisation[19] précoce du lac.

[19] L'eutrophisation est l'un des mécanismes qui conduisent à la mort des cours d'eau : le non-suivi de certains paramètres, comme les nitrates et les phosphates, conduit à la prolifération d'algues à la surface des eaux. L'eau devient asphyxiante pour la vie aquatique et aboutit à la destruction de l'ensemble de l'écosystème. « Plusieurs cas

Photo 5 : Balise de localisation de mesure de la qualité de l'eau

La figure 11, qui concerne la station 1, montre l'évolution des paramètres mesurés de 1989 à 2013. Selon ces résultats :

- La température relevée est en moyenne comprise entre 25 °C et 27 °C. La température la plus faible a été enregistrée en 1990 (22 °C) ;
- La valeur de l'oxygène dissous se situe entre 4 et 7 mg/l ;
- La conductivité minimale est de 27 µS/cm (1989), alors que le chiffre le plus élevé est de 67 µS/cm (1990). Depuis 2003, elle ne dépasse pas la trentaine : 36 µS/cm en 2013 ;
- Le pH est situé entre 7 et 8 ;
- La transparence de l'eau est estimée entre 4 m (1989) et 8 m (2011).

Ces données sont variables d'une année à l'autre.

ont été signalés dans la région de l'Afrique du Nord. En effet, les déficits en oxygène, enregistrés près du fond du barrage El Khattabi (Maroc) au cours de la saison d'été, ont provoqué une activité de biodégradation dans les zones profondes » (Remini et Remini, 2003).

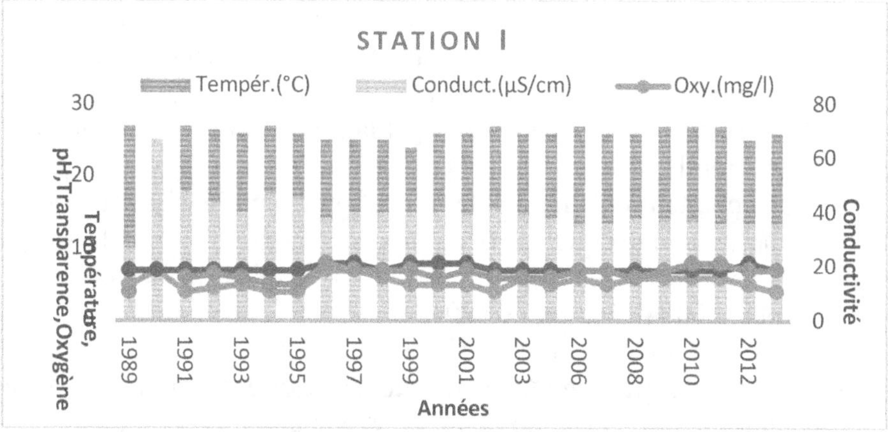

Figure 11 : Mesure de la qualité de l'eau à la station 1 du lac

Concernant la station 3 (Figure 12) :

- La température y est plus élevée qu'à la station 1 en 1989 : 29 °C. Elle y est également plus faible en 1990 : 21 °C ;
- L'oxygène dissous est évalué entre 3 et 7 mg/l. Ces deux extrémités sont enregistrées dans les années 1990 ;
- La valeur maximale de la conductivité, plus élevée que celle de la station 1, marque toutefois une nette diminution au cours des années. Elle est passée de 188 µS/cm en 1989 à 38 µS/cm en 2013 ;
- Le pH se situe entre 7 et 8 ;
- La transparence de l'eau se trouve entre 3 m et 8 m.

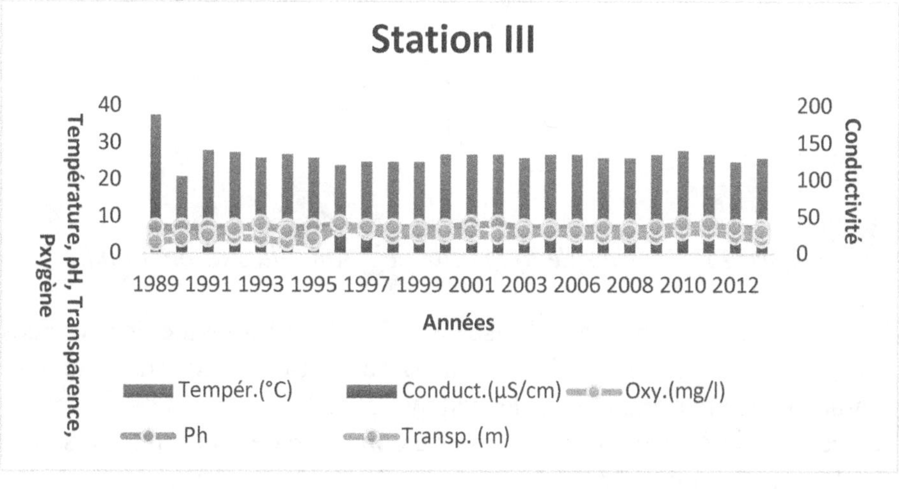

Figure 12 : Mesure de la qualité de l'eau à la station 3 du lac

D'après les résultats de la figure 13 concernant la station 4 :

- L'eau du lac est plus chaude dans la station 4, vers la source. La température varie entre 21 °C et 30 °C ;
- La quantité d'oxygène dissous est la plus élevée, se situant entre 3 et 8 mg/l ;
- La conductivité maximale, 61 µS/cm en 1995, est moins importante que celle des deux premières stations. Toutefois, elle est plus élevée ces dernières années et dépasse les 40 µS/cm depuis 2007 (45 µS/cm en 2013) ;
- Les chiffres du pH sont aussi entre 7 et 8 ;
- Ceux de la transparence sont plus bas que la station 3. Ils sont estimés à 1 m en 1995, à 6 m en 1996 et à 4 m en 2012.

La qualité de l'eau se dégrade au fur et à mesure que l'on s'éloigne du barrage vers la source d'une part ; elle se dégrade avec la profondeur d'autre part. On retient qu'à Manantali, de 2003 à 2009, la température la plus élevée a été enregistrée à la station 4, tandis que la moins élevée a été notée dans les stations 1 et 3.

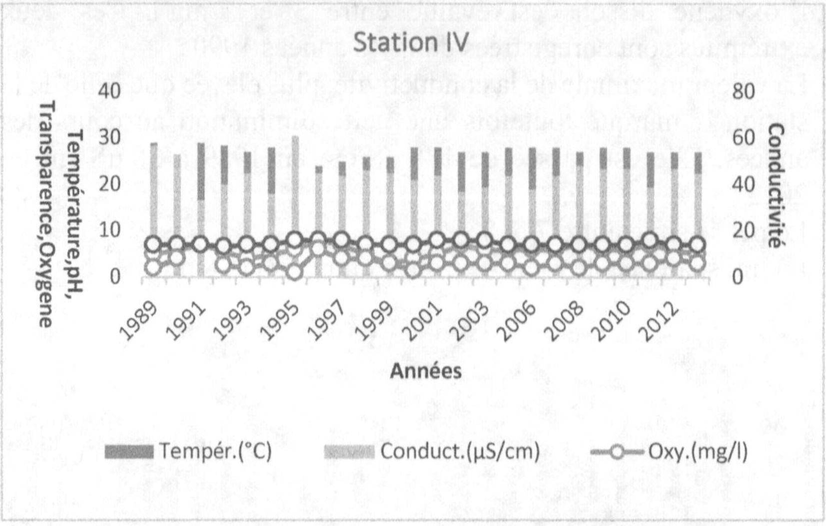

Figure 13 : Mesure de la qualité de l'eau à la station 4 du lac

Toutefois, si le pH se stabilise entre 7 et 8 en moyenne, les données moyennes de l'oxygène, de la transparence et de la conductivité sont caractérisées par une baisse des valeurs dans les trois stations au cours de ces dernières décennies. On assiste donc à un début d'eutrophisation du lac de Manantali.

Pourtant, selon le SSSE, « l'eau de la retenue de Manantali est une eau faiblement minéralisée, turbide, douce, corrosive, de qualité physico-chimique acceptable[20] » (Cellule limnologique, 2012). Seulement, malgré l'aspect très clair en surface, le rapport de la Cellule limnologique précise que l'eau du lac ne respecte pas les normes de potabilité pour l'humain.

Du Bafing en aval

Généralement inaccessible au public, la zone du bassin d'amortissement se situe après les murs du barrage en aval (Photo 6). Elle reçoit l'eau directement sortie des turbines après l'utilisation dans des groupes pour la production d'énergie. Comment est la qualité de l'eau dans cette partie du bassin ? Le rejet de l'eau par les groupes turbine-alternateur peut-il comporter un risque de nuisance ?

Photo 6 : Localisation du bassin d'amortissement du barrage de Manantali

Les figures 14 et 15 montrent que la température de l'eau du bassin d'amortissement est comprise entre 24 °C et 29 °C. La courbe des

---

[20] Si les analyses de la qualité, avant le barrage, ont montré que « les eaux fluviales stricto sensu, particulièrement en période de crue, sont douces, peu minéralisées, tétraioniques asulfatées et achlorées. Ces caractéristiques chimiques sont une conséquence des conditions géologiques, climatiques et végétales du haut bassin. Du fait de cette faible minéralisation globale, du déficit en calcium et de la quasi-carence, voire de la carence totale, en sulfates et en chlorures, ces eaux fluviales sont typiquement oligotrophes » (Groupement Manantali, 1978).

mesures de conductivité est marquée par une baisse au fil des années ; elle passe de 80 µS/cm en 1991 à 41 µS/cm 1 en 2013. En ce qui concerne l'oxygène dissous et le pH, le premier est compris entre 4 et 9 ; le chiffre le plus bas est enregistré en 2013, tandis que le pH se situe toujours entre 7 et 8.

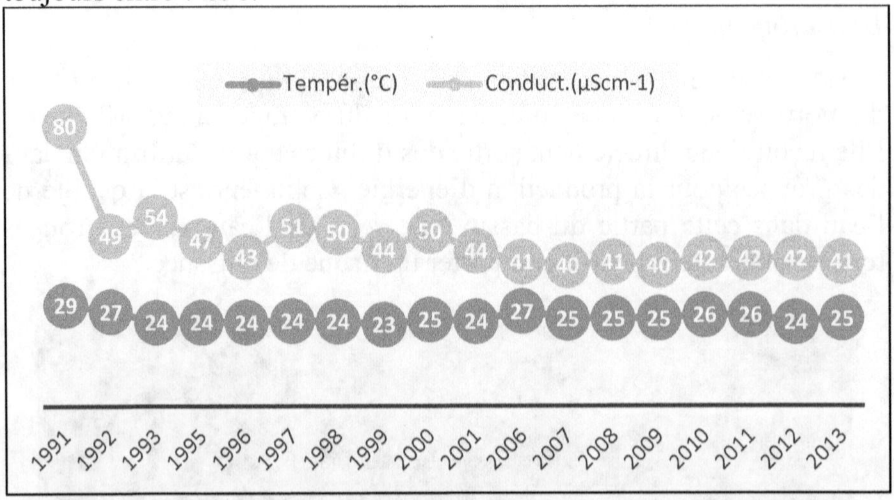

Figure 14 : Mesure de la température et de la conductivité de l'eau du bassin d'amortissement

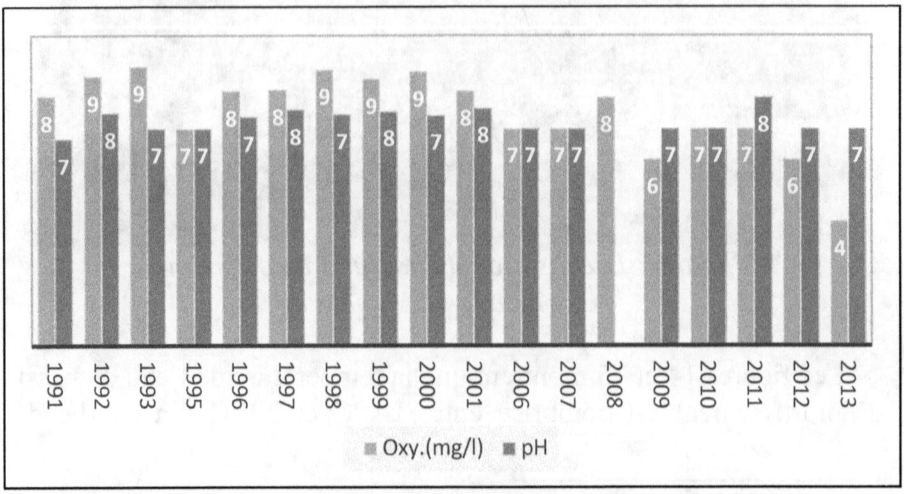

Figure 15 : Mesure de l'oxygène et du pH de l'eau du bassin d'amortissement

À environ 90 km de Manantali (Planche photos 2), la station de Bafoulabé se distingue par la confluence des deux principaux affluents du fleuve Sénégal. L'étude de la qualité de l'eau n'est pas aussi poussée que dans les premières stations, mais elle offre l'occasion de faire une comparaison avec les résultats à l'échelle locale. Les figures 16 et 17 révèlent que la température est plus constante à cette station et reste comprise entre 27,3 °C et 28,5 °C.

Planche photos 2 : Bafoulabé ou la rencontre des affluents du Bafing et du Bakoye

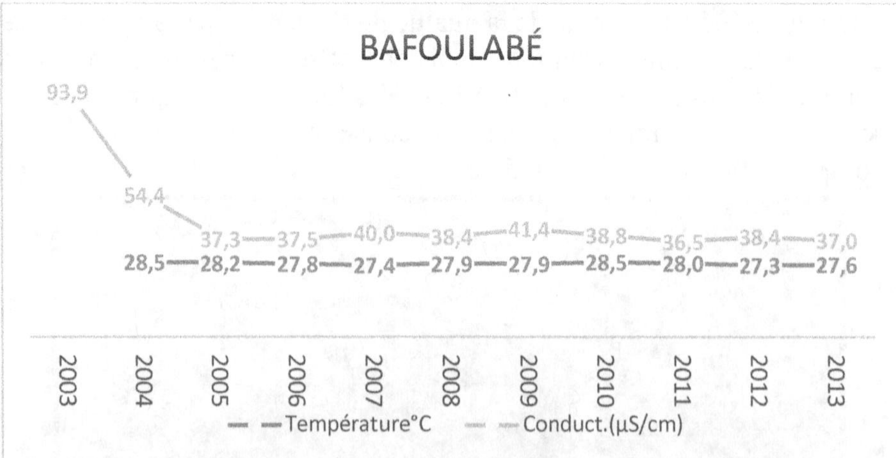

Figure 16 : Mesure de la température et de la conductivité de l'eau à Bafoulabé

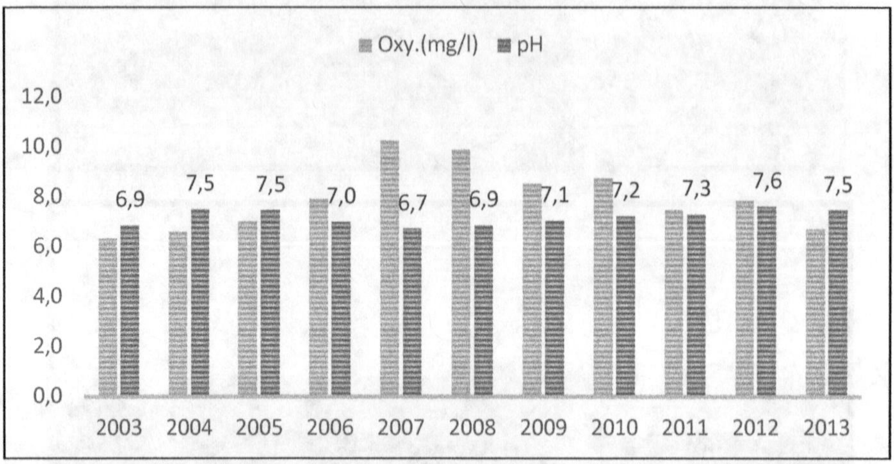

Figure 17 : Mesure de l'oxygène et du pH de l'eau à Bafoulabé

Les chiffres de l'oxygène dissous sont plus importants ; ils varient de 6,3 à 10,3 mg/l pour l'année 2007. Le pH est compris entre 6,9 et 7,5.

À partir des résultats du bassin d'amortissement et de ceux de toutes les stations, les mesures physico-chimiques de l'eau sont rassurantes (SSSE, 2013).

En quoi s'expliquent alors l'apparition et le développement de plantes nuisibles qui inquiètent les agents de la société d'exploitation ? « Le typha devient de plus en plus menaçant en aval immédiat du barrage aux deux rives et tout au long de la rivière Bafing. Il nous faut prendre des dispositions urgentes pour sa destruction totale » (SSSE, 2013). La présence de cette espèce végétale, qui n'existait pas dans la zone avant le barrage, alarme pour deux raisons : d'abord, la perturbation de la production d'électricité et le dérangement des nombreuses activités humaines dépendantes du cours d'eau en aval (Planche photos 3).

Planche photos 3 : Différentes activités sur le Bafoulabé

L'affluent du Bafing joue un rôle important dans le quotidien des habitants des localités riveraines. Le barrage a profondément changé ce cours d'eau et son environnement :

« On note une conséquence sur les berges sous forme d'érosion accélérée. Plus loin, dans la zone du delta du fleuve Sénégal, qui est une zone plate, l'écoulement est très lent et il y a des zones d'épandage qui créent des conditions pour la prolifération des typhas au Sénégal et en Mauritanie sur la rive droite. Certains considèrent que cette faiblesse de l'écoulement en aval est liée au changement du régime du fleuve par le barrage de Manantali [...]. Mais, sur ce point, on pense plutôt que la création du lac protège les poissons, parce que les zones d'étiage accéléré facilitent la capture des poissons. Maintenant, avec la régulation du cours d'eau, les poissons ont la liberté de se déplacer dans tout le lit et ceci les protège de l'extermination[21]. »

Effets du changement des conditions physiques sur la dynamique des poissons

Le lac de Manantali est installé sur l'ancien site de la forêt du Bafing. Avant la construction du barrage y résidaient deux formations végétales denses : les forêts-galeries sur le Bafing et ses affluents (4 300 ha) et la savane arborée, arbustive et boisée (37 000 ha). Pendant la construction, le déboisement du lac était l'une des recommandations de l'étude d'évaluation des impacts sur l'environnement du programme d'infrastructure régionale de l'OMVS. L'OMVS était pour l'enlèvement[22] de tous les arbres, tandis que d'autres prônaient leur maintien, car le déboisement dans le contexte du Sahel n'est pas sans conséquence. Qui plus est, les feuilles pouvaient devenir de la nourriture pour la population piscicole.

Finalement, seule une partie du réservoir, soit 11 000 ha, a été déboisée grâce au financement de la République fédérale allemande, d'un montant de 20 millions de DM. Les opérations de déboisement, de novembre 1985 à juillet 1987, ont été supervisées par la Direction des eaux et forêts du Mali (ISH, 1985). Dans cette étendue d'eau marquée par la présence d'arbres, comment évoluent les poissons ? Pourquoi les poissons pêchés dans le lac sont-ils plus gros que ceux du Bafing, du Bakoye ou du fleuve Sénégal à Bafoulabé (Planche photos 4) ?

---

[21] Entretien avec le chargé de la division suivi des ressources en eau de la Direction de l'hydraulique du Mali, été 2012.

[22] « Pour l'OMVS, l'enlèvement du bois se justifiait par les considérations suivantes : la dégradation de la végétation inondée, notamment les herbes, les feuilles des arbres, ainsi que la décomposition de matières organiques dans le sol pourrait libérer une masse importante de bactéries nitrifiantes pouvant déclencher un développement d'algues et de macrophytes. Les troncs d'arbres flottants pourraient encombrer les conduites des évacuations de fond et des prises d'eau. L'eau dégradée du lac de retenue pourrait devenir corrosive par rapport aux équipements métalliques et du béton. La forte désoxygénation de l'eau du fond du réservoir peut entraîner la mortalité de poissons. Cette eau serait alors inapte à la consommation pour les villages proches de l'ouvrage le long du fleuve » (OMVS, 1977).

Planche photos 4 : Types de poissons du lac et du Bafing

Le bouleversement de la population de poissons

Dans les eaux du lac

Il apparaît qu'entre 1989 et 1998, certaines espèces ont disparu. Cet effet a été signalé dans une recherche d'Alhousseyni (1992). Dans sa thèse de doctorat, l'auteur fait une présentation de la nouvelle ressource piscicole et de l'immense capacité d'adaptation des acteurs dans un contexte environnemental et socio-économique qualifié comme difficile. Il démontre :

« Le développement des poissons après leur introduction dans l'eau, ainsi qu'une disparition de plusieurs autres espèces par la suite, est causé par les changements et les variations du milieu, comme la profondeur, le courant, la température ou encore le taux d'oxygène. La retenue de Manantali est formée d'une partie fluviatile (zone amont) et d'une partie véritablement lacustre (zone proche du barrage). Cette division joue dans la répartition des poissons qui évoluent vers un type lacustre. Aussi, la composition du peuplement change de l'amont vers l'aval, mais aussi d'une zone à l'autre. Généralement, le peuplement de l'amont est plus riche et plus diversifié, surtout lors de la période des hautes eaux (novembre-janvier). » (Alhousseyni, 1992)

Cela explique la taille des poissons du réservoir. Dans le même sens, Rossi (1996) a fait une étude d'impact des barrages installés sur le fleuve Mono (340 km de longueur) au Togo et au Bénin. Il a utilisé des modèles mathématiques pour mesurer les effets hydrologiques et sédimentologiques des barrages de Nangbeto (1986) et d'Adjarala (1992). Il souligne que les deux barrages peuvent créer une variation du régime du cours d'eau et une perturbation de la biocénose, puisque les lâchers de turbines accélèrent l'érosion des berges, le creusement du lit et l'abaissement du niveau des nappes (Rossi, 1996).

Cependant, on remarque que la composition des poissons ne change pas forcément de l'amont vers l'aval, comme affirmé plus haut : c'est généralement le même peuplement avec des tailles et des quantités plus importantes soit en amont, soit en aval. Les résultats obtenus dans le traitement des données annuelles des campagnes trimestrielles de 2003 à 2013 montrent l'évolution de 11 familles de poissons (Figure 18) :

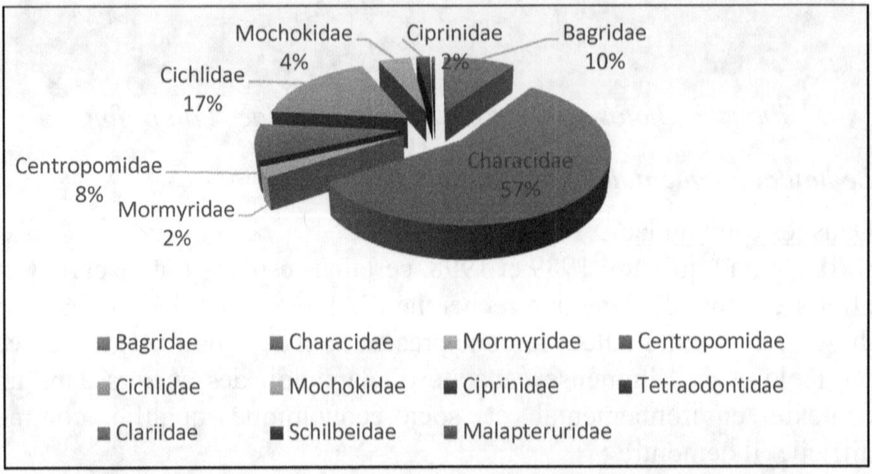

Figure 18 : Classification des poissons du lac de Manantali

La figure 18 montre une prédominance de la famille des Characidae (57 %), qui est relativement facile à maintenir dans un lac. Ces poissons tolèrent des variations de pH entre 6 et 8 et une température comprise entre 23 °C et 28 °C. Cette famille vit donc dans de bonnes conditions dans les eaux de Manantali, où son nombre n'a cessé d'augmenter depuis 2003.

Les Mochokidae sont assez bien représentés en 2006 et en 2007, juste après le démarrage des activités de la centrale hydroélectrique de Manantali.

Une seule grande variation est à noter : les Centropomidae et les Bagridae sont bien représentés en 2004 et en 2008. Il en va différemment pour les Ciprinidae, les Tetraodontidae, les Clariidae et les Schilbeidae, qui sont parfois absents du comptage.

Les résultats montrent qu'en amont, la mise en place du barrage a créé des conditions de développement de certaines familles : les Characidae, les Cichlidae et les Centropomidae. La famille des Malapteruridae n'a été trouvée qu'en 2013.

Dans les eaux du Bafing, du Bakoye et du fleuve Sénégal

Comment se comporte la population de poissons dans la partie aval de ce barrage ?

Des analyses ont été faites sur les données issues du comptage des poissons au grand marché de Mahina, situé à environ 80 km du barrage (Planche photos 5) :

« L'inventaire ichtyologique en juillet, août et septembre 2013 au marché de Mahina nous donne un bon nombre de familles : les Anabantidae, les Bagridae, les Centropomidae, les Characidae, les Cichlidae, les Ciprinidae, les Clariidae, les Distichodontidae, les Malapteruridae, les Mochokidae, les Mormyridae, les Schilbeidae et les Tetraodontidae. Une forte présence des Cichlidae (34,4 %) et des Mochokidae (22,3 %). » (SSSE, 2013)

Ici, les mêmes familles de poissons que celles présentes dans le lac ont été notées. L'intérêt de l'analyse à cette échelle concerne plus l'apport par cours d'eau en poissons. Les analyses qui vont suivre ne prendront en compte que les données d'enquête et de comptage obtenues auprès des commerçants[23] de poissons.

Planche photos 5 : Grand marché de Mahina

[23] Majoritairement des femmes, mais aussi des pêcheurs-vendeurs.

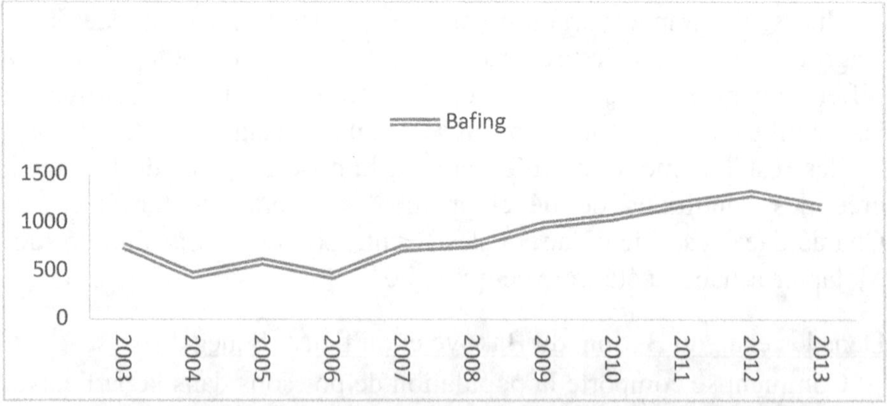

Figure 19 : Nombre de poissons du Bafing vendus à Mahina entre 2003 et 2013

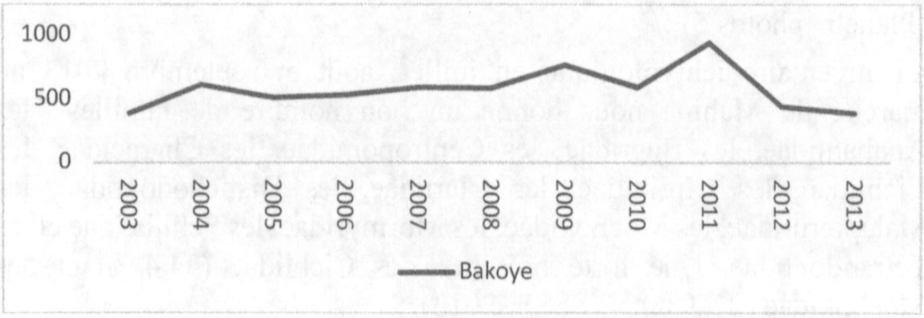

Figure 20 : Nombre de poissons du Bakoye vendus à Mahina entre 2003 et 2013

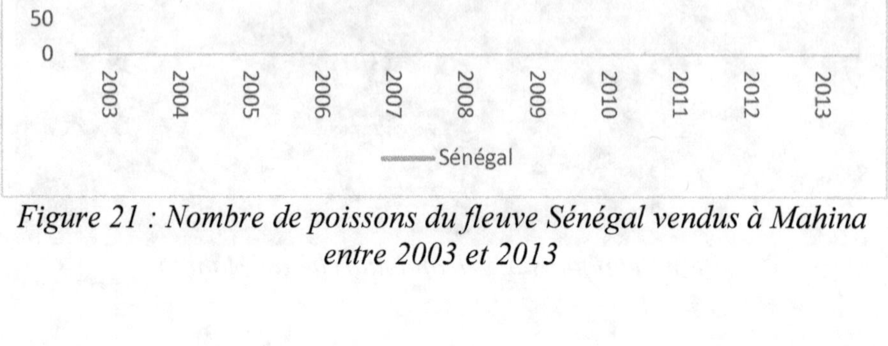

Figure 21 : Nombre de poissons du fleuve Sénégal vendus à Mahina entre 2003 et 2013

La figure 19 est marquée par une phase intermédiaire de 2003 à 2006, par une phase ascendante à partir de 2007 et par une baisse de la quantité en provenance du Bafing en 2012.

Celle du Bakoye est plus variable (Figure 20). En fait, les prises enregistrées sont importantes en 2004, en 2009 et particulièrement en 2011. Le nombre diminue depuis cette date.

Sur le graphique du fleuve Sénégal, l'année 2010 a enregistré le plus grand nombre de poissons vendus au grand marché de Mahina (Figure 21).

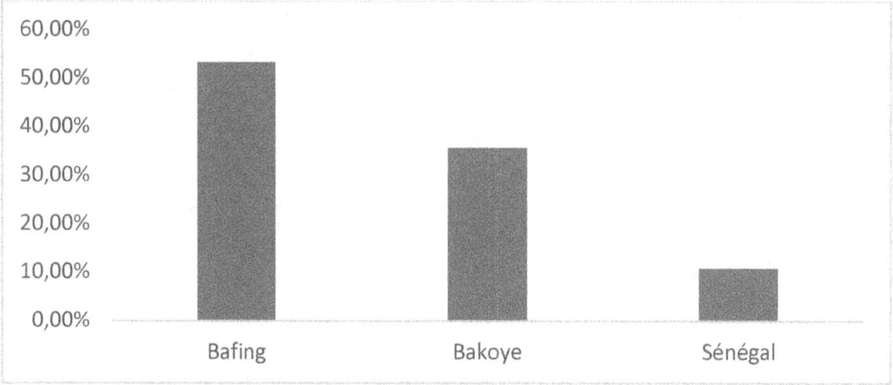

Figure 22 : Part du Bafing dans l'offre de poissons au marché de Mahina

Finalement, entre 2003 et 2013, plus de 50 % des poissons vendus au grand marché de Mahina provenaient du cours d'eau du Bafing ; 39 % provenaient du Bakoye et 10 % du fleuve Sénégal à Bafoulabé.

Selon ces résultats, la présence du barrage n'a donc pas empêché le Bafing de jouer son rôle dans l'apport en ressources piscicoles en aval. Il a quand même créé une différence, car les poissons du lac et de l'aval proches du barrage sont plus gros que les poissons présentés au marché de Mahina en provenance du fleuve Sénégal, du Bafing éloigné ou du Bakoye.

Résumé du chapitre 2

L'apparition du lac artificiel de Manantali a changé le paysage de la commune de Bamafélé. La quantité d'eau dans le réservoir et dans le Bafing en aval dépend principalement des pluies, qui diminuent du sud, à la station de Daka Saidou, vers le nord, à la station de Bakel.

La régularisation du fleuve joue un rôle sur les débits dans les stations en amont et dans les stations de Kayes et de Bakel. Ces lâchers ne sont plus maîtrisés depuis le démarrage de la centrale hydroélectrique. La qualité de l'eau en amont ne semble pas inquiéter les agents de la société d'exploitation.

Or, l'apparition du typha en aval a soulevé des interrogations sur la nécessité de prendre des mesures de suivi. En fonction de la qualité de l'eau, certaines familles de poissons se sont bien adaptées au nouvel environnement du lac, car leur nombre ne cesse d'augmenter.

CHAPITRE 3 : COMMENT COMPRENDRE LES REPRÉSENTATIONS SOCIALES DU BARRAGE ?

Le concept de représentations sociales est la principale entrée utilisée pour connaître les conséquences du barrage de Manantali. Dans ce chapitre 3, nous nous penchons sur sa définition et sur le but de son utilisation en géographie sociale.

Représentations sociales : une forme de connaissances

Les origines de ce concept conduisent à la sociologie. Le sociologue français Émile Durkheim déplore la façon dont la recherche l'utilise pour comprendre les liens entre la biologie et la sociologie. Selon lui, un rapprochement entre la sociologie et la psychologie est plus logique : « La vie collective, comme la vie mentale de l'individu, est faite de représentations ; il est donc présumable que représentations individuelles et représentations sociales soient, en quelque manière, comparables » (Durkheim, 1898). Or, le travail de Durkheim est resté inachevé à cause du manque d'explication des relations entre les « représentations collectives et les structures sociales complexes des sociétés modernes » (Marková, 2007).

Par la suite, l'explication des fondements de la théorie des représentations sociales a été faite par le psychologue social français Serge Moscovici, qui publie en 1961 les résultats de ses recherches en psychanalyse. Selon lui, le concept de représentations doit être réactualisé et mieux expliqué : « Qualifier une représentation de sociale revient à opter pour l'hypothèse qu'elle est produite, engendrée collectivement » (Moscovici, 1961). Elle a donc pour fonction de contribuer « exclusivement aux processus de formation des conduites et d'orientation des communications sociales ».

Moscovici rapproche ainsi la représentation à une opinion publique, à un ensemble de réactions lors d'une conversation. Suivant le nombre de classes et de groupes, ces réactions changent d'orientation. Ce changement comporte trois dimensions : l'information, l'attitude et l'image. Si l'information crée des niveaux de connaissances, l'image donne une vision d'ensemble, tandis que l'attitude indique la position par rapport à l'objet représenté. Moscovici étudie ensuite les clivages à partir de ces trois éléments.

Depuis les travaux de Moscovici, la théorie a connu une diffusion rapide, d'abord au Royaume-Uni, en Autriche, en Italie dans les années 1980, en Amérique latine, puis dans les années 1990 (Moliner et Guimelli, 2015).

Selon Moliner (1996), la diffusion de cette approche est principalement liée aux besoins de la psychologie sociale, qui cherche à étudier la façon dont nous ordonnons le monde. Cependant, cette décomposition est souvent complexe. Pour l'opérer, l'individu procède à une catégorisation, laquelle correspond à « un ensemble de dimensions descriptives dont les valeurs peuvent varier dans certaines limites » (Moliner, 1996). Elle a cinq fonctions : « réduire la complexité, l'identification, l'intégration des apprentissages, l'orientation des conduites et ordonner notre environnement ». L'objet représenté est donc identifié, compris, projeté. Toutefois, une distinction est faite avec l'approche prototypique :

« La différence essentielle entre elles vient du fait que la réflexion touche aux mécanismes "internes" dans le cas de l'approche prototypique, alors que l'accent est mis, dans le cas des représentations sociales, sur les facteurs influençant la manière avec laquelle nous ordonnons notre environnement. » (Semin, 2003)

Enfin, la représentation sociale met l'accent sur la dimension cognitive et symbolique. Elle est définie en fonction de son organisation par Abric (2003) :

« [la représentation sociale] est donc un ensemble organisé d'opinions, d'attitudes, de croyances et d'informations se référant à un objet ou à une situation. Elle est déterminée à la fois par le sujet lui-même (son histoire, son vécu), par le système social et idéologique dans lequel il est inséré, et par la nature des liens que le sujet entretient avec ce système social. »

La figure 23 ci-dessous résume l'organisation de ce concept.

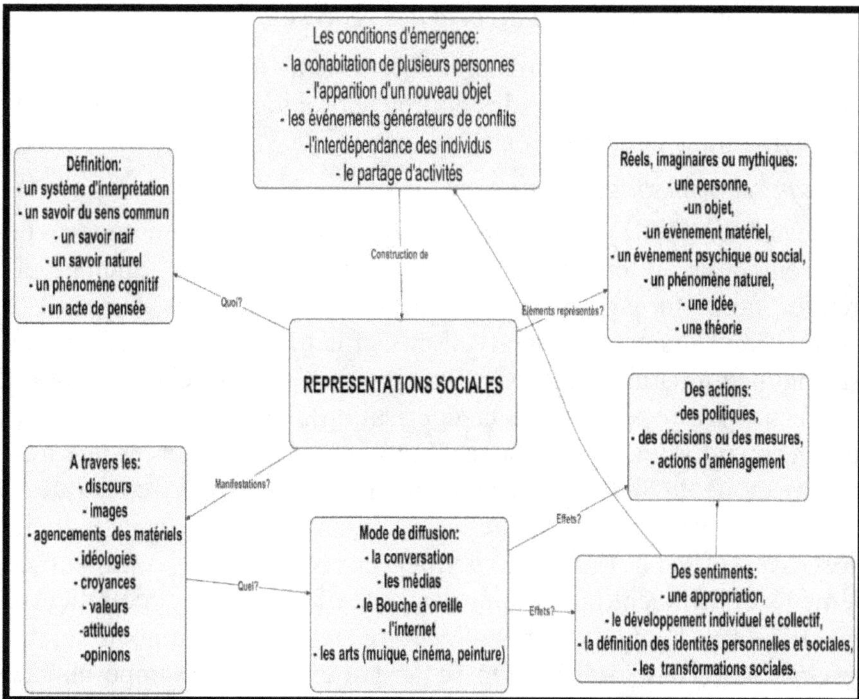

Figure 23 : Processus de construction d'une représentation sociale

La figure 23 montre, en fonction des lectures précédentes, que les représentations sociales découlent de conditions variables. La principale d'entre elles est la vie en société, qui produit des interactions entre des individus qui partagent des activités.

L'apparition d'un nouvel objet, par exemple, le barrage hydroélectrique dans notre cas, dans l'environnement quotidien de plusieurs personnes, suscite des réactions conduisant à la construction de représentations sociales. Celles-ci interviennent comme des systèmes d'interprétation des événements, un savoir du sens commun ou encore un phénomène cognitif. Elles sont perceptibles grâce aux discours, aux images et aux attitudes. En plus de ces mécanismes, leur diffusion est assurée à l'aide des moyens de communication, notamment les médias, l'Internet, les conversations. Enfin, leurs effets se traduisent par des politiques ou des actions d'aménagement. Ils sont également susceptibles de se limiter à une appropriation de l'élément représenté.

Les quatre approches de la théorie des représentations

La littérature révèle quatre approches de cette théorie, que rappellent Moliner et Guimelli (2015) : les approches sociogénétique, structurale, sociodynamique et centrée sur le dialogue.

L'approche sociogénétique

Moscovici (1961) renseigne sur les processus d'émergence des représentations. Il en existe deux : l'objectivation et l'ancrage. Le premier consiste en l'appropriation cognitive d'un objet et à sa restitution en image. L'objectivation s'effectue par une opération qui est nommée « naturaliser ». Ces images sont ensuite classées lors de leur restitution (opération de catégorisation). Le processus d'ancrage permet, quant à lui, à un groupe d'intégrer l'élément représenté à ses valeurs et de le redéfinir. Cet élément est de ce fait constitué de l'identité du groupe, qui facilite les relations entre ses membres. Selon Moscovici (1961), l'ancrage permet de comprendre comment ces éléments contribuent à façonner des relations sociales et comment ils les reflètent : « L'objet que la société vise en sort transformé, le sujet ne l'est peut-être pas moins ». On remarque ainsi le rôle important des représentations dans l'appropriation des éléments de l'environnement et dans la transformation des individus d'une société.

L'approche structurale

La seconde approche soutient l'idée de l'existence d'un noyau central dans toute représentation sociale : « Le noyau central est l'élément fondamental de la représentation, car c'est lui qui détermine à la fois la signification et l'organisation de la représentation » (Abric, 2003). De ce fait, les éléments cognitifs des représentations sont composés d'éléments centraux et d'éléments périphériques. C'est en ce sens que Flament (2003) soutient également l'idée d'une organisation structurelle. Autrement dit, il affirme qu'« une représentation sociale comporte des schèmes périphériques, structurellement organisés par un noyau central, qui est l'identité même d'une représentation ». La structure décrite aurait donc une fonction génératrice (par le noyau) et une fonction organisatrice (autour du noyau). Ces théoriciens considèrent la représentation comme une entité. Ils arrivent ainsi à déterminer son contenu par une étude expérimentale. Celle-ci passe par les méthodes de l'enquête et par d'autres méthodes qualitatives. Cependant, les éléments de méthodologie, comme les consignes et l'habillage, c'est-à-dire la manière dont la question est présentée, sont désignés comme perturbateurs des résultats. En somme, la seconde approche s'intéresse au contenu.

L'approche sociodynamique

La troisième approche se base sur les rapports intergroupes. Doise et ses collègues (1992) soutiennent l'idée suivante :

« Les individus prennent position par rapport à des enjeux importants dans un environnement social, qu'ils doivent se préoccuper des positions des autres afin d'organiser leurs interventions et au moins symboliquement prendre position par rapport aux prises de position des autres. »

En d'autres termes, les représentations, influencées par les appartenances sociales, sont à la base des comportements individuels et entre groupes. Cela amène des chercheurs à considérer cette forme de représentation comme particulière. Par exemple, Moliner et ses collègues (2009) montrent « une accentuation des stéréotypes de sexe dans le contexte professionnel par rapport au contexte de vie privée. François y est en effet perçu comme plus masculin, et Sophie comme plus féminine ». On retient de cette approche l'analyse des comportements intergroupes.

L'approche centrée sur le dialogue

La dernière approche met en avant la place du langage et de la communication, qui sont deux éléments fondamentaux dans la compréhension du monde et dans l'évolution des réalités sociales, selon Marková (2007). En fait, l'auteure propose de considérer les représentations sociales comme une théorie de la connaissance sociale. Elle insiste sur le rapport établi entre le sens commun[24] et la rationalité dialogique, soit que la capacité cognitive à penser rationnellement est par définition la capacité à communiquer : « La capacité à penser rationnellement et à communiquer constitue le potentiel de la pensée de sens commun ».

Ce sens a été utilisé dans de nombreux travaux en psychanalyse sur les thèmes de la santé, de la folie, des droits de la personne, de l'adolescence, de la démocratie, de la citoyenneté ou de la qualité de la vie. Cette approche s'est dernièrement développée dans les pays en voie

[24] « Le sens commun est un type de savoir qui est considéré comme certain et ne laisse aucune place au doute. Ce type de savoir était considéré comme irrationnel, produit de la collectivité et inférieur au savoir scientifique » (Marková, 2007, p. 200).

de développement, en Amérique latine, en Asie ou encore en Europe postcommuniste (Marková, 2007).

Finalement, on constate que les approches de la théorie des représentations sociales sont souvent utilisées afin de comprendre l'humain d'une part et d'éclairer sur le processus de considération des minorités de l'autre. Sans nul doute, parce qu'elle se focalise sur l'individu dans son environnement complexe, la représentation interpelle la géographie. Le concept y est également utilisé et connaît une expansion remarquée.

Géographie des représentations

Des recherches en géographie ont pris en compte la dimension symbolique. Cet angle a été développé dans les années 1970-1980 (Bonin, 2004). « Il y a plus de dix ans, l'*Espace géographique* (1974) consacrait un numéro original à la géographie et à la perception de l'espace. Depuis cette année, l'engouement pour le thème s'est amplifié » (Bailly, 1985). Cet auteur déplore la « naïveté des chercheurs » dans l'utilisation de ce concept et compare cet engouement à un « effet de mode ».

De son côté, Fremont (1974) explique la nécessité pour les géographes de changer la manière d'examiner leur objet de recherche :

« L'espace, la région, les lieux ne peuvent plus être considérés tout à fait comme des réalités objectives que le géographe examine sous le regard froid de la science. La région est aussi, elle est peut-être même essentiellement une réalité vécue, c'est-à-dire perçue, ressentie, chargée de valeurs par les hommes. »

Dès lors, l'objectif des chercheurs est de comprendre les changements des lieux à travers l'imaginaire humain. En ce sens, Gallais (1967), dans une étude régionale du delta intérieur du Niger, montre les liens entre les ethnies et le milieu. L'objectif est de comprendre les changements des lieux à travers l'imaginaire humain.

Plus tard, dans les années 1980-1990, ce concept prend une place importante dans les études de paysage (Luginbühl, 2012). Les représentations y sont de plus en plus articulées avec la géographie culturelle. De manière plus poussée, il s'agit de comprendre les liens associant les populations et ces paysages. L'engouement pour cette approche à travers des paysages peut se mesurer par les nombreuses thèses qui y sont consacrées, avec des terrains ou des objets variés, comme le souligne Luginbühl (2012) : « Au XXIe siècle avec de nombreuses thèses portant sur des paysages particuliers, comme des paysages de marais, les paysages de volcans, d'une ville ». La part des croyances culturelles dans l'agencement des réalités géographiques est ainsi interrogée.

Partant de là, « ce qui n'était qu'une démarche intégrant la dimension idéelle des sociétés à l'analyse de l'espace géographique s'affirme désormais comme la géographie culturelle » (Rosemberg, 2003).

Ce constat soulève des questionnements sur le rôle de cette forme géographique. Faut-il préférer la notion de représentations à celle de culture ? Rosemberg (2003) marque sa préférence :

« À la notion floue et totalisante de culture, il faut préférer le concept de représentation sociale, qui intègre dans l'approche de la pensée sociale la dimension cognitive. Il ne faut pas sous-estimer l'importance d'une analyse des représentations et des pratiques spatiales pour comprendre l'espace. Toutefois, il est nécessaire de remettre en question l'utilisation systématique du modèle culturel dans l'analyse de l'espace. »

En ce sens, l'approche culturelle ne doit être qu'une dimension de l'analyse des interactions entre les représentations et l'espace géographique.

De son côté, Bonin (2004) rappelle la place de la géographie des représentations dans les études urbaines en interrogeant les relations entre les manières de voir et les modes de s'installer. Selon lui, les représentations spatiales favorisent l'élaboration des schémas spatiaux. Elles se traduisent sous la forme de cartes mentales, permettant aux habitants d'une ville, par exemple, de se déplacer facilement. Ainsi, plusieurs groupes « vivent l'espace et développent des moyens pour assurer leur pouvoir » (Bailly, 1985).

Malgré son importance dans l'analyse des lieux, le concept de représentations fait l'objet de débats chez les géographes, au point que Bonin (2004) voit dans le terme *géographie des représentations* une source possible d'incompréhensions et de confusions. Et pour cause : « Il ne s'agit pas tant de faire une géographie des représentations que d'étudier les représentations géographiques, voire, si le terme ne paraissait pas trop ambitieux, il s'agit de l'étude des géographies ». Face à ce constat, l'auteure propose « la terminologie de géographie représentationniste, qui a le mérite d'éviter la confusion évoquée : cette géographie n'a pas de particularité dans ses objets d'étude, mais seulement dans la façon de les aborder. »

Quoi qu'il en soit, la manière d'aborder l'objet de représentation nécessite une prise en compte des liens subtils qui peuvent exister entre les sociétés et leurs espaces. Ces liens donnent un sens, une identité au territoire. C'est à travers cette interrelation que des populations s'approprient un espace. De ce fait, ces espaces appropriés varient en fonction des caractéristiques des individus et de leur vécu. Cette géographie s'intéresse donc « aux petits groupes et à leurs attitudes spatiales, à leur qualité de vie et à leur bien-être » (Bailly et collab., 2016). C'est pourquoi cette forme d'analyse est de nos jours qualifiée de « comportementale ».

Di Méo (2008) en vient au constat que la géographie ne peut plus se passer des représentations sociales qui façonnent le monde, pas plus qu'elle ne doit oublier les acteurs ou agents qui interviennent sur la scène géographique. Il lui revient aussi d'intégrer dans ses modèles le vécu de l'être « habitant, producteur, consommateur, agent et acteur, etc. ». Si Di Méo invite à prendre en compte les institutions, il souligne plus encore la place des habitants, à l'instar des riverains du barrage, ceux qui en vivent les effets au quotidien. Ainsi, le rapprochement proposé par cet auteur entre les représentations sociales, l'action et les territorialités semble spécifique à la géographie.

Ce rapprochement est important pour mieux comprendre les impacts, indifféremment de leur nature. Tel est le cas de la géographie sociale de l'environnement, dont l'objectif est d'étudier « les dynamiques sociales associées à ces modifications de représentations sociales du fonctionnement des écosystèmes » (Chartier et Rodary, 2016). En ce sens, ces changements de représentations affectent les types d'interactions entre les sociétés et les écosystèmes.

Trois étapes sont proposées dans toute recherche qui prône l'angle des représentations sociales en géographie :

« Tout d'abord d'une réflexion sur le choix du questionnement (que cherche-t-on et pourquoi ?) ; ensuite, d'une analyse des matériaux supports des représentations (les médiateurs, comme des acteurs, des textes, des images) ; enfin, d'une mise en œuvre de méthodes destinées à organiser les représentations (analyses de textes, d'images, enquête) pour interpréter les résultats. » (Bailly et collab., 2016)

Nous saisissons les représentations dans le sens de la définition développée par Di Méo (2008) citée plus haut. Concrètement, ce concept est l'outil qui a permis de comprendre, à travers les réponses des habitants ordinaires et les discours des acteurs, les bouleversements introduits par le barrage de Manantali.

Dans le cadre de nos recherches, l'objectif principal est de lire les représentations sociales des impacts du barrage en fonction de la localisation des populations et des groupes en présence. De cette manière, les représentations intègrent une dimension spatiale et les effets d'échelle, du local (villages et campements) au national (Bamako) en passant par le régional (Kayes).

En ce sens, notre recherche s'inscrit dans les champs de la géographie sociale. L'analyse des représentations exprimées permet de comprendre les changements tant sur le plan des conditions physiques[25] que socio-économiques introduits par le barrage. L'examen des relations commerciales impulsées par l'ouvrage devrait aider à l'analyse des territorialités induites dans le haut bassin au Mali.

Les questions posées sont les suivantes :

- Les représentations sociales des impacts du barrage de Manantali par les habitants ordinaires et par les acteurs aident à comprendre les changements des conditions sociales, économiques, spatiales et physiques. Comment et par quels processus le barrage crée-t-il une recomposition socio-économique et spatiale dans la zone riveraine ?
- Les représentations sociales des impacts sont des langages révélateurs des avantages ou des incommodités subis par les habitants ordinaires et par les acteurs à la suite du changement introduit par le barrage. En quoi les types d'impacts affectent-ils les représentations sociales ? Est-il possible de faire une lecture spatiale des différentes formes de représentations entre les échelles locale, régionale et nationale ?
- Les multiples représentations ont des effets sur les attitudes face au barrage et sur les nouvelles formes d'exploitation de cet ouvrage. Comment les habitants du haut bassin au Mali perçoivent-ils le barrage et ses gestionnaires ? Quelles sont les nouvelles pratiques adoptées par les populations ?

À la fin, il s'agira de mettre en exergue la variabilité de l'ombre spatiale, protectrice ou malfaisante des impacts du barrage, en fonction des multiples formes de représentations sociales.

L'analyse du concept tout au long de notre recherche est basée sur les discours des personnes interrogées. L'opérationnalisation du concept choisi et l'analyse des trois hypothèses ont permis de les rendre

[25] La pluviométrie, les volumes d'eau, la qualité de l'eau et la dynamique de la population piscicole.

mesurables et vérifiables. Elle se compose de trois dimensions à prendre en compte, à la suite de l'adoption de la théorie de Moscovici.

Opérationnalisation des hypothèses et présentation des variables étudiées

La figure 24 présente l'opérationnalisation du concept choisi et des hypothèses de recherche. L'idée est de montrer les trois dimensions qui constituent une forme de représentation sociale des impacts.

La localisation par rapport au barrage influence la représentation. C'est la première dimension, qui offre une lecture spatiale entre l'amont et l'aval ; entre les villages déplacés et les anciens villages ; entre les échelles locale, régionale et nationale.

Dans la seconde dimension, une attention est accordée aux types d'impacts introduits par le barrage. Ils dépendent de variables mesurées à l'aide du questionnaire, du guide d'entretien individuel et du guide d'entretien collectif.

Enfin, les attitudes face aux gestionnaires du barrage et aux nouvelles formes d'exploitation exprimées par les habitants ordinaires et par les acteurs comportent la troisième dimension. Elle est évaluée en fonction des réponses sur les connaissances des gestionnaires et sur les types d'attentes.

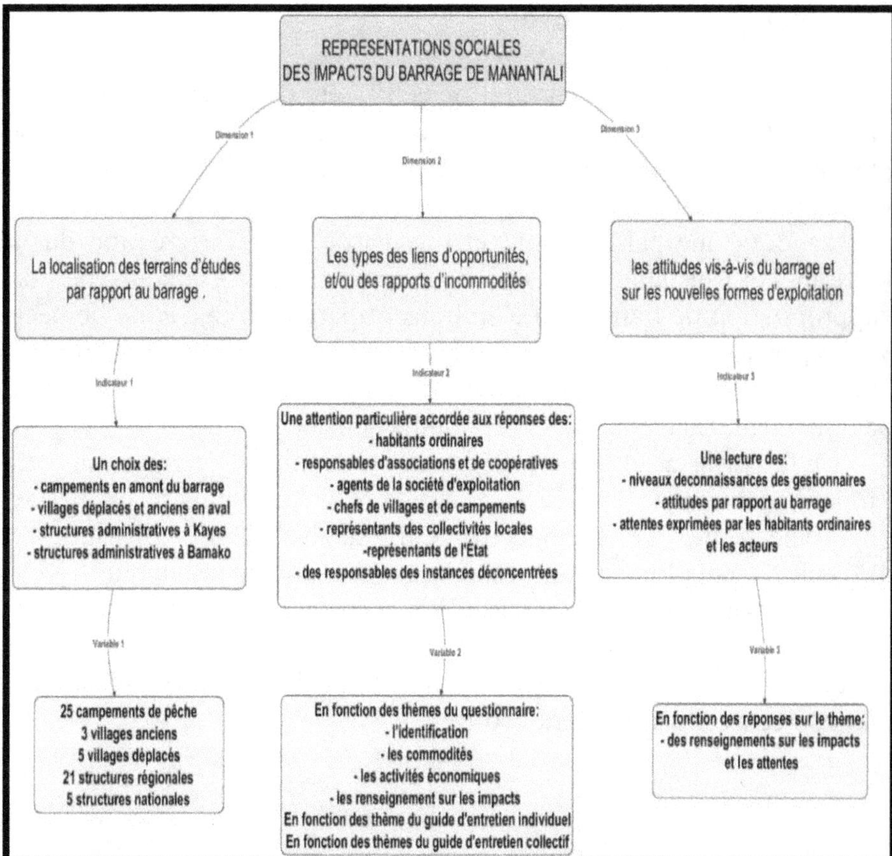

Figure 24 : Opérationnalisation du concept et des trois hypothèses

Résumé du chapitre 3

L'angle des représentations sociales permet de comprendre la nature des bouleversements des conditions sociales, physiques, économiques et spatiales dans la zone d'étude. Il aide aussi à comprendre les différentes postures, voire les conflits sur les impacts du barrage en fonction de la situation des acteurs et des localisations spatiales.

Le but de l'approche sociologique est de mettre les habitants ordinaires et les acteurs au centre de cette recherche afin qu'ils expliquent les conséquences du barrage en fonction des avantages ou des inconvénients subis.

Première partie résumée

Dans cette première partie, l'objectif a été de présenter l'angle des représentations sociales pour comprendre les résultats des analyses sur le Bafing. Cette zone du Bafing a encaissé les effets de la construction du barrage, des déplacements des villages et de la modification du paysage en une partie amont et une partie aval. La création du lac artificiel et l'installation des pêcheurs professionnels conduisent à une appropriation de l'amont et à sa transformation en une zone de pêche en expansion. En attirant de plus en plus de pêcheurs et d'autochtones, une pression s'exerce sur les lieux de pêche, les quantités de prises augmentent, les techniques et les outils de pêche changent.

Cette partie a aussi permis de faire connaître l'organisation et le fonctionnement de l'OMVS, propriétaire et gestionnaire du barrage hydroélectrique de Manantali, qui, depuis 2003, distribue de l'électricité aux États membres de cet organisme international.

La deuxième partie portera sur l'examen des bouleversements socio-spatiaux des villages et sur l'émergence des campements de pêche autour du lac de retenue. La question des inégalités d'accès aux services (eau, électricité, soins) sera abordée.

DEUXIÈME PARTIE :
LA PERTURBATION PROFONDE DES CONDITIONS SOCIO-SPATIALES

CHAPITRES

4. La recomposition sociale de l'espace

5. Des inégalités d'accès aux services aggravées par le barrage

CHAPITRE 4 : LA RECOMPOSITION SOCIALE DE L'ESPACE

Ce chapitre 4 marque le début de l'analyse des impacts du barrage sur les localités riveraines du lac et du Bafing.

À la suite de la mise en eau de la retenue, des campements de pêche se multiplient dans ses alentours proches. Nous présentons d'abord 8 villages et 25 campements à travers les différentes variables observées : la dynamique démographique, l'histoire et la composition ethnique. Ensuite, nous exposons la réorganisation spatiale de la zone aval du barrage, où cohabitent les villages déplacés (Goumbalan, Maréna, Sollo, Diokéli et Bamafélé) et les anciens villages, dont Manantali, Diakhaba et Kondonia. En amont, nous montrerons l'occupation spécifique des alentours du réservoir par des familles de pêcheurs.

L'analyse par localisation des villages et des campements permet d'identifier deux problématiques :

1. Les habitants des campements de pêche ont réussi à profiter de la présence du lac et à développer une économie de pêche locale. Cela se traduit par une spécialisation de l'amont proche, autour du lac, qui voit l'émergence d'un nouveau territoire ;
2. Les habitants des anciens villages ont connu un changement brutal de la taille de leurs villages à cause d'une cohabitation sur leurs terres avec les villages déplacés.

Dynamique générale de la population de Kayes et de la zone riveraine du barrage

Selon les résultats du *Recensement général de la population et de l'habitat* (RGPH) de 2009 au Mali (BCR, 2012), la population de la région de Kayes est estimée à 1 993 615 habitants (Carte 8). Cette population est plus concentrée dans le cercle de Kayes, qui est occupé par 513 172 habitants. Dans les cercles de Kita, de Bafoulabé et de Nioro vivent respectivement 432 531, 233 647 et 228 926 personnes. Après Diéma (211 772) et Kéniéba (197 050), le cercle de Yélimané enregistre le moins d'habitants, soit 176 517.

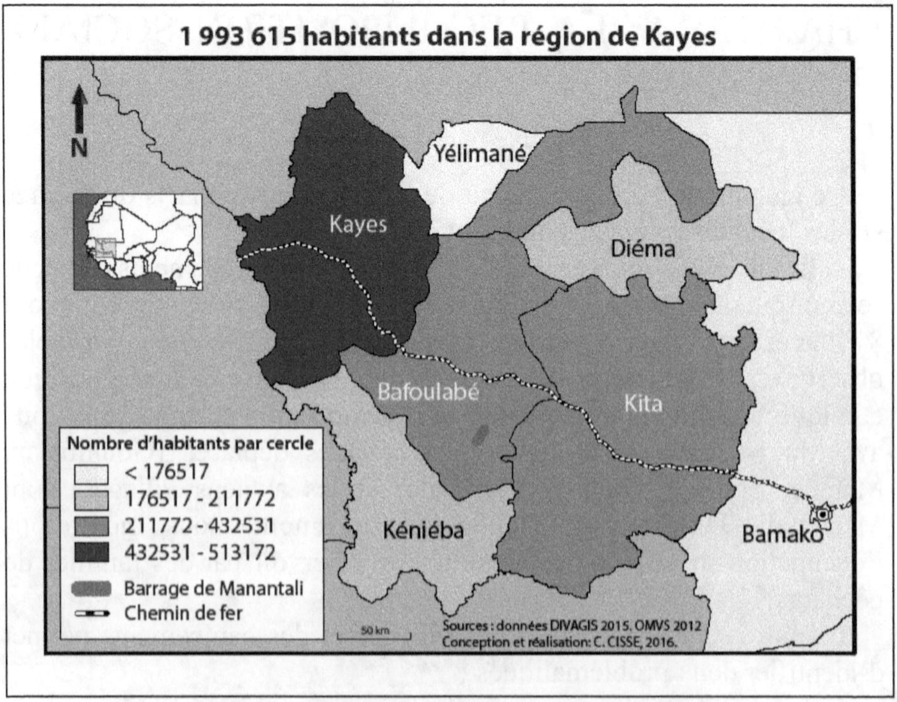

Carte 8 : Nombre d'habitants par cercle de la région de Kayes en 2009

La lecture dans le cercle de Bafoulabé révèle des disparités entre les 13 communes qui le composent (Carte 9). Loin devant, les communes de Mahina et de Tomora ont plus de 21 500 habitants. Elles sont suivies par Kontéla, Bafoulabé et Oualia. Les chiffres les plus faibles sont à Diakon, à Sidibéla, à Niambia et à Gounfan. À l'image des communes de Diallan et de Koundian, les deux communes de Diokéli et de Bamafélé, voisines du barrage, répertorient entre 7 431 et 16 180 habitants.

La commune de Bamafélé est plus peuplée (16 180 habitants en 2009) que celle de Diokéli (13 097 habitants). Leurs populations vivent dans les villages, les campements et les hameaux de culture qui composent ces communes.

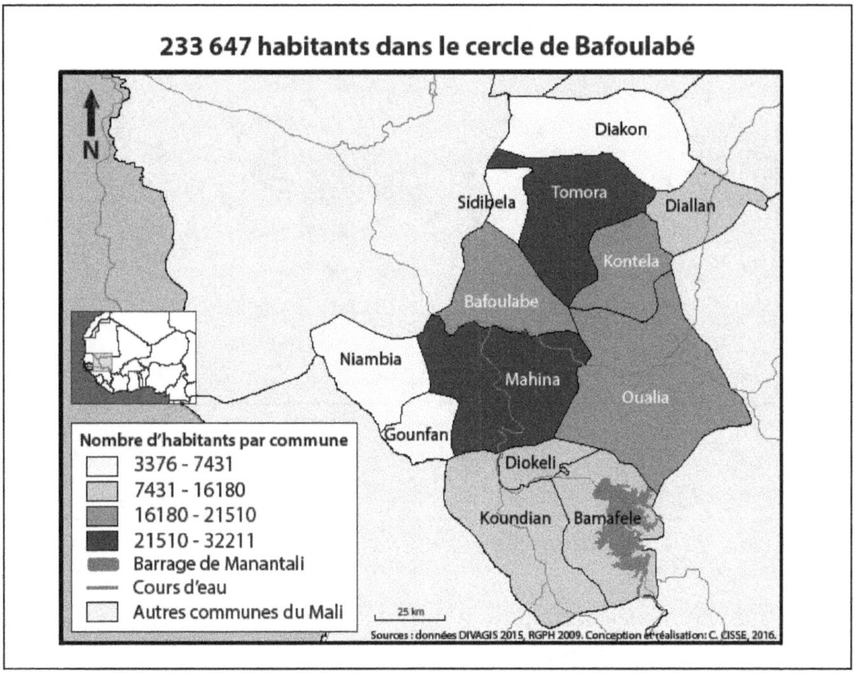

Carte 9 : Nombre d'habitants par commune du cercle de Bafoulabé

Dynamique de la population dans les campements et les villages aux environs du barrage

Dans les campements

Dans les campements de pêche, la situation démographique est suivie par le SSSE. En 2013, 1 461 personnes y vivaient, dont 310 garçons, 384 filles ainsi que 280 femmes et des pêcheurs adultes. Depuis 1989, un recensement est organisé une ou deux fois par an. Le manque de données de 1999 à 2002, lié à un problème de personnel à cette époque, limite notre analyse de l'évolution démographique.

La figure 25 montre que, de 1989 à 1998, la population moyenne dans l'ensemble des campements était estimée à environ 900 habitants. Une baisse est notée en 1990 avec 840 habitants, en 1992 et en 1996 avec 638 personnes. Estimé à 1 327 en 2003, le nombre d'habitants a baissé en 2004 (1 193 habitants).

Dans l'ensemble, on note une tendance à l'augmentation de la population générale dans les campements, avec de nouveaux arrivants.

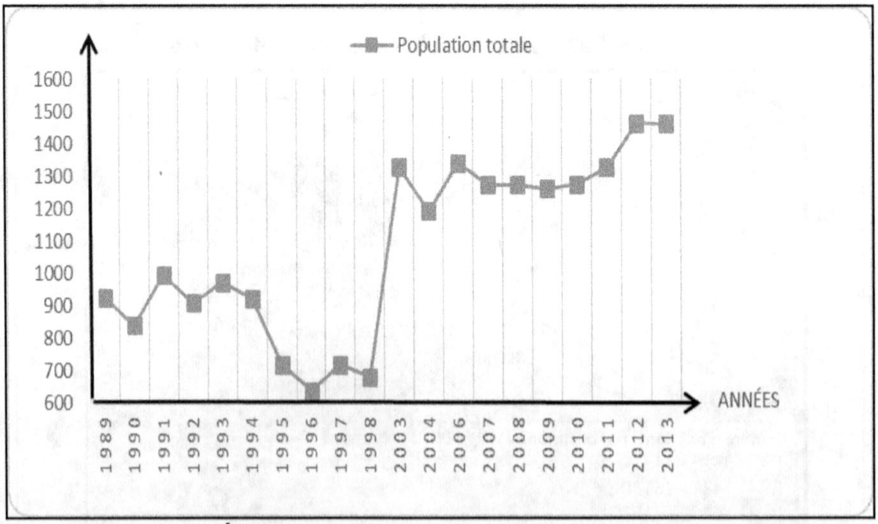

Figure 25 : Évolution de la population dans les campements

L'affluence vers Manantali n'est pas une nouvelle chose pour les barrages et elle était prévue :

« En ce qui concerne la venue de pêcheurs allochtones sur le site de Manantali, il est à peu près certain qu'elle aura lieu, quelle que soit la politique arrêtée. Citons à cet égard les résultats obtenus sur le lac d'Ayamé en 1964, après 5 ans d'existence de la retenue. » (Groupement Manantali, 1978)

La figure 26 montre une évolution des trois catégories de population depuis 2003. Il n'existe pas de données avant cette date. Le nombre de filles est resté supérieur par rapport aux deux autres courbes. Après une baisse en 2004, le nombre de filles a beaucoup augmenté jusqu'en 2009. Les chiffres les plus bas sont visibles chez les garçons. Ils sont 228 en 2004 et en 2011. La courbe reste toutefois ascendante depuis 2011. En ce qui concerne le nombre de femmes, il est moins important que celui des filles. Les chiffres sont en baisse en 2013, où l'on recense 280 femmes.

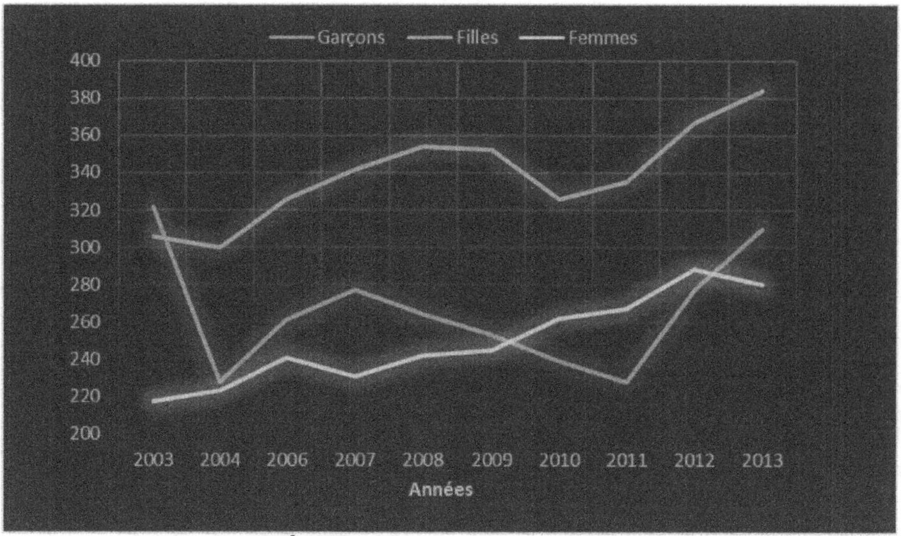

Figure 26 : Évolution par catégorie de population dans les campements

Dans les villages en aval

Dans les villages, l'étude de la dynamique de la population a été plus difficile à cause d'un manque de données détaillées dans le premier recensement de la population du Mali en 1976[26]. L'autre limite dans l'analyse concerne les villages de Diokéli et de Kondonia, qui n'étaient pas renseignés dans le répertoire des villages du recensement de 1987. En outre, le manque d'information sur la superficie de chaque village dans les répertoires des villages et, donc, sur la densité de population constitue une limite notée dans les documents officiels des RGPH. Ces informations auraient été utiles pour étudier l'évolution de la zone d'emprise des villages avant et après le barrage.

La population a augmenté dans tous les villages de l'aval. Le village de Diakhaba est celui qui a connu la plus grande évolution démographique. La population a pratiquement triplé entre 1987 (1 673 habitants) et 2009 (4 882 habitants). Pourtant, ce village est resté enclavé. Son statut de village religieux a sans doute des impacts sur l'installation de personnes venues du Mali et des pays voisins lors des pèlerinages.

[26] Le Mali a connu quatre recensements de la population : 1976, 1987, 1998 et 2009. Les résultats de 2009 ont été rendus disponibles en 2012 sur le site de l'Institut national de la statistique (INSTAT) : http://www.instat-mali.org.

La population du village de Manantali n'a presque pas diminué. Elle était estimée à 6 705 habitants en 1987, alors qu'en 2009, elle est de 6 682 habitants. Cependant, le nombre de femmes est passé de 2 787 en 1987 à 3 302 en 2009. La baisse de la population est en partie liée au départ des étrangers après les travaux de construction du barrage en 1988. Depuis quelques années, ce sont plutôt les habitants des villages voisins qui augmentent sa population :

« Ils viennent travailler à Manantali, ils y construisent une résidence secondaire, mais ils ont une maison dans leur village d'origine. Un moyen de garder leur dignité et de ne pas se laisser engloutir par Manantali[27]. »

Villages environnants : une histoire perturbée

Les anciens villages : Manantali, Diakhaba et Kondonia

Manantali

Le nom de Manantali signifie le « flanc de la montagne où la lumière brille ». Il est issu de la langue malinkée et a été désigné par des chasseurs, qui avaient besoin d'un point de rencontre et qui se donnaient rendez-vous au pied du flanc de la montagne (*manan*) éclairée par des lucioles (*tali*).

À l'époque de sa fondation, Manantali était un hameau de culture, c'est-à-dire que la première famille est venue s'installer pour cultiver la terre. Le village a été fondé par Djimo Sissoko en 1942. Vers 1968, la famille du chef de village accueille une centaine de personnes : des chasseurs, des éleveurs transhumants et des agriculteurs. Puis, le peuplement s'est accéléré, particulièrement avec les travaux de construction du barrage hydroélectrique sur les terres du village :

« Avant le barrage, on cultivait la terre, pêchait, chassait. Il n'y avait rien dans la zone. Tout ce qui est là est venu avec le barrage. On était tellement seuls et isolés à Manantali qu'on accueillait avec plaisir tous les étrangers. On avait besoin d'avoir du monde. Pendant la construction du barrage, le chef de village a hébergé presque tous les étrangers à la recherche de travail [...]. Il dormait avec des dizaines de personnes dans sa case. Au bout d'un certain moment, on s'est rendu compte que Manantali ne pouvait plus abriter tout le monde. Les gens

[27] Enquête auprès des habitants de Manantali, été 2012.

ont commencé à s'installer jusqu'à 6 km du village, notamment à Soukoutali[28]. »

Les étrangers venus chercher du travail lors de la construction du barrage sont majoritairement restés, d'après la famille Sissoko. L'organisation du pouvoir a connu quelques évolutions avec la croissance de Manantali. Ce n'est plus la famille du chef de village qui prend les décisions. Elle continue néanmoins à s'occuper des problèmes des habitants. Ceux plus complexes qui dépassent ses compétences se terminent à la mairie, à la sous-préfecture ou au tribunal, si la réunion entre le chef de village et les responsables de chaque quartier (membres du comité de 12 personnes) ne débouche pas sur une solution.

Diakhaba

Le village de Diakhaba, situé à plus de 40 km du barrage, reste le seul village religieux visité. Ce village a été fondé par le marabout El Hadj Saloum Souaré, dont la tombe se trouve au cœur du village. Son imam a raconté son histoire, contrairement aux autres villages. Selon lui, le fondateur avait reçu l'ordre, en partant de La Mecque, de fonder un village. Son bâton lui permit de savoir que l'emplacement actuel de Diakhaba était l'endroit idéal, après de nombreux voyages. Après avoir parcouru 39 villages, c'est seulement cet endroit que le bâton lui indiqua. L'objectif du fondateur était de convertir les habitants à l'islam. Le mot Diakhaba veut dire « continuer à suivre la religion ». Le marabout donna des terres à tous ses disciples :

« La terre n'est pas vendue et l'on ne prend pas de noix de kola. La seule condition pour accéder à nos terres, c'est de partager notre religion. Le demandeur souligne la partie où il veut s'installer et on lui indique à qui appartient cette partie. Et normalement, il la lui cède sans problème. On partage les terres dans la solidarité et le bon voisinage. Personne ne vend de terre à Diakhaba. On est conscient que cela peut arriver un jour, mais on n'en est pas encore là[29]. »

Le chef de village vient toujours de la famille Souaré. L'imam est quant à lui élu par consensus par tous les villageois. Quand des problèmes se déclarent, les habitants s'accordent toujours avec la mairie et se réunissent pour les régler. Le village existe depuis plusieurs centaines d'années. Les familles à Diakhaba sont des Touré, des Diakhité, des Cissé, des Fofana, des Dramé et des Sylla.

---

[28] Entretien collectif chez le chef de village de Manantali, mai 2014.

[29] Entretien collectif chez le chef de village de Diakhaba, mai 2014.

Kondonia

L'organisation du pouvoir est similaire dans les autres villages non déplacés, comme le village de Kondonia, fondé il y a plus de 75 ans par Katimy Dembélé, qui venait de Sobela, village voisin. Kondonia vient du nom de l'arbre *kondon*.

Les villages déplacés : Bamafélé, Diokéli, Sollo, Maréna et Goumbalan

Malgré leur réinstallation, les villages déplacés prennent en compte leur date de construction dans les premiers sites.

Bamafélé

Le village de Bamafélé se trouvait dans un site nommé Kotoura. Bamafélé est un nom malinké qui signifie « on aperçoit le fleuve ». Il a été fondé par Sira Mouhamadi Dembélé vers 1900. Des Malinkés, des Bambaras et des Peuls en ont été les premiers habitants.

On ressent une nostalgie de l'ancien site chez certains habitants. Les souvenirs des déplacements et les regrets de réinstallation sont présents lorsque les personnes interrogées relatent cette période d'impuissance face aux décisions des constructeurs :

« Lors des déplacements, on n'avait pas le choix. Ils avaient déjà tracé les limites des villages. L'OMVS a déplacé les villages, mais les mesures d'accompagnement ne suivent pas. Elle a juste déplacé les populations. On attend qu'elle fasse beaucoup plus d'efforts. Nous voulons de nouvelles choses, pas de remplacement. Il y a eu une très mauvaise étude socio-économique avant barrage […]. On ne sait pas sur quoi ils se sont basés pour parler des avantages pour la société locale. La vérité est que, de Manantali à Kayes, on ne voit tout simplement pas de choses concrètes. Dans l'ancien site, on avait beaucoup d'espaces pour cultiver la terre et on avait le choix. La population n'a même plus d'endroit où cultiver la terre. Imaginez la situation : autrefois, on vivait dans des villages avec des puits, des écoles, des terres et des animaux. Et les enfants respectaient les coutumes. Mais, aujourd'hui, nos enfants ne sont même plus nos enfants. On ne les reconnaît plus. On sait que le barrage sert à quatre pays, mais la population locale est la plus grande perdante. Je sais de quoi je parle, car j'ai 60 ans et j'étais là avant, et je suis encore là pour raconter les conséquences de ce barrage à qui veut l'entendre. La vérité, c'est que ceux qui étaient présents pendant la construction vont mourir sans avoir pu profiter du barrage. Peut-être que nos enfants vont en profiter un jour, mais il faut vraiment que cela arrive un jour[30]. »

Diokéli

Kounéfimadi Keitfondé, le fondateur du village de Diokéli[31] il y a plus de 80 ans, est originaire du village voisin de Bantandioké.

Au cours du déplacement de Diokéli, les habitants ont été indemnisés. Ces conditions d'indemnisation sont des aspects mentionnés dans le récit de son chef de village : en dehors des terres qu'ils leur ont données, les constructeurs avaient indemnisé les arbres, les magasins et les greniers qui étaient seulement dans les zones inondées, soit environ 30 000 FCFA par élément. Le chef de village est revenu sur les limites de l'organisation des mesures d'accompagnement et du paiement des indemnités :

« Les habitants étaient ravitaillés en denrées alimentaires pendant les trois premières années. Les denrées alimentaires, qu'on appelait produits PAM à titre de mesure d'accompagnement, ont été très mal distribuées vers la fin. Au lieu de donner un lot par famille, les gestionnaires donnaient un lot pour deux familles, et ils vendaient très cher le reste. On ne pouvait rien dire [...]. La distribution était devenue irrégulière et, un jour, ils ne nous donnèrent tout simplement plus rien. Ce qui nous fait le plus mal dans cette histoire, c'est qu'ils n'ont pas respecté leurs promesses. Ils devaient donner à chaque famille des frais de dommages et intérêts de 100 000 FCFA. Personne n'a jamais rien reçu. Ils n'ont construit que l'école et la route[32]. »

Cette situation d'argent non versé aux habitants de Diokéli prend parfois des formes particulières dans la géopolitique locale. Dans un des cas, la somme reçue par la commune de Bamafélé, qui abrite le barrage sous forme de taxes payées par la société d'exploitation, a créé un sentiment de jalousie, de frustration et de tension entre les deux communes voisines du barrage. Cela s'est manifesté à tel point que, selon le maire de la commune de Diokéli, ses habitants se sentent seuls et n'ont pas bénéficié du barrage :

---

[30] Entretien collectif chez le chef de village de Bamafélé, mai 2014.

[31] Le village de Diokéli est le chef-lieu de la commune de Diokéli. Avant les processus de reclassement, le site actuel du village n'était qu'un hameau de culture pour les habitants du village voisin de Bingassi. Il est transformé en village pour abriter les populations de l'amont. La majorité des populations sont issues des anciens sites déplacés (Kourounding, Ganfan, Ougoundinko, Konkorma et Diokéli).

[32] Entretien collectif chez le chef de village de Diokéli, mai 2014.

« La société d'exploitation donne 6 millions à la mairie de Bamafélé. Le conseil de cercle et l'assemblée régionale prennent une partie. La commune de Bamafélé détient à elle seule 3 500 000 FCFA, alors qu'aucun village de Diokéli ne bénéficie de cet argent. La population est frustrée. Elle a tout perdu[33]. »

Sollo

Dans cette commune de Diokéli se trouve un des plus gros villages de cette recherche : Sollo. Il est aussi le lieu d'un important marché hebdomadaire qui accueille tous les villages environnants. Sollo est un mot malinké qui signifie « l'espace entouré par les collines ».

Avant le barrage, sur l'ancien site, le village avait une seule entrée. Les collines le protégeaient contre les attaques et les hommes se mettaient au-dessus pour surveiller les alentours. Le village de Sollo est un village réinstallé qui abrite les anciens habitants de la localité de Solokoto.

Maréna

Le plus vieux village étudié est celui de Maréna. Le nom du village est une transformation de Naréna, village de Kankaba. Il a été fondé par deux frères. L'un est resté dans cette partie du Bafing et a gardé le nom de Maréna. L'autre est parti pour Kita. Il y a beaucoup de villages du nom de Maréna au Mali. Ce village-ci se spécifie en portant le nom Maréna Bafing.

Selon les habitants, le nom du fondateur ne se dit pas, car, suivant l'histoire du village, toute personne qui a moins de 50 ans et qui le prononce ou l'entend prononcer « meurt ». Même à l'école, pendant le cours d'histoire locale, on met sur ce nom « nom anonyme ». Kaniba Simaro est finalement retenu comme le plus ancien des descendants « du fondateur ». Le village avait plus de 250 ans en 2014, selon le chef de village.

Composition ethnique à dominante malinkée et bozo

La majorité des villages en aval du barrage est peuplée presque entièrement de Malinkés. La figure 27 montre des résultats de l'analyse des correspondances multiples (ACM)[34].

---

[33] Entretien avec le maire de la commune de Diokéli, été 2012.

[34] L'analyse des correspondances multiples (ACM) et l'analyse factorielle des correspondances (AFC) servent à examiner les informations des questionnaires et des

En bleu : Tous les villages et les campements ;

En rouge : Toutes les modalités de réponses de deux variables, dont l'appartenance ethnique et les raisons de l'installation dans la zone ;

En jaune : La variable supplémentaire, soit le niveau d'intégration.

Les cercles et les encadrés représentent des ensembles remarqués sur le graphique. La lecture de cette figure se base sur la proximité des mots sur le plan qui révèle le rapprochement des profils de réponses des habitants.

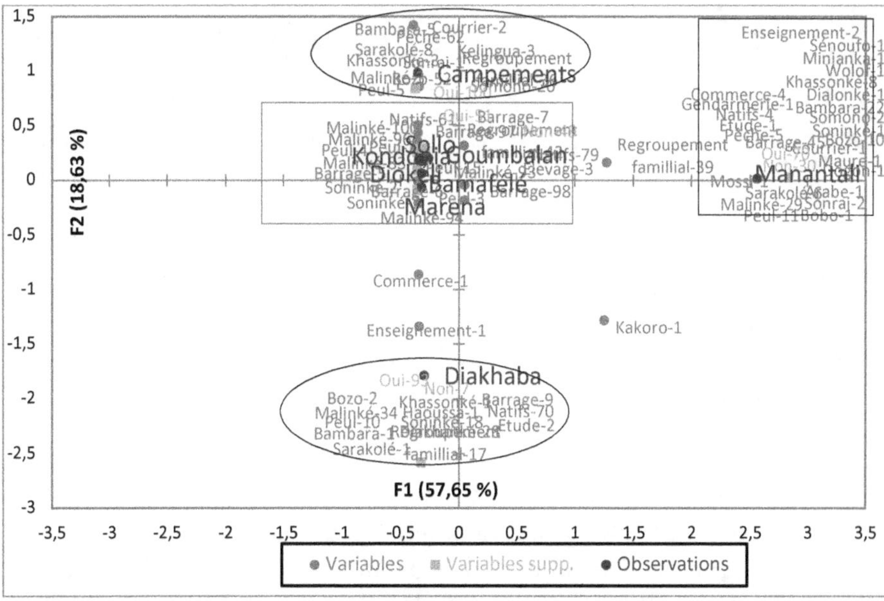

Figure 27 : Composition ethnique des villages et des campements

En observant l'axe vertical, on remarque une opposition entre les localités à dominante d'ethnie malinkée ou bozo à gauche et le village pluriethnique de Manantali à droite. L'axe horizontal oppose le village de Diakhaba (en bas du graphique), où les raisons spécifiques fournies sont l'éducation, des habitants qui s'installent dans les campements pour la pêche (en haut). Il montre également tous les villages qui sont originaires du Bafing. Le village de Manantali (à droite) est écarté des autres, car c'est le seul où les métiers de la sécurité sont cités.

guides d'entretien semi-directif. Les axes résumant ces informations sont par la suite cartographiés. Les résultats montrent des expressions plus subtiles dans les représentations des habitants ordinaires et des acteurs. Toutefois, ils révèlent aussi une distinction entre une forme « d'ombre spatiale », une « ombre protectrice » et une « ombre malfaisante ».

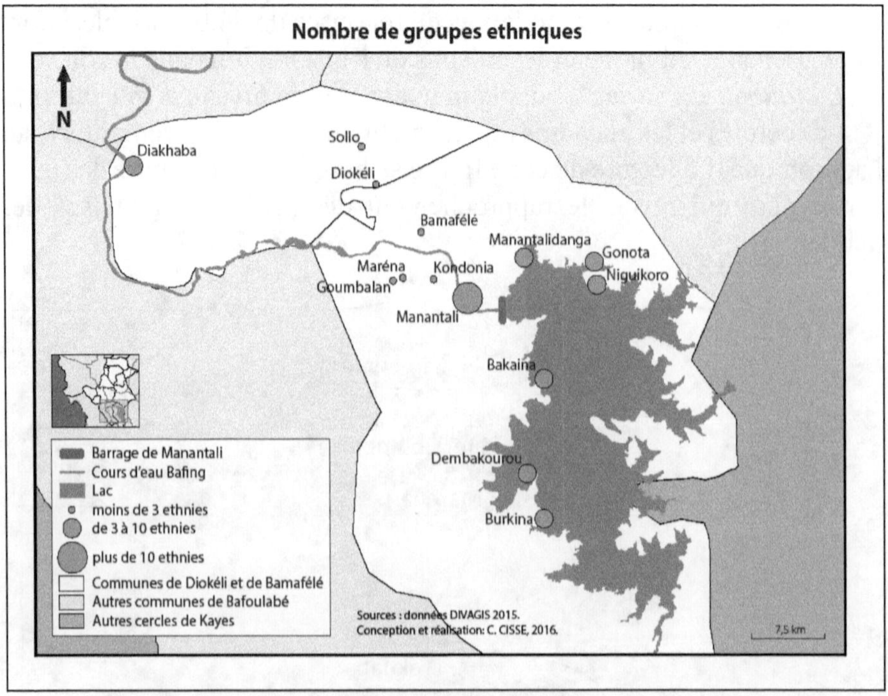

Carte 10 : Diversité ethnique dans la zone riveraine

La carte 10 montre la diversité ethnique dans les zones étudiées. Les Malinkés constituent 83 % des habitants de Bamafélé, 93 % de Diokéli, 94 % de Maréna et 100 % de Goumbalan. Le village de Diakhaba est composé de seulement 34 % de Malinkés. Ils cohabitent avec les Diakhankés, les Soninkés, mais aussi les Haoussas (1 %) et les Noumous (3 %).

Les campements de pêche ont une diversité ethnique moyenne. En tant que zone de pêche, les campements sont habités par des Bozos (52 %) et des Somonos (20 %). Les Malinkés comptent pour 3 % de la population, les Peuls pour 5 %, les Sonrais pour 1 %, les Bambaras pour 5 %, les Khassonkés pour 3 %, les Kelinguas pour 3 % et les Sarakolés pour 8 %. Les habitants ont le sentiment d'être chez eux, même les pêcheurs.

Le village de Manantali est composé de plus de 19 ethnies. Or, « avant le barrage, à Manantali, il n'y avait que des Malinkés, mais maintenant il y a toutes les ethnies. Et grâce à Dieu, nous n'avons jamais connu de problème avec les étrangers[35]. » Malgré les changements et, comme le souligne le chef de village, la majorité des habitants se disent bien intégrés[36]. Cependant, la tendance s'inverse lorsqu'il s'agit de discuter des relations entre les villages. Plus de 52,4 % des personnes interrogées dans ce village pensent qu'il existe effectivement une discrimination créée par le barrage en faveur des allochtones et des étrangers.

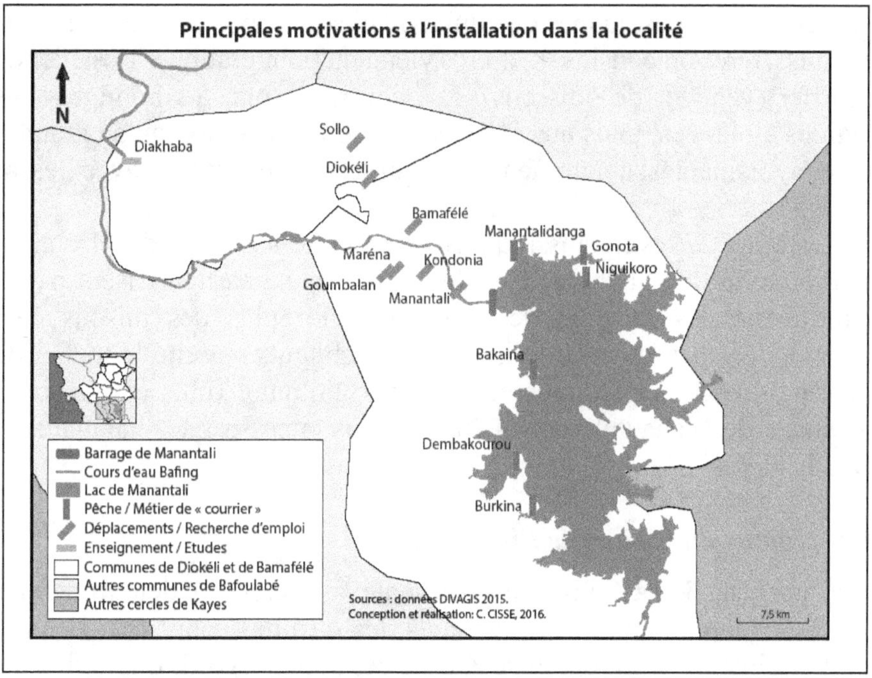

Carte 11 : Motivations à l'installation dans la zone riveraine du barrage

Quelles sont les principales raisons qui amènent les immigrés à s'installer dans cette zone du barrage ? La carte 11 résume les raisons fournies par les habitants dans les zones étudiées. Pour les villages de Maréna, Bamafélé, Goumbalan et Kondonia, la raison reste qu'ils sont tout simplement natifs du Bafing à 52 %. Pour les villages de Sollo et de Diokéli, qui ont connu le phénomène de déplacement de l'amont vers

[35] Entretien collectif chez le chef de village de Manantali, mai 2014.

[36] Les femmes (78,4 %) s'intègrent plus rapidement que les hommes. Les jeunes de moins de 20 ans (84,6 %) et les plus de 50 ans sont plus intégrés que les adultes de 20 à 50 ans.

l'aval, le barrage de Manantali est la principale raison d'installation. Cette réinstallation a eu lieu avant 1988.

La lecture des modalités actives autour des campements de pêche de Manantali en amont sur la figure 27 montre que les habitants s'installent pour trois principales raisons : le regroupement familial[37] (36 %), la pêche (62 %) et le métier de courrier (2 %). La proximité de la modalité « pêche » et de l'individu « campements » montre le poids très important de cette activité dans cette zone. Ce sont généralement des pêcheurs (hommes, jeunes ou adultes) qui sont suivis de leurs femmes, enfants, frères ou cousins. D'autres viennent pour pratiquer le métier de courrier (vendeur de poissons). Les courriers sont des immigrés des régions éloignées, mais aussi des populations du Bafing ou de grandes villes avoisinantes, notamment Kita, qui se sont reconvertis avec l'essor de la pêche.

La figure 27 révèle aussi la différence entre le village de Manantali aval et celui de Diakhaba. Ces deux villages se particularisent par la multiplicité des facteurs de motivation. En plus des raisons déjà mentionnées par les autres villages, les habitants ont cité le métier de l'enseignement, le commerce, le service militaire (plus cités par les habitants de Manantali) et les études (plus citées par les habitants de Diakhaba[38]).

Des régions du Mali et de l'international

L'analyse de la composition sociale a cherché à déterminer les origines géographiques des habitants des localités analysées. Ceux-ci sont originaires de la région de Kayes, des autres régions du Mali, mais ils viennent aussi des pays voisins.

La figure 28 montre une opposition entre les villages (quadrant supérieur gauche), les campements (quadrant inférieur gauche) et le village de Manantali (quadrant supérieur droit). Le pourcentage d'inertie (ou d'information) donné par l'axe vertical est de l'ordre de 46,19 %. Celui de l'axe horizontal est de l'ordre de 19,61 %. Aussi, les deux dimensions expliquent 65,8 % de l'information contenue dans le graphique. L'opposition sur l'axe horizontal du graphique qui sépare au

---

[37] Le regroupement familial est plus mentionné dans les localités très proches du barrage, à savoir Manantali aval (39 %), campements de Manantali amont (36 %), Bamafélé (42 %), Goumbalan (39 %) et Kondonia (31 %).

[38] Dans le cas de Diakhaba, il s'agit particulièrement d'études coraniques.

mieux les points montre que ce sont des localités qui ont un comportement différent concernant les régions d'origine.

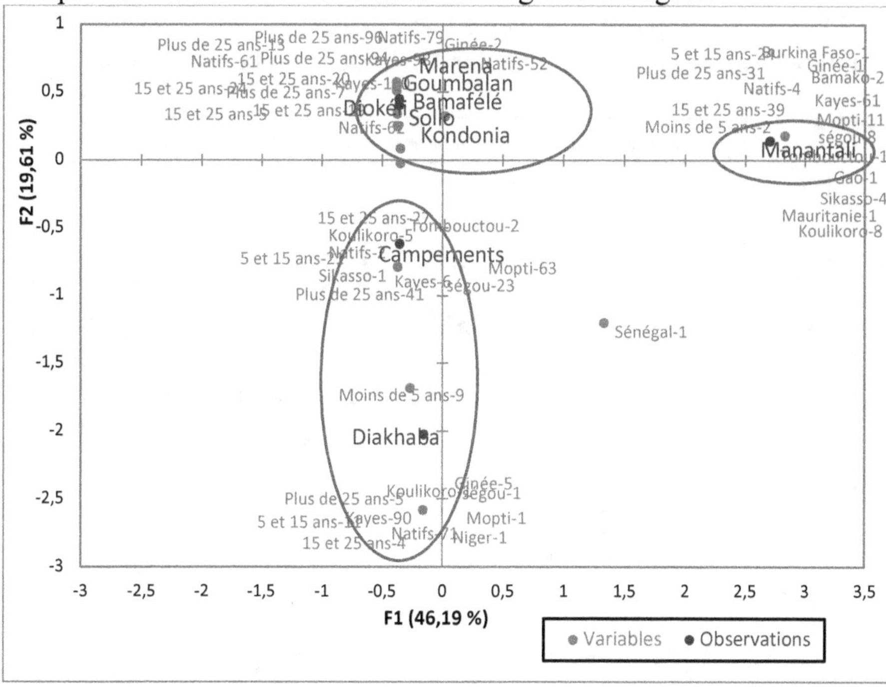

Figure 28 : Origine géographique des habitants de la zone riveraine

Le principal facteur de variabilité par rapport à l'axe vertical est la différence entre les villages à majorité autochtone et les localités composées entièrement d'allochtones ou d'étrangers (Carte 12).

Les villages de Goumbalan, Kondonia, Diokéli, Sollo, Bamafélé et Maréna sont très proches de la partie supérieure de l'axe vertical du graphique. Les réponses des habitants de ces villages sont pratiquement similaires, car ils sont presque tous originaires d'une même région géographique : celle de Kayes. Ils ont un nombre faible d'immigrants et sont majoritairement habités par des autochtones.

Dans le village de Diakhaba, la région d'origine des habitants semble plus diversifiée. Ce village est donc plus isolé sur le graphique (partie inférieure de l'axe vertical). Ses habitants sont originaires, en plus de la région de Kayes, du Niger et de la Guinée. La spécificité de Diakhaba est liée à son statut de village religieux.

Dans le village de Manantali, à environ 5 km du barrage, et dans le groupe des 25 campements, on constate une grande diversité des régions d'origine des résidents. Les habitants des campements viennent majoritairement du centre du Mali, plus précisément de la région de

Mopti (63,1 %) et de Ségou (23,1 %). Les régions du sud du pays sont aussi concernées par l'émigration vers Manantali. Il s'agit de Kayes (6,2 %), de Koulikoro (4,6 %) et de Sikasso (1,5 %). La région de Tombouctou, au nord, est citée par 1,5 % des habitants interrogés.

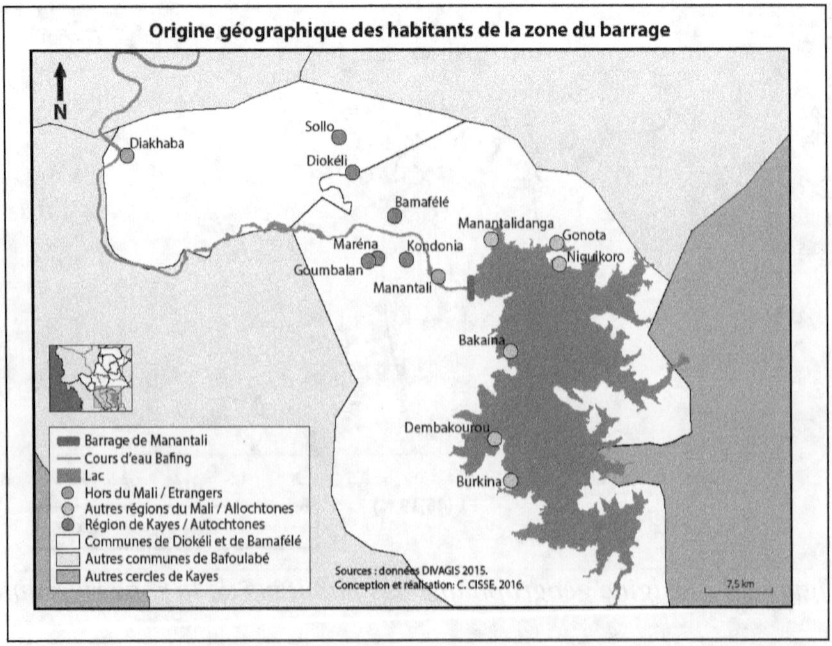

Carte 12 : Origine géographique des habitants des localités étudiées

Sur la figure 28 et la carte 13, on observe une division entre les localités où l'installation est récente (en bas du graphique) et où elle est ancienne (en haut). Autrement dit, les campements et le village de Diakhaba continuent à accueillir plus d'habitants. Dans l'ensemble, les installations ont été plus importantes (26,2 %) les premières années du barrage, contre 21,5 % entre 5 et 15 années après le barrage et 9,2 % entre 2007 et 2012.

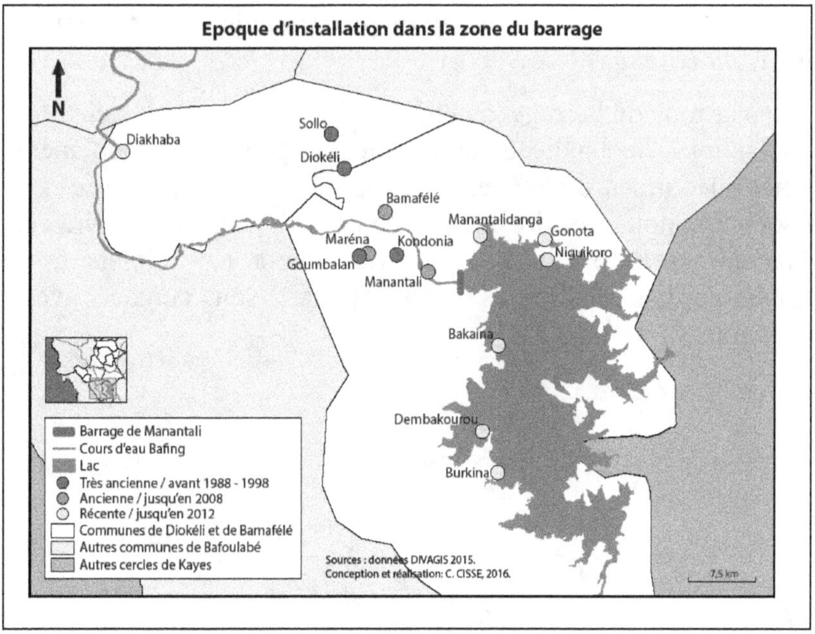

Carte 13 : Période d'installation dans la zone du barrage

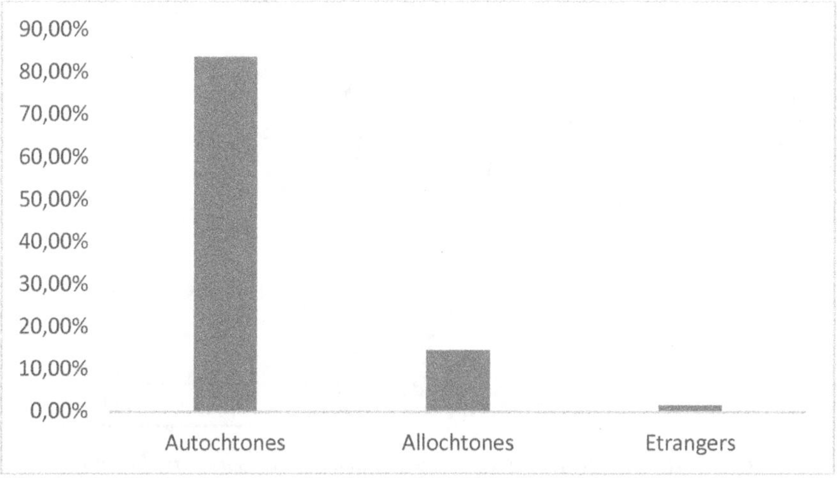

Figure 29 : Pourcentage d'autochtones dans la zone d'étude

En somme, la zone riveraine du barrage est marquée par la présence majoritaire des autochtones (83 %), des allochtones, principalement dans les campements (14 %), et des étrangers, plus concentrés dans le village de Manantali (Figure 29).

L'appartenance à une association ou stratégie de lutte contre les impacts du barrage

Dans la zone du barrage, on constate l'existence de plusieurs formes d'associations, de syndicats, de comités religieux, de groupements de femmes ou tontines, d'ONG et de coopératives. La demande de création d'association doit être adressée à la sous-préfecture, qui délivre ensuite les récépissés nécessaires. La mairie détient par ailleurs tous les exemplaires des récépissés pour faciliter son contact avec les associations.

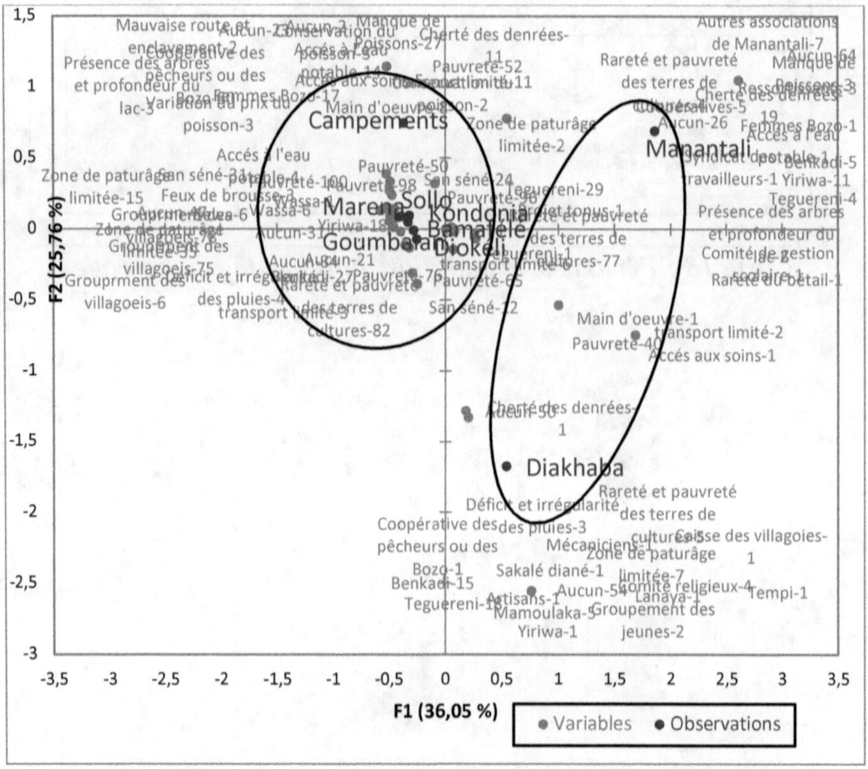

Figure 30 : Liste des associations dans la zone du barrage

Dans la figure 30, le premier constat est le regroupement des localités de Kondonia, Maréna, Sollo, Diokéli, Bamafélé, Goumbalan ainsi que les campements (quadrant supérieur gauche). Dans ce groupe, à l'exception des campements, plus de 60 % des habitants sont membres d'au moins une association. Il s'agit également des habitants qui énumèrent le plus de difficultés rencontrées au quotidien.

À l'opposé, les villages de Manantali (quadrant supérieur droit) et de Diakhaba (quadrant inférieur droit) sont ceux qui enregistrent le plus grand nombre d'associations. En outre, Diakhaba est séparé des autres localités par l'axe horizontal. Il est marqué par deux particularités : la multiplicité des sociétés civiles, alors que ses habitants sont moins actifs dans les associations.

Les associations sont importantes pour les habitants, qui y trouvent un moyen de résoudre leurs problèmes financiers ou sociaux. Ce n'est pas le barrage de Manantali qui a amené cette forme d'organisation, mais il a multiplié leur nombre à travers la lutte contre ses impacts négatifs. En effet, depuis la construction du barrage, les formes d'associations n'ont pas cessé de se diversifier en lien avec des projets de développement. Par exemple, ces projets, qui portent sur la production de savonnerie ou de l'indigo, sur l'exploitation de l'embouche des animaux ou sur le maraîchage, peuvent se traduire par la naissance d'associations. Les habitants se réunissent également pour la protection de leur environnement perturbé par le barrage de Manantali.

Le RECOPEB à Bamafélé

Dans ce contexte, depuis janvier 2008, l'association nommée le Réseau communal pour la protection de l'environnement de Bamafélé (RECOPEB) a été créée par une ONG espagnole travaillant sur la réserve forestière du Bafing. Cette ONG, en collaboration avec la commune de Bamafélé et les chefs de village, a mis en place un comité de 14 membres pour la gestion de l'environnement de la commune. La mise en place de cette association est née d'un constat : selon le président du RECOPEB, après le barrage, le fleuve a commencé à dégrader les berges. Les lâchers d'eau du barrage ont créé des éboulements. Les habitants ont alors décidé de se regrouper avec l'aide de cette ONG pour interpeller la SOGEM et l'ancienne société d'exploitation Eskom sur ces problèmes. Depuis sa création, Eskom travaillait ainsi avec l'association dans le cadre de son programme de reboisement de Manantali avec des caïlcédrats tout au long de la route qui traverse le village. L'apport financier d'Eskom a permis l'achat de brouettes, d'ânes et de charrettes. Les jeunes sans activité ont été recrutés par ce programme. Pour augmenter les bénéfices de cette collaboration, les responsables de l'association ont souhaité avoir un partenariat avec la SOGEM :

« On avait écrit à la SOGEM pour avoir un partenariat et, malheureusement, on n'a jamais eu de réponse. Il faut que l'OMVS travaille avec nous pour protéger les berges. Elle doit aussi financer des programmes de reboisement à Bamafélé[39]. »

L'organisation de cette association est marquée par la division en sous-comités de six membres par village. Pour y être membre, la personne intéressée doit d'abord écrire une lettre de demande au président de l'association. Ensuite, elle s'engage à respecter les règlements intérieurs de l'association, notamment l'obligation de participer aux activités et de payer les cotisations requises. Ce sont généralement les six membres des sous-comités villageois qui paient 3000 FCFA par an à raison de 500 FCFA par personne. Les jeunes de la commune qui sont membres de l'association ont pour mission de s'occuper de la gestion de l'environnement de la commune, particulièrement l'assainissement, les mesures d'hygiène, les campagnes de plantation des arbres, l'entretien des berges et la propreté des villages. Les réunions fréquentes (au moins une par mois) avec les présidents de ces sous-comités de villages sont des occasions de planifier des programmes de travail. Le rôle du président est de faire un résumé aux habitants de son village :

« Nous avons retenu certains villages pour faire du reboisement avec l'appui du service technique de la conservation de la nature. Parmi ces villages, nous avons celui de Manantali, Bamafélé, Badioké, Dialakoto, Maréna, Kéniéba[40]. »

Le maraîchage par les femmes à Manantali

En se rendant compte du besoin de développer le maraîchage dans le village de Manantali, les femmes ont fondé une association des femmes maraîchères et agricultrices. Cette association développe les liens sociaux entre les femmes et leur permet d'économiser afin de mettre en place des projets de commerce personnel. En fonction des objectifs, les femmes ont commencé par fixer des cotisations de 5 000 FCFA pour intégrer le groupe. Elles se réunissent chaque dimanche et cotisent 100 FCFA chacune. Cette somme sert à rémunérer le gardien de leurs périmètres maraîchers et à faire des crédits entre elles. Ces crédits s'accompagnent d'un taux d'intérêt qui permettra d'acheter des équipements d'agriculture :

---

[39] Entretien avec le président du RECOPEB, été 2012.

[40] *Ibid.*

« Chaque femme a sa propre récolte. Nous cultivons des oignons, des aubergines, du piment, des poivrons, des patates, du manioc, du maïs, des salades, des arachides et du riz quand il y a beaucoup d'eau dans les zones inondables. Nous vendons nos récoltes à Manantali, Diokéli, Bamafélé ainsi qu'aux autres petits villages environnants[41]. »

En dehors de ces deux associations, le village de Manantali en compte au moins 26 autres, selon la mairie de Bamafélé.

À partir de nos enquêtes auprès des habitants des villages et des campements, nous avons appris l'existence d'autres associations (Tableau 2).

Tableau 2 : Répartition des habitants dans des associations par tranche d'âge

Regroupements	**Âge des membres (%)**		
	- de 20 ans	**Entre 20 et 50 ans**	**+ de 50 ans**
Coopérative des hommes bozos		38,50	61,50
Groupement des femmes bozos		85,70	14,30
Syndicat des travailleurs		25,00	75,00
Association Tegureni		75,00	25,00
Association des ressortissants de Mahina	100		
Comité de gestion scolaire	100		
Association Yiriwa		92,50	7,50
Association Benkadi		73,90	26,10
Association Redecoma			100
Association Asjimbo		100	
Association Djitouma		50,00	50,00
Association Danaya		100	
Association Jekebara			
Association Jigiseme PS		50,00	50,00
Association Kokaje PS		100	
Association des ressortissants de Sikasso		100	
Association des ressortissants de Kita		20,00	80,00
Association Yeredéma		100	
Association Jigiya		100	
Association des bouchers			100
Association Kassa dambé		100	

[41] Entretien avec la présidente de l'Association des femmes maraîchères et agricultrices de Manantali, mai 2014.

Association des ressortissants du Nord		100	
Association des ouvriers			100
Association des jeunes de Sonfara		100	
Groupe CMDI Agriculture			100
Sninie siguie ONG		100	
Aucun	2,90	47,70	49,40
Total	**2,70 %**	**55,90 %**	**41,50 %**

Le tableau 2 montre la diversité des types d'associations (culturelles, religieuses, éducatives, sportives) et par activité économique (notamment en agriculture et en élevage) dans les villages de l'aval.

Généralement, les hommes et les femmes sont dans des associations différentes, par exemple, le Groupement des femmes bozos et la Coopérative des hommes bozos. L'inverse est cependant visible dans les comités de gestion scolaire, desquels les élèves garçons et filles sont membres.

Avec une analyse par catégorie d'âge des membres, on remarque que les personnes adultes de 20 à 50 ans sont les plus actives dans les associations (55,90 %). Elles sont suivies par les personnes âgées de plus de 50 ans (41,50 %). Les jeunes de moins de 20 ans semblent moins intéressés (2,70 %).

La Coopérative des hommes bozos : des dons sources de conflits

La majorité des pêcheurs (60 %) font partie de cette grande coopérative, quelle que soit leur ethnie. Elle a été créée par un pêcheur du nom d'Ibrahima Karabana en 1987, qui en fut le premier président. Il fut suivi par Ségou Baito, Madou Dramé, Mama Débo Kéné et Lassina Komotao, le chef du campement de Diamnaty. « Tous les pêcheurs de l'amont (plus de 417) et ceux de l'aval du barrage de Manantali (nombre non défini) sont membres de la coopérative[42]. »

La Coopérative des hommes bozos a pour objectif de développer la pêche dans le Bafing. Au début, pour avoir un budget de départ, les membres n'ont cotisé qu'un montant de 500 FCFA par personne. Depuis quelques années, la coopérative a arrêté les cotisations. Elle dépose plutôt des demandes de subventions et organise des journées de pêche pour récolter des fonds. Grâce à l'argent récolté, elle achète du matériel de pêche et de navigation, puis les revend. Les bénéfices constituent une épargne qui peut être prêtée à un membre, à la suite d'une demande et moyennant des intérêts.

[42] Enquête auprès des habitants des campements, été 2012.

La légitimité de la Coopérative des hommes bozos est reconnue par les habitants et par les autorités locales. Elle a reçu un don de l'OMVS en matériel de pêche et de navigation et en fours en métal pour fumer les poissons (Photo 7). Malheureusement, ce don a créé quelques situations de conflits. Des habitants ont affirmé n'avoir rien reçu : « Les équipements ont été vendus aux plus offrants[43]. »

Photo 7 : Modèle de four pour fumer le poisson offert par l'OMVS à la Coopérative des hommes bozos

Les problèmes de cette coopérative se multiplient avec l'essor de la pêche. Le financement sous forme de dons, de crédits ou de subventions a divisé la coopérative en deux groupes. Le premier est établi autour du responsable du service de pêche ; le second, autour du président de la coopérative : « Normalement, dans la grande coopérative des Bozos, il n'y a plus de cotisation. En effet, notre équipe, qui souhaite quitter la grande coopérative, verse chaque vendredi 1000 FCFA pour mieux se préparer[44]. » C'est un sous-groupe de la grande coopérative, formé par les plus jeunes Bozos, qui essaie d'assurer la continuité.

43 *Ibid.*
44 *Ibid.*

Les femmes et les coopératives

Lors de nos enquêtes, 16,9 % des femmes rencontrées en amont du barrage étaient membres d'une coopérative. Le but de cette adhésion est différent selon la taille et les lieux concernés. Une coopérative est soit un moyen d'épargner de l'argent, que ses membres se partagent à une date donnée ; soit un moyen d'aide ponctuelle à une femme dans le besoin.

Par exemple, il y a un regroupement entre les femmes de N'Goungny n° 1, de N'Goungny n° 2 et de Diamnaty. Les femmes cotisent 500 ou 1000 FCFA, en plus de matériel de cuisine. Cette cotisation est faite à l'occasion d'un mariage, d'un baptême ou d'une circoncision.

Plusieurs femmes peuvent également se regrouper pour travailler dans les champs pendant l'hivernage. L'argent sert à acheter des habits, des bijoux, du matériel pour la maison, un voyage vers la ville et des denrées.

Un bouleversement profond du territoire local

La recomposition sociale des villages et l'installation des pêcheurs se sont accompagnées d'une perturbation de la zone riveraine du barrage.

La réinstallation des habitants des villages déplacés à l'aval s'est traduite par un bouleversement profond de leur cadre de vie, de leurs activités quotidiennes, de leurs habitudes et de leur culture. Ils se considèrent comme étant les plus grands perdants dans ce contexte de barrage.

La question de la recomposition sociale (cohabitation des autochtones, des allochtones et des étrangers venus hors du Mali) dans les zones étudiées est intimement liée au barrage de Manantali :

« En 1985, j'avais effectué mon premier voyage à Manantali. On voyait de très beaux villages qui sont maintenant sous l'eau. Il y avait des arbres qui ont mis plus de 15 ans à disparaître [...]. Les villages étaient très aérés. Mais tout cela a disparu lors de la reconstruction. Dans les villages, les constructions actuelles ont été imposées aux populations. Les cases sont alignées, car on leur avait demandé de s'installer par maison. Si tu as deux femmes, on te donnait deux cases. Les gens ont voulu en profiter et s'offrir des choses qu'ils n'avaient pas avant. Des frères dispersés ont voulu se mettre ensemble. Les constructions sont différentes[45]. »

Il y a trois formes d'organisation de l'habitat dans la zone riveraine du barrage :

1. le modèle d'occupation de l'espace des campements de pêche (Photo 8) ;
2. le modèle spécifique du village de Manantali aval ; et
3. un modèle plus traditionnel dans les autres villages, y compris les chefs-lieux de communes, comme Diokéli et Bamafélé. Les pêcheurs et leur famille construisent leur habitation selon leur activité principale.

Photo 8 : Organisation spatiale dans un campement en amont de Manantali

Type d'habitat dans les campements et les villages

Les maisons sont très ouvertes, éparpillées et reliées par des champs de culture. Le passage d'une maison à une autre se fait sans grande peine à cause d'un manque total de clôture. Elles sont soit en paille, soit en terre crue, soit mixte, avec du ciment (Planche photos 6).

L'entrée dans une case est délicate à cause de la hauteur et de la taille des portes, souvent très petites. Le choix du matériel de construction est lié à la durabilité du campement. Au début, toutes les maisons

[45] Entretien avec le médecin généraliste à l'hôpital de Manantali, employé de la société d'exploitation du barrage et qui vit sur les lieux depuis 1988, été 2012.

temporaires étaient en paille afin de s'adapter à la fluctuation du niveau du lac.

Planche photos 6 : Types de constructions dans les campements de pêche

Le tableau 3 nous indique la localisation (rive droite ou rive gauche) et la hauteur des collines où sont situés les campements de pêche. Les altitudes sont en moyenne autour de 200 m. Le maximum est de 224 m en rive droite (à Balamine Danga) et la plus faible (206 m) est à Salégoun, en rive droite également.

Au cours des années, après une connaissance du niveau maximal du lac, les habitants ont commencé à construire en terre crue. Une autre raison est que les pêcheurs se déplacent constamment et poursuivent les poissons, même dans les zones les plus profondes et interdites, comme ils l'ont déclaré lors de nos enquêtes en 2012. Ils préfèrent ce type de construction pratique pour l'activité saisonnière.

Chaque maison ou cour familiale, qui abrite plusieurs générations d'une même famille, est composée de la chambre du chef de famille, située généralement à l'entrée. Elle se trouve en face d'un hangar (en bois[46], en paille ou en zinc) ouvert ou fermé, qui sert de salon pour

[46] Le bois coupé dans la forêt sert à la construction, mais également à la préparation des aliments et au chauffage.

accueillir les invités. Sous le hangar, des lits en bois ou en filets accrochés à deux bois parallèles. Du bois sec ou des bouteilles vides d'huile de 20 litres sont utilisés comme bancs.

La chambre de la ou des femmes est à côté de la cuisine. Une première cuisine est construite sous forme de chambre fermée. Elle sert seulement de lieu de rangement des ustensiles de cuisine, dans la mesure où une seconde cuisine est logée en plein air. Elle est formée de trois pierres sous forme de triangle. Le four à fumer les poissons est en terre crue (rectangulaire), en métal (rond) ou sous forme de casier plus moderne (don de l'OMVS). Le toit du four est un morceau de zinc démontable à tout moment et retenu par du bois. Le bois empêche le zinc de s'envoler et retient la fumée grâce à son poids.

Les toilettes se situent toujours derrière une chambre, habituellement derrière la case principale du chef de famille et dans les champs. Toutes les toilettes sont en paille. Des sacs de riz déchirés ou des pagnes des femmes servent de rideau.

Une table de séchage des poissons, une autre de séchage des ustensiles de cuisine et un enclos pour les animaux (bœufs, chèvres, moutons ou ânes) complètent souvent l'habitat familial.

Tableau 3 : Localisation des campements selon la hauteur

Nom du campement	**Altitude (m)**	**Rive**
Bakaina Daga	223	gauche
Dembakourou	213	gauche
Burkina Daga	215	gauche
M'Baba Daga	215	gauche
N'Kéba Daga	213	gauche
N'Goungny n° 2	216	gauche
N'Goungny n° 1	214	droite
Goungoudala	215	droite
Diamnatay	213	gauche
Boubou Daga ou Woudia	212	
Samai Ladji Daga	216	droite
Balamine Daga	224	droite
Kambou Daga	218	droite
Dounkankono	217	droite
Némabougou	214	droite
Kérouané	227	droite
Salégoun	206	droite
Mama Daga	221	droite
Friya Dangan	220	droite

Friyakpro	217	droite
Madinacoura	212	droite
Koulounidjan	209	droite
Gonota	211	droite
Niguikoro	207	droite
Manantali	218	droite

En saison des pluies, les maisons sont entourées et séparées les unes des autres par des champs de culture. Les principales cultures dans les champs proches des maisons sont le maïs, le mil, le gombo, l'oseille africaine et parfois l'arachide. Les habitants arrivent, malgré le sol caillouteux, à cultiver la terre sous la pluie pour répondre aux besoins de leur famille. Les champs de culture de maïs et d'arachide sont protégés par des filets de pêche formant une ligne et par des épouvantails en bois. Ils servent à chasser les oiseaux qui déterrent l'arachide et les singes qui volent les récoltes.

Pour des raisons culturelles et pratiques, les pêcheurs gardent majoritairement le même mode de construction et de vie. Les rares signes de richesse qu'on peut observer sont la présence de la télévision grâce à l'antenne parabolique dans certaines cours, où se retrouvent le soir tous les voisins. Ces appareils et leur téléphone portable fonctionnent grâce aux rares groupes électrogènes, laissant ainsi paraître une différence de niveau de vie.

Mécanismes d'accès au foncier rural

Par quels moyens les pêcheurs et leur famille ont-ils accès au foncier ?

Dans les campements

Pour accéder à la terre dans les campements, l'intéressé doit demander la permission de s'installer au chef en offrant des noix de kola, signe de sa bonne foi. Dans la majorité des cas, le chef et le conseil acceptent sans problème.

Par la suite, l'intéressé peut s'installer dans la partie du campement qui lui convient. En retour, il doit faire partie du campement, s'imprégner des problèmes qui y existent et participer à la vie sociale. Dans ces conditions, peut-être pourra-t-il un jour être chef à son tour.

Dans les campements, la chefferie se fait par ordre d'arrivée. Si deux candidats à la chefferie se sont installés à la même date, le jugement se porte alors sur l'âge. Leur intégration totale ne se fait cependant qu'au moment où les services des eaux et forêts de la région de Kayes vont vers eux pour leur exiger de payer les licences de pêche, s'élevant à 6 000 FCFA par an.

Dans les villages

En aval, on constate que le problème de l'accès à la terre est plus complexe. À l'échelle des villages, la distribution des terres se fait par le conseil de village, dont le premier responsable est le chef de village. Il est donc le chef des terres. Généralement, comme on l'a vu dans l'histoire des villages, il suffit d'apporter au chef de village 10 noix de kola pour avoir un terrain. C'est le demandeur qui choisit la taille du terrain ; il doit toutefois le rendre à son départ.

Les enquêtes auprès des habitants montrent que ce type d'attribution tend à disparaître dans les villages qui se sont agrandis. Par exemple, selon le conseil de village de Manantali, le changement des conditions est survenu à la suite d'un constat : les bénéficiaires ne respectent pas toutes les règles de gestion du foncier indiquées par le chef de village. Quand le comité villageois attribuait gratuitement les terres, les bénéficiaires les plus entreprenants les vendaient ou en louaient la moitié à un particulier. Dans la majorité des cas, elles étaient vendues aux cadres de la société d'exploitation du barrage ou aux fonctionnaires de l'État malien mutés à Manantali. Les locataires étaient souvent les habitants des villages voisins ouvriers au barrage. Devant cette situation, le chef de village et son conseil ont décidé d'attribuer les terres du village selon la condition suivante : le demandeur doit fournir certes 10 noix de kola, mais doit de surcroît verser une somme d'argent variant selon la taille de la parcelle. Cette nouvelle tendance à Manantali a démarré vers 1994 :

« Les prix ne cessent d'augmenter. Si, en 2005, par exemple, un terrain de moins de 200 m^2 était vendu à 130 000 FCFA, en 2013, ce même terrain de 200 m^2 est vendu à 500 000 FCFA à Manantali. Même les champs de culture sont de plus en plus vendus pour laisser la place à des habitations en dur. Les champs cultivés sont vendus et remplacés par des habitations en dur. La vente se fait entre les propriétaires et en présence de leurs deux témoins. Un papier confirme la vente et est légalisé à la mairie de Bamafélé[47]. »

Concernant le rôle de la mairie de Bamafélé, elle travaille en étroite collaboration avec la famille du chef de village pour la gestion des

[47] Enquête auprès des habitants de Manantali, été 2012.

terres. Un des cas de collaboration a été dans le cadre des projets de la mairie ou de ses partenaires. Tous les projets passent obligatoirement par le chef de village, chargé avec son conseil de trouver l'emplacement du projet, si cela est nécessaire. Ce n'est qu'après que la mairie s'occupe des formalités (document d'attribution ou titre).

En dehors des projets de la mairie, il existe des exemples avec lesquels des particuliers cherchent à implanter un commerce. Dans ce cas, ils demandent des terrains pour construire des bars, des auberges, des fermes agricoles, etc. :

« Une ONG est venue nous voir récemment. Nous ne connaissons pas vraiment ces gens. C'est un de nos compatriotes qui travaille dans le cercle de Bafoulabé qui nous a amené ces Hollandais qui s'intéressent apparemment à Manantali. Ils veulent construire des hôtels et développer le tourisme dans la zone. Les Hollandais ont visité le terrain et le projet est en cours[48]. »

Dans les villages réinstallés, les habitants ont souligné qu'ils font face à un manque total de terres à acheter ou à louer. Ce problème est sans doute une des conséquences de la réinstallation, qui limite leur espace d'habitation, de culture et d'extension depuis les années 1980. En effet, il est montré qu'ils subissent le manque de terres, notamment depuis les premières années du barrage (Koenig et Diarra, 1998). La population des villages déplacés, à l'image du pays, ne cesse par ailleurs d'augmenter, tout comme ses besoins en terres. Malgré la volonté des villages voisins de partager leurs terres, les risques de conflits augmentent avec le temps :

« On ne donne plus facilement les terres, par ici. Le chef de village n'est plus le seul responsable de la gestion des terres. Mais il trouve toujours une solution pour le demandeur qui vient le rencontrer avec ses 10 noix de kola[49]. »

En examinant la situation, il apparaît que les villages voisins refusent complètement de céder à nouveau leurs terres aux villages réinstallés. Cette situation est liée à une peur d'être envahi ou de se trouver un jour dans le même cas, parce que les habitants des villages réinstallés commencent par une demande de terrain pour construire un simple hameau de culture. Celui-ci est au début constitué d'une case, de champs de culture et de pâturages tout autour. Si l'idée première est de

---

[48] Entretien collectif chez le chef de village de Manantali, mai 2014.
[49] Entretien collectif chez le chef de village à Maréna, mai 2014.

faire des navettes pour cultiver la terre généralement loin du village, les hameaux de culture se transforment très vite à leur tour en village. Une fois l'autorisation obtenue, c'est d'abord une seule famille qui s'installe, puis deux, puis d'autres encore. Par conséquent, un nouveau village se crée entre les deux. L'autre possibilité est que le village déplacé grandisse aux dépens du village d'accueil.

Finalement, le chef de village n'est pas totalement responsable de toutes les terres de sa localité. Il partage leur gestion avec les différents responsables administratifs élus ou nommés (maires, sous-préfets, préfets et gouverneurs).

Les rôles politiques

Aussi, les rôles politiques de tous ces acteurs sont-ils également visibles à l'échelle des villages.

Par exemple, dans le village de Manantali, il y a cinq bureaux de vote. Manantali compte 17 partis politiques, dont Adema, RPM, FAR, Yelema et PSP. Chaque villageois a le choix du parti politique qui l'intéresse. Il existe souvent des alliances entre les partis lors des élections.

À Bamafélé, tous les partis sont presque représentés à la mairie. Les villageois votent pour élire les 17 conseillers, qui élisent à leur tour le maire. Chaque parti a ses représentants dans le village, mais les politiciens sont obligés, avant d'entrer en campagne, d'aller saluer le chef de village pour lui permettre d'intervenir en cas de problème. Le chef reçoit tout le monde, même s'il a une préférence. Les politiciens donnent de l'argent aux associations pour avoir leur vote et leur soutien lors de la campagne électorale. Souvent, les personnes prennent l'argent (30 000 FCFA ou plus), mais ne votent pas forcément pour le donateur.

Les politiciens ne s'arrêtent pas à Manantali ; ils vont aussi dans les villages en aval avec des bureaux de vote : Bamafélé, Nantela, Dialakoto, Maréna et Kondonia. Certains partis politiques, pour avoir des fonds, vendent des cartes de membres à 200 FCFA. Or, les habitants, à cause d'un manque de moyens financiers, en achètent peu et manifestent un désintérêt à leur égard :

« Les partis ne fonctionnent en général que grâce à une, deux ou quatre personnes au maximum. Les gens ne viennent que s'il y a des subventions. Les populations se sentent exploitées par les politiciens, qui ne viennent les voir que pendant les périodes électorales. La solution maintenant est d'aller chaque semaine d'un village à l'autre pour sensibiliser les populations pour leur faire comprendre l'importance du vote[50]. »

Occupation de l'espace : le cas du centre rural de Manantali

L'analyse de l'organisation administrative, de la gestion foncière et du fonctionnement des partis politiques a permis de comprendre le rôle des acteurs concernés et leur rapport aux sols. Maintenant, il est important de comprendre comment ils se traduisent dans les mutations de l'habitat et des territoires en aval du barrage.

Nous choisissons le cas du village de Manantali pour plusieurs raisons. D'abord, c'est le village le plus proche du barrage (moins de 5 km) et il a accueilli tous les travailleurs étrangers lors de la construction. Ensuite, il est une porte d'entrée vers l'amont (à partir du débarcadère) et vers les autres villages de l'aval, du fait de sa position sur la route de Manantali à Tambagan. Troisièmement, il a été le plus transformé parmi les anciens villages : il est devenu un « centre rural » :

« Dans le passé, il n'y avait pas de schéma directeur, mais c'est comme si ce schéma était venu avec le barrage. Parce que chaque village a été réinstallé avec une carte à l'appui. Le barrage a complètement changé le village de Manantali, qui se différencie présentement totalement des autres villages de la localité. Il a un caractère urbain. Beaucoup d'étrangers pensent que c'est le chef-lieu de commune, alors que ce n'est pas le cas[51]. »

On remarque une différence importante de niveau de vie entre les quartiers du même village. Lors de la construction du barrage, les ouvriers se sont installés juste en face du barrage. Leur installation est suivie par la construction des bâtiments administratifs de la société d'exploitation. Les maisons des ouvriers ont été déplacées derrière les bâtiments du quartier Niafa, dans la cité du même nom. Le village de Manantali est installé sur la zone qui était prévue pour le périmètre irrigué. En fait, le village de Manantali, les villages déplacés et les autres proches du barrage situés en aval devaient être tous logés sur la colline. Or, à la suite du refus des villages concernés par cet emplacement proposé, ils se trouvent maintenant dans le bas-fond. L'objectif de la proposition était de regrouper tous les villages en haut

---

[50] Entretien avec un homme politique de Manantali, mai 2014.
[51] *Ibid.*

de la colline et de créer « une ville du Bafing » électrifiée et avec des champs de culture dans les périmètres.

À Manantali, contrairement aux autres villages, les quartiers sont majoritairement le reflet de la catégorie socioprofessionnelle qui l'occupe. En 2014, le village est composé des quartiers suivants :

- la cité célibataire ou ouvrière ;
- la cité des gendarmes de la brigade ;
- la cité des enseignants[52] de l'école A ;
- la cité de l'escadron ;
- le quartier de Niafa ;
- le quartier de Badala Bougou ;
- la cité des cadres de l'OMVS ; et
- la cité des enseignants de la cité des cadres[53].

Le village est également composé de deux églises (protestante et catholique) et de cinq mosquées (quatre à Manantali village et une à la cité des cadres).

Le barrage a joué un rôle dans cette création des quartiers en fonction des identités professionnelles. Pour comprendre la spécificité de l'organisation spatiale à Manantali, on observe quatre parties qu'on distingue plus facilement (Photo 9).

---

[52] Première école comme première mesure d'accompagnement du barrage.

[53] La cité est financée par Eskom/SOGEM pour loger le personnel enseignant de l'école de la cité des cadres. Elle était déjà construite, mais n'était pas encore habitée lors de notre campagne de terrain de 2012.

1	Zone du barrage : bureaux administratifs, centrale, bureau de répartition, etc.
2	Cité ouvrière
3	Vieux village de Manantali et autres quartiers
5	Cité des cadres
6	Périmètres irrigués

Photo 9 : Occupation de l'espace du village de Manantali
Source : Google Earth (2015)

1. Les bureaux administratifs se trouvent après les murs du barrage.
2. La cité ouvrière, à moins de 3 km, est habitée par les ouvriers d'Eskom et de l'OMVS. Elle se trouve à côté de la cité des enseignants, de l'école, du dispensaire et de l'église de Manantali.
3. Le village traditionnel de Manantali, avec des concessions en paille, en terre crue et en dur, abrite le grand marché, la gare ainsi que le siège des ONG ou des regroupements. Le cœur du village est totalement occupé et les autochtones ont commencé à s'installer au sortir du village. Par exemple, un des frères du chef de village a créé un hameau de culture à Sonfara (après la cité des cadres, vers la commune de Bamafélé). Cet espace est également la zone dans laquelle on trouve les fermes des cadres de la société d'exploitation.

5. La cité des cadres (Photo 10) se trouve à 5 km environ du barrage. Elle est la seule qui est dotée d'un système d'assainissement et d'adduction en eau potable. Elle abrite la banque, la poste, l'hôpital, des écoles, un jardin d'enfants, la radio locale, une

mosquée, un restaurant et une piscine-bar. L'entrée et la sortie de la cité sont surveillées par des gardiens 24 h sur 24. La cité des cadres, avec des maisons modernes, est habitée par les cadres de la société d'exploitation et de l'OMVS. En 2014, on remarque qu'une partie de la cité était occupée par des Chinois responsables de la construction de la route de Manantali à Mahina. La cité des cadres est une cité « internationale » (Planche photos 7).

Parcours personnel

Photo 10 : Occupation de la cité des cadres de Manantali

Planche photos 7 : Construction de la route bitumée de Manantali à Mahina

Grâce à la construction du barrage, le village de Manantali est devenu un endroit unique en raison de la présence de fonctionnaires internationaux. Plusieurs nationalités y sont représentées. Ces étrangers, qui travaillent pour le compte de la société d'exploitation, de la SOGEM ou de l'OMVS, y sont logés. On remarque ainsi un mode de vie urbain à l'échelle du village. Les maisons sont construites comme en ville et le confort à l'intérieur est très loin de la réalité des cases du vieux Manantali. La présence de fours micro-ondes, d'antennes satellites, de baignoires dans la salle de bain, de climatiseurs, de machines à laver, de cuisinières et d'autres installations ne manque pas d'attirer l'attention.

Entre 2012 et 2014, l'espace entre le village traditionnel et la cité des cadres, d'environ 2 km, s'est réduit. Il est occupé par de nouvelles maisons, parfois à étage et en dur. Même dans le vieux Manantali, les constructions se modernisent de part et d'autre de la route principale :

« Le nombre de constructions en dur à Manantali augmente chaque année. Nous construisons en dur, car les maisons en paille et en terre crue ne tiennent pas face à la forte pluviométrie, au vent, aux incendies et à l'inondation. Avant, nous reconstruisions chaque année. L'autre cause est que les jeunes immigrés qui ont de l'argent investissent maintenant dans les maisons en dur. C'est devenu une tendance que tout le monde suit[54]. »

Règles en vigueur : permis de construire et limites

Ces nouvelles formes de constructions à Manantali obéissent-elles aux règles communales ou régionales d'établissement de l'habitat ?

Un entretien individuel a été mené avec le responsable d'une direction régionale de l'urbanisme et de l'habitat. L'objectif était de comprendre le rôle de cette structure et ses relations de partenariat. Sa mission est de mettre en œuvre les politiques définies à l'échelle nationale en matière d'urbanisme et de construction. Au Mali, l'ensemble des régions et des cercles sont dotés de schémas directeurs d'urbanisme.

Le schéma directeur d'urbanisme, élaboré en 2006, est accompagné de deux plans d'urbanisme, qui divisent la ville de Kayes par rapport au

[54] Entretien collectif chez le chef de village de Manantali, mai 2014.

fleuve (rive gauche et rive droite). Il y a le Plan d'urbanisme sectoriel 1 (PUS1) et le PUS2. C'est ce plan d'urbanisme qui définit les règles de construction admises.

Le rôle de la Direction régionale consiste en la mise en œuvre, sur le terrain, de ce schéma à travers les autorisations de construire, la conception des bâtiments et les opérations d'urbanisme (lotissements, zones parcellaires, réhabilitations, restructurations et restaurations).

La Direction nationale de l'urbanisme et de l'habitat surplombe les directions régionales et dépend du ministère du même nom. On constate que cette direction, créée en 1978, est représentée par sept subdivisions dans la région de Kayes.

Les moyens dont dispose la direction régionale pour assurer des contrôles par les brigades sont une voiture et quatre motos. L'équipe s'engage dans la ville pour détecter les individus qui construisent sans autorisation et qui s'installent dans des zones de servitude routière et ferroviaire. Elle vérifie également le respect des règles de construction (hauteur autorisée, recul et règlement d'urbanisme).

Comme toutes les directions régionales, celle-ci dépend également d'un budget alloué par l'État malien. Or, ce budget, très limité, ne prend en compte que les carburants et les fournitures par trimestre.

Parallèlement, cette structure fait face à un manque de personnel. Par exemple, chaque subdivision dispose généralement de deux agents, mais il existe des subdivisions avec un seul agent, comme à Yélimané. Comment se fait-il que toutes les directions rencontrées aient un problème de personnel ? Est-ce lié à un manque de formation dans leurs domaines, à une forte immigration ou à une absence de recherche ?

Dans la région de Kayes, les directions cherchent à fonctionner à leur rythme et essaient de jouer leurs rôles. Parmi ces rôles, on retrouve celui des maires dans la délivrance des permis de construire, avec l'accord des services techniques, tels que l'urbanisme, l'assainissement et le service des domaines.

Par ailleurs, l'application des règles et des lois concernant les permis de construire est un échec. Les acteurs publics eux-mêmes ne respectent pas les règles et les lois qu'ils ont pourtant établies. Le schéma directeur d'urbanisme de Kayes est en train d'être violé par tous, selon le directeur. D'abord par l'État, qui alloue des terres, mais surtout par les préfets et les sous-préfets, qui créent des constructions rurales en zone urbaine sans tenir compte des prévisions du schéma. Cela constitue un gros problème, car le schéma définit des vocations pour chaque espace urbain (zones administrative, commerciale, d'habitat, industrielle, gare). Donner des titres provisoires de constructions rurales revient donc à fausser les prévisions du schéma :

« Pour faire face à ce problème, nous avons fait une circulaire signée par le gouverneur de Kayes. Dans la circulaire, nous soulignons que nous avons constaté à plusieurs reprises que les dispositions des décrets sont mal appliquées par certaines autorités chargées de l'attribution des terres du domaine privé de l'État. C'est ainsi que l'on assiste à la délivrance de titres provisoires de constructions rurales dans les périmètres d'urbanisation des villes sans respect de l'article 8 du décret 040 […]. La superficie d'une construction rurale ne peut excéder en aucun cas le quart d'hectare à l'intérieur du périmètre d'urbanisation. Le préfet ne peut pas donner l'autorisation de construction rurale sans avoir l'autorisation du gouverneur par arrêté et l'avis favorable des services techniques, tels les domaines, les eaux et forêts, l'urbanisme, le génie rural. Le non-envoi aux services techniques des affiliations des autorisations des titres provisoires, la prolifération des constructions rurales dans le seul but d'accaparement des terres est le principal problème. Ces problèmes concernent tous les cercles de Kayes[55]. »

La seconde difficulté est causée par les populations. La gestion de l'habitat au Mali est exclusivement réservée à la mairie. Une demande doit être adressée au maire, qui attribue, avec ses conseillers, les terres. Le maire crée un lotissement en cas de nombre important de demandes. En dehors du maire, personne n'a le droit de donner des terres.

En cas de besoin de l'État pour des fins d'utilité publique, tous les habitants qui ont des titres fonciers achetés peuvent être forcés à quitter les terres occupées sous forme d'expropriation. Les chefs de village n'ont cependant pas abandonné leurs habitudes d'allouer et de vendre des terres à des particuliers. Au Mali, toutes les terres appartiennent à l'État. Or, quand un chef de village vend une terre, il ne cherche pas à savoir si l'espace a été programmé pour un projet de l'État par le schéma. De ce fait, les personnes s'installent d'une manière anarchique, sans autorisation, dans des constructions parfois en dur. Cela crée des conflits lors des tentatives de récupération.

Tous ces éléments limitent l'urbanisation de façon harmonieuse à Kayes. Il est difficile d'organiser l'occupation des terres dans ce contexte. Le Projet d'appui aux Communes urbaines (PACU) appuie la direction régionale sur le plan de la logistique. Il lui a permis d'avoir des motos (six véhicules) pour toute la région. Les agents de la

[55] Entretien avec un directeur régional de l'urbanisme et de l'habitat, mai 2014.

Direction régionale de l'urbanisme et de l'habitat ne se sentent pas trop concernés par les impacts du barrage de Manantali et n'ont pas de relation de travail avec les gestionnaires. Ils s'occupent de l'espace de la ville de Kayes (chef-lieu de région), qui se situe assez loin et est un peu différente de la zone encore rurale qui abrite le barrage de Manantali.

Ce barrage a en quelque sorte réécrit l'histoire des villages environnants et a perturbé leurs habitudes culturelles.

Résumé du chapitre 4

Ce chapitre a décrit les entités administratives, les règles de gestion du foncier, l'organisation spatiale en amont et en aval ainsi que la composition sociale et culturelle des zones autour du barrage. Le village de Manantali aval et les campements de pêche plus proches du barrage se particularisent plus que les autres villages sur le plan des mutations sociales. Le village de Manantali est devenu un centre rural, qui se caractérise par une importante inégalité sociale, perceptible dans l'organisation spatiale des quartiers après les murs du barrage. L'écart de niveau de vie entre les travailleurs manuels, les cadres et la population autochtone devient de moins en moins perceptible dans les bâtiments en dur à plusieurs étages, qui sont le résultat des financements des jeunes du village partis travailler dans les mines de Kéniéba et à la frontière avec le Sénégal.

Par ailleurs, le développement d'associations contribue à la multiplication des cas de conflits d'intérêts, en particulier à la suite de l'obtention de financement ou de dons à partager.

CHAPITRE 5 : DES INÉGALITÉS D'ACCÈS AUX SERVICES AGGRAVÉES PAR LE BARRAGE

Le chapitre 4 a permis de présenter les changements profonds de la composition sociale, particulièrement du village de Manantali, devenu marqué par une grande diversité ethnique. Il a également exposé la recomposition spatiale qui a accompagné l'émergence d'un nouveau territoire de pêcheurs en amont, proche du lac.

Ce chapitre 5 est l'occasion de faire une lecture spatiale des inégalités d'accès aux services, permettant de mesurer les multiples manifestations des effets du barrage dans les localités riveraines.

D'abord, la première variable observée est l'accès aux services de base, dont l'électricité et l'eau. Comme indiqué dans la première partie de cet ouvrage, le barrage produit et distribue de l'électricité aux trois États membres de l'OMVS depuis 2003. Cette électricité est distribuée comme suit : le Mali reçoit 52 % de l'électricité produite, la Mauritanie 15 % et le Sénégal 33 %. Or, quelle est la part des localités riveraines qui ont subi les troubles des déplacements et des réinstallations dans cette répartition ?

Ensuite, le barrage ayant modifié le cours d'eau du Bafing, il s'agit d'analyser sa place dans les méthodes d'accès à l'eau et les sources d'approvisionnement en eau des ménages.

Troisièmement, les relations avec les dynamiques des maladies hydriques sont interrogées. Le rôle de l'hôpital de Manantali dans l'offre de soins renforce la dépendance des autres villages et campements.

Enfin, pour comprendre les nombreuses raisons de renoncement aux soins médicaux dans les zones étudiées, nous nous intéresserons aux types d'activités économiques principales et secondaires.

Accroissement des inégalités d'accès aux services de base

De l'électricité pour les grandes villes et les pays voisins

Dans les villages

Les villages de Manantali et de Bamafélé sont les seuls à être électrifiés dans la zone riveraine du barrage (Carte 14). Plus de 94 % des habitants affirment avoir accès à l'électricité. Cet avantage, si l'on peut dire, est lié à leur statut et à leur localisation par rapport au barrage : le village de Manantali abrite l'ouvrage et les exploitants, tandis que Bamafélé est le chef-lieu de commune. Parmi les habitants qui ont l'électricité à domicile, il est important de dissocier ceux de la cité des cadres et de la cité ouvrière, qui ne paient pas l'électricité (gratuite pour les agents de la société d'exploitation), des habitants du village traditionnel de Manantali, qui paient l'électricité à EDM[56]-Manantali. EDM a créé des tarifs réduits pour ces populations, qui peuvent demander aux agents d'effectuer le branchement jusqu'à leur domicile.

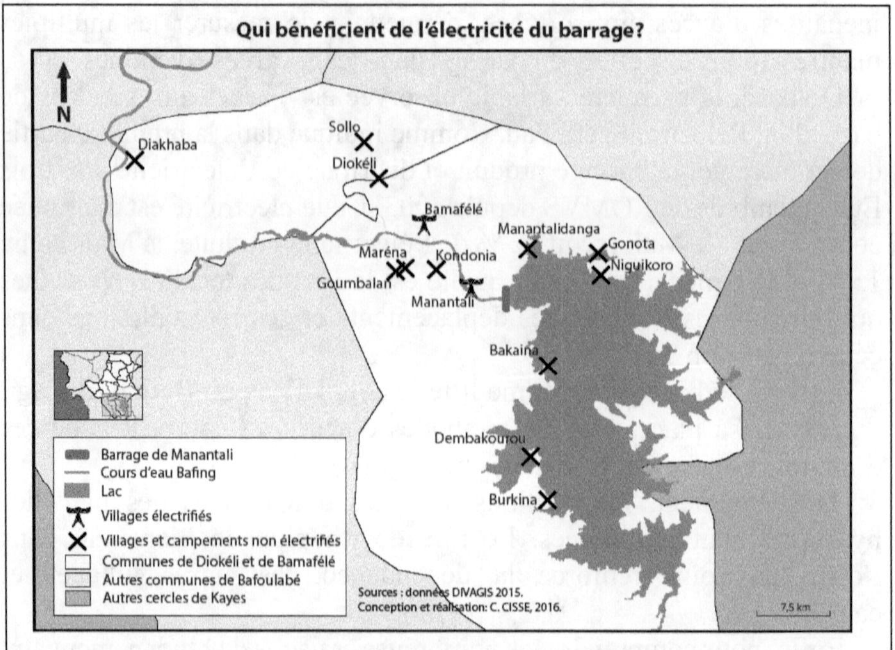

Carte 14 : Bénéficiaires de l'électricité du barrage dans la zone riveraine

Le village de Diakhaba se distingue par le fait que 3 % des habitants ont un accès à l'électricité.

Contrairement aux villages mentionnés précédemment, aucune des zones étudiées, qu'elles soient proches ou éloignées du barrage, même si elles sont des chefs-lieux comme Diokéli, ne profitent de l'électricité générée par cet ouvrage. Les villages environnants du barrage ne sont

[56] Énergie du Mali.

donc pas les plus grands bénéficiaires sur le plan de l'offre en électricité.

Dans les campements

Dans les campements de pêche, on constate une absence totale d'infrastructures d'accès à l'électricité. Les lampes torches sont les seuls moyens de s'orienter la nuit. Néanmoins, certaines cours familiales possèdent des panneaux solaires et des groupes électrogènes qui fonctionnent à l'essence. Le coût de l'essence limite cependant l'usage de ces équipements. Le groupe électrogène n'est allumé, pour cette raison, que très tard dans la soirée et seulement pour regarder la télévision. À ce moment, les membres de la famille et les voisins en profitent pour charger leur téléphone portable.

Le manque d'électricité limite les activités liées à la pêche et crée une dépendance totale des pêcheurs par rapport au village de Manantali ou à Kita en ce qui concerne les besoins en glace pour conserver les poissons. Les pêcheurs achètent par exemple la barre de glace à un prix variant entre 40 et 50 FCFA tous les samedis ou à chaque sortie.

La partie amont où se situe le campement de pêche est par ailleurs très accidentée. Selon les habitants, la présence du lac et l'enclavement des campements sont des facteurs explicatifs de l'inexistence de projet d'électrification pour l'amont, qui nécessite un financement lourd pour les pays de l'OMVS.

Peut-on alors considérer le barrage comme un corps étranger à son espace d'implantation ?

Niveau de connaissances

L'analyse des réponses des habitants nous montre un second résultat (Carte 15). D'une part, elle nous renseigne sur le profil de niveau de connaissances des habitants sur le rôle de production d'énergie par le barrage. D'autre part, elle indique leur lecture des bénéficiaires de cette électricité à leur détriment. En effet, malgré la proximité du barrage, il y a des villages dont la majorité des habitants ignorent les destinations de la production du barrage ou pensent qu'elle va ailleurs, c'est-à-dire dans les grandes villes du Mali (particulièrement la capitale, Bamako). D'autres habitants pensent que cette électricité est destinée aux trois États membres de l'OMVS.

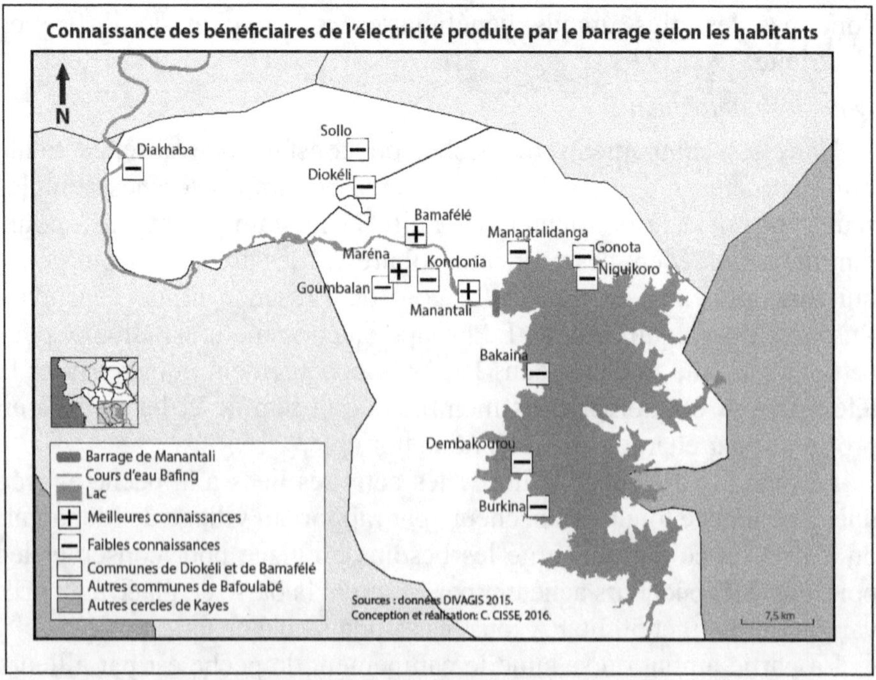

Carte 15 : Niveau de connaissances sur le rôle du barrage et sur les bénéficiaires de l'électricité

Quelle que soit leur situation (bénéficiaires de l'électricité ou non), les personnes interrogées[57] ont majoritairement souligné que l'électricité du barrage était plutôt pour les autres régions ou les pays voisins. Elles parlent, par ordre décroissant :

1. des grandes villes du Mali ;
2. des pays voisins du Mali et membres de l'OMVS ;
3. elles déclarent ne pas savoir (NSP) ;
3. leurs propres villages.

Ce sont les habitants du village de Manantali qui pensent davantage aux grandes villes du Mali (82 %). Seuls 7 % ne se prononcent pas (NSP), mais ils sont 62 % à le faire à Sollo.

À l'issue de ces enquêtes, nous avons constaté que le barrage de Manantali était loin de répondre aux besoins des habitants des villages environnants en électricité.

[57] Le nombre de citations est supérieur au nombre d'observations du fait de réponses multiples (deux au maximum).

Des inégalités d'accès à l'eau

Contrairement à l'électricité, les habitants semblent avoir le choix entre plusieurs sources d'accès à l'eau.

Avant l'arrivée du barrage, les villages utilisaient principalement l'eau de l'affluent du Bafing. Ce barrage a permis la maîtrise de l'eau dans ce contexte du Sahel, où l'eau du Bafing est soumise à une forte variabilité de son niveau liée à la pluviométrie. De fortes pluies qui durent trois mois provoquent ainsi des inondations. À l'opposé, durant les neuf mois qui suivent, il n'y a souvent pas une goutte de pluie. Le rôle du barrage de Manantali est donc de retenir le surplus d'eau qui s'écoule durant la période des hautes eaux afin de pouvoir la restituer progressivement en saison sèche pour les usagers en aval. Cette régularisation du régime permet les activités anthropiques (accès à l'eau pour la boisson et les activités domestiques, les grands périmètres, les petites irrigations, l'abreuvement du cheptel et la navigation, qui est encore un projet).

On constate une différence de l'origine de l'eau utilisée par les ménages de l'amont et de l'aval d'une part et entre les villages d'autre part. La visualisation des modalités d'accès à l'eau est visible à la figure 31. Ce graphique illustre une différence entre les villages de Manantali et de Maréna (à droite de l'axe vertical), qui ont le choix entre plusieurs types d'accès à l'eau, et les localités qui en ont moins (à gauche). L'axe horizontal de ce plan factoriel oppose une première association, composée des villages de Diakhaba et de Manantali (en bas), et une seconde formée par les autres localités (en haut).

En d'autres termes, les villages qui sont en haut (Bamafélé, Kondonia, Goumbalan, Sollo et Diokéli) et les campements utilisent l'eau du fleuve ou du lac pour répondre à tous leurs besoins. Par contre, les villages de Manantali et de Diakhaba utilisent majoritairement l'eau du robinet pour la boisson et les activités domestiques. Le village de Maréna est isolé sur le graphique (quadrant supérieur droit), car les habitants ont le choix entre plusieurs types d'accès à l'eau, mais ils ne se servent plus de l'eau de pompe et de puits.

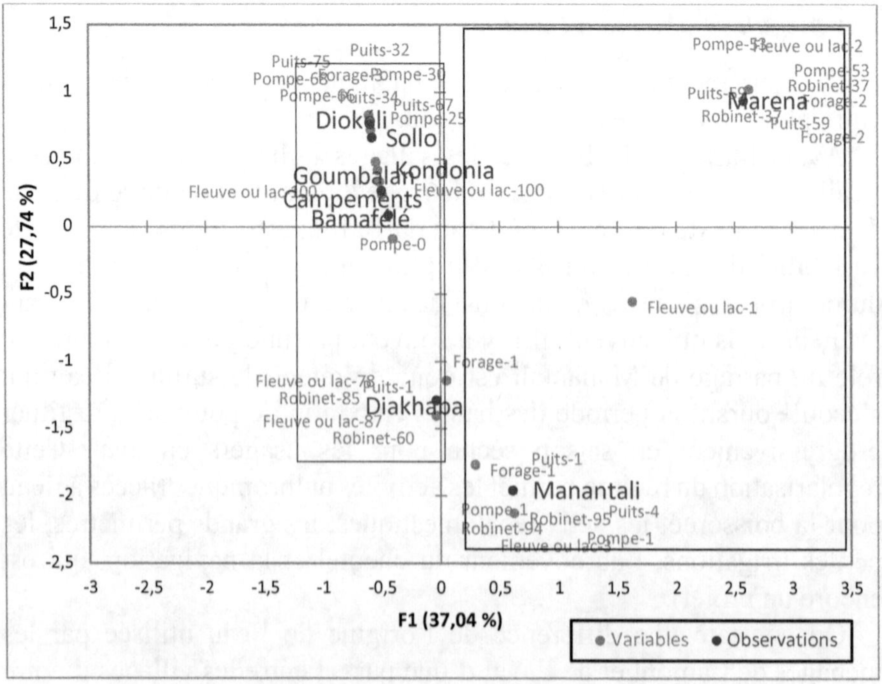

Figure 31 : Origine de l'eau utilisée par les ménages dans la zone riveraine

La carte 16 montre que les villages de Diokéli et de Sollo utilisent principalement l'eau de pompe (25 % et 66 % respectivement) et l'eau de puits (75 % et 34 %) pour la boisson. Pour les activités domestiques, à Diokéli, les habitants utilisent 30 % de l'eau de pompe et 67 % de l'eau de puits, contre 68 % et 32 % à Sollo. Ils ont en plus la possibilité de prendre l'eau du forage (3 % à Diokéli, 1 % à Manantali aval, 2 % à Maréna et 1 % à Diakhaba). La pompe et les puits servent également aux habitants de Manantali (1 %) pour la boisson.

Pour ce dernier cas de figure, on remarque que 95,5 % de la population de Manantali a accès à l'eau du robinet. Les robinets peuvent être publics ou à domicile. L'eau est gratuite pour tous les habitants. « Le problème à Manantali est le gaspillage de l'eau. Les habitants ne paient pas l'eau et donc, même si on le leur explique, ils ne suivent pas nos conseils[58]. » Pourtant, en 2012, malgré les deux châteaux d'eau, d'aucuns utilisaient encore l'eau du fleuve (3,5 %), l'eau de la fontaine (0,20 %), l'eau du puits (0,20 %), l'eau des forages (0,40 %) et l'eau

58 Enquête auprès des habitants du village de Manantali, été 2012.

des pompes (0,20 %). Les habitants ont le choix, mais il est limité par le niveau de vie.

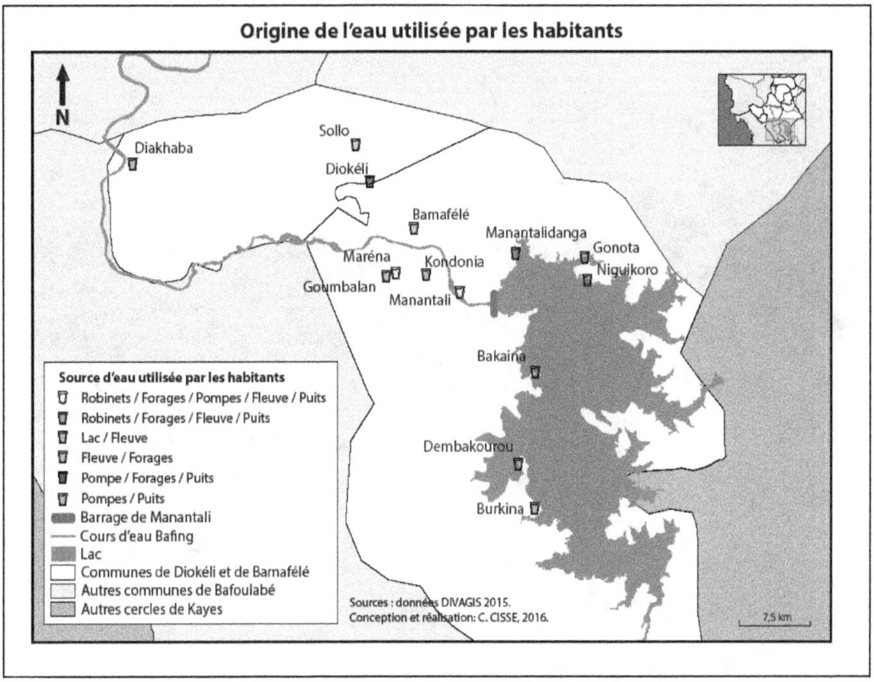

Carte 16 : Origine de l'eau utilisée par les habitants de la zone riveraine

Ici aussi, on retrouve un reflet de l'inégalité entre les catégories professionnelles vivant à Manantali. Enfin, pour les activités domestiques, l'eau du robinet est la plus utilisée à 93,6 %, tandis que 4,3 % se servent de l'eau de puits, 1,4 % de l'eau du fleuve, 0,4 % de l'eau du forage et 0,2 % de l'eau de pompe.

L'absence de réseau d'eau potable dans les campements

Le séjour dans les campements a permis d'y constater une absence totale de réseau d'adduction en eau et une rareté de puits à cause de la nature rocheuse du sol. Les effets de cette situation touchent particulièrement la population féminine, qui va chercher de l'eau tous les jours dans le lac, malgré les contraintes (topographie, éloignement et non-respect des normes de potabilité).

Par exemple, dans le campement de pêche de Salégoun, situé au sommet d'une colline, les femmes escaladent deux fois par jour de grosses pierres pour aller chercher de l'eau afin de laver le linge ou les bols (Photo 11). Elles s'y rendent aussi pour préparer les poissons.

Photo 11 : Difficulté d'accès à l'eau dans les campements

Pour faciliter le transport, elles portent les bouteilles sur la tête, tandis que les familles de pêcheurs les plus aisées achètent des motos, des ânes, des charrettes ou des chariots (Planche photos 8). Lors de nos enquêtes en 2012, une femme de ce campement soulignait qu'elle a choisi de faire du commerce spécialement pour économiser afin d'acheter un chariot de transport de l'eau du lac vers les campements. Le chariot neuf coûte 60 000 FCFA et celui d'occasion, entre 25 000 et 40 000 FCFA.

La distance, la boue en saison des pluies, les fortes pentes et la variation du niveau du lac sont des facteurs qui rendent encore plus difficiles leurs tâches quotidiennes.

Planche photos 8 : Modes de transport de l'eau du lac vers les campements

Un autre facteur peut également être abordé pour montrer ce problème : la qualité de l'eau utilisée. Comme souligné dans le chapitre 2, selon les agents du SSSE, les résultats de mesures des paramètres physiques et chimiques de l'eau des stations 1, 3 et 4 du lac indiquent qu'elle est acceptable pour un lac. Cependant, l'eau n'est pas potable pour la consommation. Ce qui est d'autant plus préoccupant est qu'on y lave directement les motos, qu'on y prépare les poissons et qu'on y déverse certains déchets.

Pour réduire les risques de contamination, les habitants ont mis en place des techniques. Il s'agit de l'utilisation de tissus blancs transparents comme filtres pour rendre l'eau potable avant de la mettre dans des jarres achetées à Manantali, à Bamako, à Kita, à Mahina ou à Kayes. Les jarres conservent l'eau de boisson filtrée, tandis que l'eau pour la préparation des repas et autres besoins reste dans la bouteille au milieu de la cour familiale.

Les campements de pêche autour du lac de Manantali n'ont pas accès à l'eau potable. Peut-être que les conditions topographiques ne permettront pas l'installation d'un système d'adduction en eau. Mais peut-être aussi que la mise en place d'un réseau d'eau potable ne résoudra pas cette chaîne d'obstacles. En effet, certains habitants ont affirmé leur préférence pour utiliser l'eau du cours d'eau, car elle était, selon eux, plus « douce » et plus agréable. Est-ce une question de préférence, d'habitude, de culture ou de résignation ?

« Autour du barrage, l'environnement n'est pas dégradé. La société d'exploitation a mis en place la norme ISO 14001 pour minimiser les pollutions liées aux activités du barrage, particulièrement celles qui sont dues à la gestion des déchets organiques ou industriels. Pour le moment, on n'a pas pollué l'environnement du bassin. Le lac et le débarcadère sont un peu salis par les pêcheurs qui y jettent des sachets plastiques de glace. Mais ce n'est pas trop grave pour le moment. On reconnaît toutefois que c'est un phénomène qui peut entraîner des conséquences sur l'environnement à long terme […]. Nous avons construit une petite décharge au niveau du débarcadère pour gérer les déchets. Pour le moment, le seul problème est la pollution de l'air par les voitures. Nous faisons des campagnes de désherbage sous les lignes de haute tension. Pour compenser, la société d'exploitation fait des campagnes de plantations d'arbres ailleurs en recrutant des villageois[59]. »

Par exemple, lorsque l'eau turbinée n'est pas bien traitée, elle peut être rejetée dans le fleuve avec des huiles. Pour réduire ce risque, il est prévu de créer un lac artificiel en aval proche. Le risque de pollution de l'environnement lié à l'exploitation du barrage pouvait venir de la maintenance, du fait de la production et du rejet de déchets (p. ex., les chiffons souillés ou de vieilles batteries), mais aussi de la pollution de l'air.

Sur le plan de l'exploitation, le risque d'incendie est permanent à cause du matériel vieillissant, en plus du risque de maladies. Pour réduire tous ces risques, la société d'exploitation s'occupe des déchets dangereux (barriques d'huiles, néons, vieux ordinateurs, climatiseurs), qui sont stockés à part. Elle s'occupe de la gestion des ordures non seulement dans ses bureaux administratifs, mais aussi dans ses deux cités : la cité ouvrière et la cité des cadres. Elle a installé des poubelles dans les cités et embauché quatre ramasseurs : un pour les déchets organiques, deux pour les déchets domestiques et un dernier pour les papiers du bureau. Les ramasseurs passent tous les jours et déposent les ordures à la décharge de la cité des cadres. Contrairement aux deux cités, le ramassage des ordures dans le village traditionnel n'a pas été organisé et les agents ne sont pas responsables de cette activité.

---

[59] Entretien avec la responsable de la cellule Sécurité environnementale d'Eskom, mai 2014.

Une politique de gestion des eaux usées presque inexistante

Le suivi de la pollution des eaux fait partie des politiques de la Direction régionale de l'assainissement et du contrôle des pollutions de Kayes. En effet, dans la région de Kayes, cette direction régionale a été créée par l'*Ordonnance nº 98-027/P-RM portant création de la direction nationale de l'assainissement et du contrôle des pollutions et des nuisances*. Elle a pour mission d'appliquer les programmes des politiques nationales en matière de stratégies de lutte contre les nuisances et les pollutions ainsi que d'assurer la coordination et l'exécution des programmes par les services concernés. Elle est divisée en sept services du même nom, à l'échelle des cercles. Les services sont représentés dans les communes par les antennes d'assainissement et de contrôle des pollutions et des nuisances.

« Par manque de personnel, nous n'avons pas d'agent au niveau des communes. La direction régionale dépend d'une direction nationale du même nom à Bamako, sous tutelle du ministère de l'Environnement, de l'Eau et de l'Assainissement. Ce ministère est composé de trois directions nationales, la nôtre, la Direction des eaux et des forêts et la Direction de l'hydraulique[60]. »

Comme son nom l'indique, cette direction a pour mission de gérer les eaux usées, les ordures ménagères et les excréments. Pour les ordures ménagères, des poubelles publiques sont placées dans les quartiers. Les ordures sont ensuite déposées dans des dépôts de transit, puis c'est la mairie de chaque commune qui est responsable de la gestion ultime. La mairie reçoit à cet effet des taxes d'enlèvement des ordures ménagères.

Pourtant, les déchets sont présents tout au long de la route principale. La mairie ferait-elle face au même problème que la direction régionale, à savoir un manque de personnel et un manque de matériel de gestion ?

« La somme allouée par l'État est insignifiante. Nous n'avons pas de programme et les agents de Bamako ne veulent pas être mutés ici. La jeune direction se débrouille avec les moyens du bord[61]. »

Sûrement que le statut particulier du village de Manantali amène les autorités communales à considérer que cette mission est à la charge de la société d'exploitation. Rappelons que, dans le cadre de son contrat

---

[60] Entretien avec le directeur régional de l'assainissement et du contrôle des pollutions de Kayes, mai 2014.
[61] *Ibid.*

d'exploitation, cette société est responsable de la gestion des infrastructures d'accompagnement du barrage, notamment de la cité ouvrière et de la cité des cadres. Les autres quartiers de Manantali aval sont ainsi sous la responsabilité de la mairie de Bamafélé.

La gestion des ordures ménagères pose beaucoup de problèmes et crée des conflits chez les populations qui n'ont pas de lieu de dépôt. Malgré cela, d'après le directeur régional, les problèmes sont aggravés par le comportement des ONG. En effet, elles seraient nombreuses à utiliser le vocable de l'assainissement pour pouvoir facilement s'introduire dans la région ou pour avoir plus de facilités de financement. En réalité, elles se dirigent ensuite dans le domaine de la santé, où il y a beaucoup plus de moyens et de programmes.

En ce qui concerne les effets du barrage sur l'environnement de Kayes, comme constaté dans le chapitre 2, le directeur régional souligne à son tour que le barrage de Manantali est à l'origine de la présence des plantes aquatiques dans le fleuve. Les plantes colonisent certaines parties du lit du fleuve à Kayes, mais ce phénomène serait plus visible à Bamako, sur le fleuve Niger.

Dès lors, la direction de l'assainissement n'est pas plus préoccupée par les effets du barrage sur le fleuve Sénégal, mais plutôt par la présence permanente des ordures dans la ville. Les agents sont encore plus inquiets du fait des impacts des produits chimiques utilisés dans les mines à Kéniéba, qui conduiraient d'ici à 10 ans à un manque d'eau potable dans le cercle de Kéniéba. Une collaboration avec l'OMVS est souhaitée par le directeur régional de l'assainissement et du contrôle des pollutions de Kayes. Ce serait l'occasion d'avoir un partenariat pour le suivi de toutes les activités sur le plan environnemental à Kayes : « Avec les moyens qu'elle a, et à travers ce genre de partenariat, elle pourrait nous aider à nous équiper sur le plan logistique (voitures, motos)[62]. »

Un des plus grands partenaires de la direction de l'assainissement est celui de l'hydraulique. Les deux directions collaborent beaucoup, tiennent des réunions et des séminaires d'échange et réalisent ensemble des campagnes de terrain.

---

62 *Ibid.*

Les maladies hydriques causées par l'implantation du barrage

Parent et ses collègues (1997) ont montré les conséquences des barrages en Afrique sur la santé. Ils soulignent qu'à la fin des années 1980, en dehors de l'Afrique du Sud, il existait 423 grands barrages qui avaient deux principaux objectifs : la sécurité alimentaire et la sécurité énergétique.

En ce qui concerne les maladies liées au barrage, les auteurs montrent des exemples de pays où les cas de paludisme ont diminué après l'ouvrage. Il s'agit de la vallée du Kou au Burkina Faso et de la région de Maka au nord du Cameroun. D'autres exemples montrent le contraire. C'est le cas à Madagascar, à l'ouest du Kenya ou dans la vallée de la Rusizi au Burundi.

La seconde maladie étudiée est la bilharziose. Selon les auteurs, à l'exception de la vallée Logone au nord du Cameroun, cette maladie a touché 90 % de la population autour du barrage d'Akosombo au Ghana en deux ans. Le barrage d'Assouan (61 %) et celui de Diama (72 %) sont également cités. La diarrhée, l'onchocercose et la maladie du sommeil sont aussi parmi les maladies à risque dans le contexte de transformation de l'eau par les barrages (Parent et collab., 1997).

Types de maladies et leurs impacts sur la santé

Si le barrage de Manantali a eu des impacts sur les inégalités d'accès à l'eau potable et à l'électricité, il a également provoqué des effets sur l'accroissement des maladies hydriques et sur l'inégalité d'accès aux soins. La figure 32 montre la position des campements d'un côté de l'axe vertical (à droite) et les villages de l'autre (à gauche). Cela renseigne sur le fait que les habitants des campements souffrent particulièrement plus de la bilharziose. L'axe horizontal sépare les villages de Kondonia, Diokéli, Goumbalan, Maréna, Sollo et Bamafélé (en bas), qui enregistrent le plus de cas de maladies diarrhéiques. Les habitants de ces villages ont toutefois présenté moins de types de maladies que les villages de Manantali, de Diakhaba et des campements (en haut).

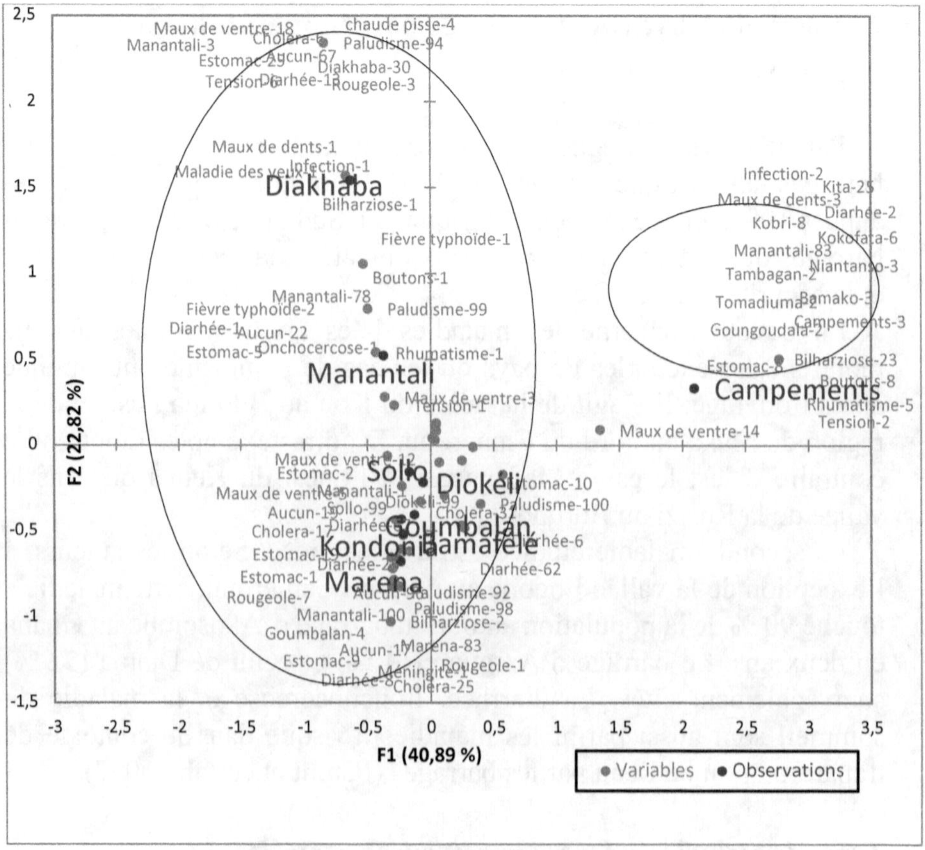

Figure 32 : Maladies dont souffrent le plus les habitants

Cependant, ce deuxième facteur de différenciation est à nuancer. Les habitants des villages où l'incidence de maladies serait moindre ont moins d'accès aux soins, donc moins de risques de se faire diagnostiquer une maladie. On remarque que cette différence n'est pas liée à la taille du village, ni à sa localisation par rapport au barrage, ni aux conditions d'accès à l'eau. L'analyse montre que les villages qui sont plus touchés par plusieurs maladies sont ceux qui possèdent un dispensaire (Diokéli et Bamafélé), un hôpital (Manantali aval) ou encore qui ont la possibilité de se faire soigner plus facilement dans les villes proches, comme Kita (campements de pêche). C'est pourquoi on considère que la présence d'une infrastructure de santé joue un rôle dans la mesure de l'indicateur sur la diversité des types de maladies par zone étudiée.

« Ce n'est pas facile à dire, mais la construction du barrage de Manantali a amené les affections pulmonaires. Les personnes allergiques ont du mal à s'adapter. On est ici dans un trou ; il n'y a pas d'air pur. Il suffit de monter sur la colline pour sentir la différence. On voit des gens qui ont des allergies, des conjonctivites, et tout cela est venu avec le barrage. Les maladies hydriques sont également directement liées au barrage. Il s'agit principalement de la diarrhée et de la bilharziose[63]. »

La planche cartes 1 montre que toutes les localités étudiées souffrent d'abord du paludisme à plus de 90 %.

[63] Entretien avec le médecin généraliste de l'hôpital de Manantali, été 2012.

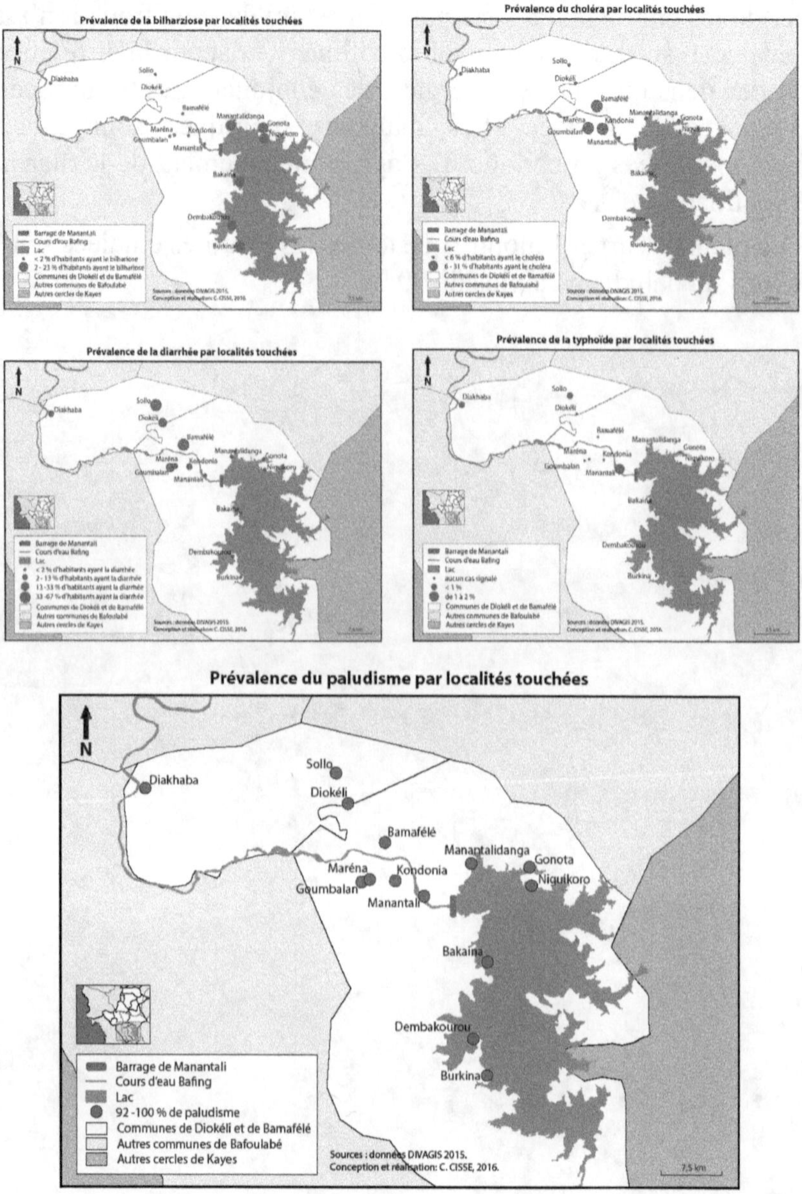

Planche cartes 1 : Maladies hydriques touchant le plus les habitants

« Dans la zone comme dans tout le Mali, c'est le paludisme qui est présent toute l'année. Ceci est dû à plusieurs facteurs parmi lesquels les eaux stagnantes, les coins sombres, les ordures, l'assainissement. Et même si les gens ne le disent pas, il y a aussi l'habitat. Nos cités n'étaient pas faites pour des familles nombreuses. Elles ont été construites à l'européenne. On est avec nos paniers, nos sacs, nos cartons qu'on veut garder, alors que la famille s'agrandit et les conditions ne changent pas. Même si l'on veut garder nos maisons, ce n'est plus facile de vivre dans ces conditions [...]. Par exemple, une seule salle de bain pour une famille nombreuse, c'est impossible. Le chef de famille construit toujours des toilettes provisoires à côté de la maison. Finalement, chaque famille se retrouve avec des toilettes externes et des buanderies externes. Les étrangers qui ont construit les maisons n'avaient pas prévu la buanderie externe. Pour eux, tout devait être à l'intérieur. Ils ont pensé que la machine à laver était utilisable par ici. Nous avons besoin de sortir au-dehors pour laver la vaisselle et le linge. En plus, les gens ont fait des jardins non entretenus. Malheureusement, tous ces facteurs sociaux ont un impact sur la santé. Le résultat est la présence du paludisme, des affections broncho-pulmonaires et des diarrhées à cause du manque d'hygiène[64]. »

Le choléra est plus cité dans les villages de Maréna (8 %), de Bamafélé (17 %), de Diakhaba (6 %) et de Kondonia (31 %).

Les campements ont la particularité d'énumérer la bilharziose (23 %). Cette maladie hydrique est plus faiblement citée par les habitants de Manantali (1 %), de Maréna (1 %) et de Diakhaba (1 %). Elle est liée au fait que les habitants des campements utilisent totalement l'eau du lac pour la boisson, la douche ou les activités domestiques.

Au total, il découle de la réponse des habitants que les maladies les plus présentes, par ordre décroissant, sont les suivantes :

- le paludisme (98 %) ;
- la diarrhée (24 %) ;
- les maux de ventre (10 %) ;
- les problèmes d'estomac (9 %) ;
- le choléra (9 %) ;
- la bilharziose (3 %).

C'est sans compter la rougeole, les boutons et problèmes de peau, les problèmes de tension, les maladies oculaires, le rhumatisme, les maux de dents, la blennorragie, les infections, la fièvre typhoïde, l'onchocercose et la méningite. Les habitants citent de nombreuses maladies en même temps.

---

64 *Ibid.*

Causes d'aggravation des maladies et importance de Manantali dans l'offre de services de soins

L'analyse de l'aggravation de ces maladies montre que le type d'alimentation et les pratiques de médecine traditionnelle jouent un rôle important :

« Tout le monde est guérisseur, par ici. L'information circule de bouche à oreille. Tu entends souvent, face à une personne malade, des gens dire qu'il faudrait prendre telle ou telle plante médicinale[65]. »

Les habitants ne se rendent dans les structures de santé que lorsque les cas de maladie sont très graves. Selon le médecin interrogé, du paracétamol pourrait faire l'affaire pour une personne qui souffre d'un paludisme simple. Or, habituellement, les personnes malades suivent les conseils des autres habitants et prennent plutôt des décoctions qui conduisent à un cumul de la première maladie avec la diarrhée. À l'hôpital, les médecins sont obligés de traiter d'abord la diarrhée et les vomissements, puis le paludisme. Malheureusement, le patient se retrouve avec deux ordonnances, qu'il considère trop chères, et se retrouve sans argent pour traiter le paludisme chronique qui conduit alors à de nombreux cas de décès. Un habitant rapporte :

« L'hôpital est tout près, mais les médicaments sont inaccessibles à cause de leur prix. Ils sont tout simplement trois fois plus chers ici qu'à Bamako. Les plus pauvres préfèrent donc se soigner avec des plantes à domicile ou chez le marabout[66]. »

---

[65] *Ibid.*

[66] Enquête auprès des habitants du village de Manantali, été 2012.

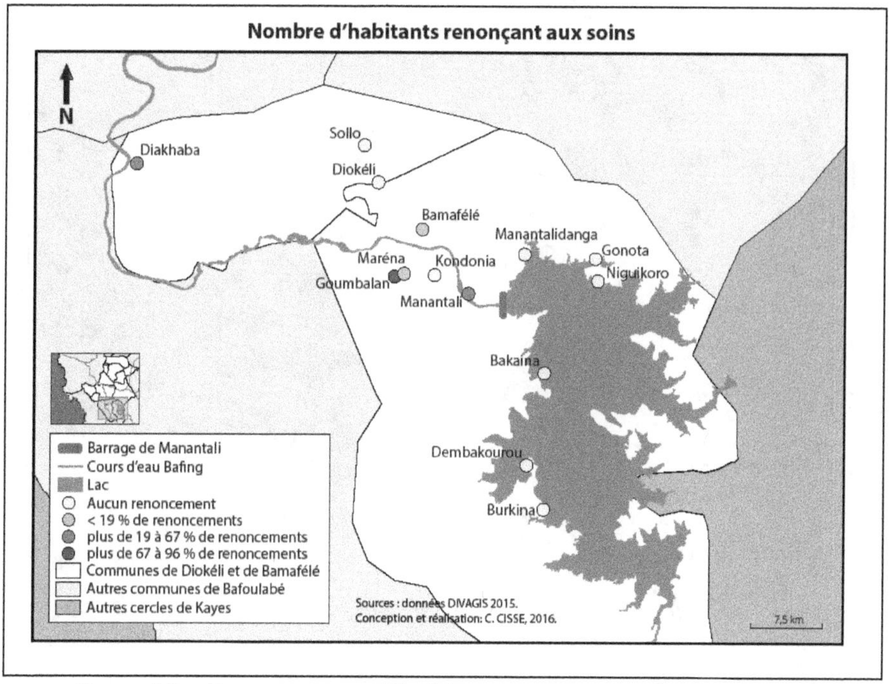

Carte 17 : Pourcentage d'habitants qui renoncent aux soins

La carte 17 éclaire sur les habitants des villages qui renoncent aux soins. À Goumbalan, la majorité des personnes interrogées ont renoncé aux soins (67 % à 96 % de renoncements), car elles trouvent que les frais pour se faire soigner au dispensaire, particulièrement les coûts des médicaments, sont trop coûteux.

Certains villages n'ont pas accès aux soins du fait de la cherté des médicaments, malgré la présence de dispensaire ou d'hôpital. Par exemple, à Manantali aval, les habitants interrogés se soignent auprès de ces structures de santé à 76,8 %, tandis que 23,2 % estiment ne pas avoir accès aux soins malgré la proximité des centres de soins, à cause des médicaments trop onéreux pour eux.

« Les personnes les plus vulnérables à ces maladies sont d'abord les enfants, les femmes âgées et enfin les hommes. On sensibilise les habitants, mais ici, c'est la misère. Les gens peinent à se nourrir[67]. »

Dans ces conditions, on remarque qu'une offre de soins adéquate est nécessaire.

[67] Entretien avec le chef technicien du centre de santé de Diokéli, été 2012.

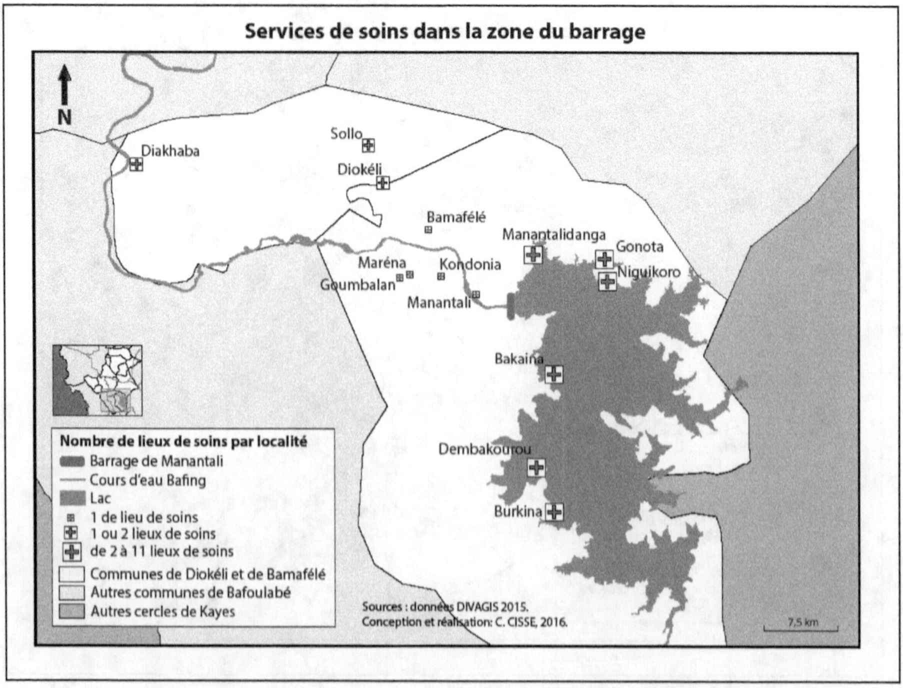

Carte 18 : Choix des lieux de soins des habitants

Notre analyse de la carte 18 montre que plus les villages sont près du lac de retenue, plus les habitants ont le choix d'aller se faire soigner dans plusieurs localités. Les villages qui n'ont accès qu'à un seul lieu de soins sont Manantali aval, Kondonia, Bamafélé, Goumbalan et Maréna.

Seuls les campements de pêche, censés être plus enclavés en amont du barrage, ont un accès aux soins plus élargi (choix de 2 à 11 lieux de soins). Le village de Manantali est la première destination des habitants des campements de pêche pour se soigner. Son hôpital et son dispensaire accueillent 83 % des malades de l'amont. Ces populations vont également au dispensaire de Kobri, qui se situe en amont vers Tambagan en allant à Kita. Une femme de chef de campement nous explique :

« Le dispensaire de Kobri est construit par un jeune ressortissant de Kobri. Ce jeune médecin vient chaque année à Kobri, accompagné de ses amis médecins européens, pour une campagne de soins gratuits[68]. »

[68] Enquête auprès des habitants des campements, été 2012.

La femme ajoute qu'à Kobri, le ticket de soins coûte 500 FCFA, quels que soient le sexe et l'âge du malade. À Manantali, en revanche, les soins sont gratuits. Malgré tout, elle préfère partir à Kobri, car l'accès est plus simple à moto.

L'hôpital de Kita est pareillement une des destinations des malades des campements de pêche. Enfin, les habitants vont aussi à Kokofata, à Bamako, à Tomadiuma, à Goungoudala, à Niantanso et à Tambagan.

L'histoire et le fonctionnement de l'hôpital de Manantali aval

En plus de son dispensaire, le village de Manantali possède un hôpital, qui renforce son poids de « centre rural », vers lequel se dirigent les malades de nombreux villages (Tableau 4).

L'hôpital de Manantali compte un médecin généraliste à tendance chirurgicale et un médecin généraliste avec des missions de gynécologie-obstétrique. Ces médecins travaillent avec un infirmier d'État et un aide-chirurgien, qui sont payés par la société d'exploitation, en plus d'un technicien et d'un agent de santé. Ils s'occupent de toutes les consultations : pédiatrie, gynécologie et médecine générale. Ils travaillent pour les agents de la société d'exploitation, mais accueillent toute la population des villages environnants, l'administration locale, l'escadron, la gendarmerie, la police et les travailleurs de l'Agence de développement rural de la vallée du fleuve Sénégal (ADRS).

Tableau 4 : Liste des communes et villages dépendants de l'hôpital de Manantali

Commune				
Bamafélé	**Diokéli**	**Koundian**	**Niantasso**	**Konkorma**
Sonfara	Diokéli	Koundian	Niantasso	Konkorma
Bangassi	Sollo	Forêt	Gomou	Farabanding
Bamafélé	Kéniéba Bafing	Énéma	Fatafing	
Badioké	Bambouta	Boukara	Fatakomassadji	
Kouniakari	Bantandioké	Fatafing	Diakala	
Barlakourou	Koundinko	Makadougou	Toumadiema	
Nantela	Samatoutou	Kama	Kobri	
Tintila	Kounfan	Nanifara	Diakafé	
Sobéla	Diakoaba	Bangaya	Toumoudinto	
Maréna	Niki			
Kouroukonding	Soukoutaling			
Kondonia	Bakouroufata			
Koumbalan	Berthékounda			

Bandiougoutinting	Ganfan			
Talikoto				
Liliko				

L'hôpital existe depuis la période de construction du barrage. Parmi les volets phares du Projet de réinstallation de Manantali (PRM) se trouve la protection des travailleurs du chantier contre l'onchocercose et la trypanosomiase à partir de 1985.

L'onchocercose sévissait de façon endémique dans le Bafing. Dans cette partie du programme, il s'agissait de « détruire les stades larvaires des simulies par épandage d'insecticide dans le cours d'eau et de procéder simultanément à une évaluation entomologique des résultats » (OMVS, 1977).

Les endémies présentes dans la zone du barrage avant la construction étaient le paludisme, la bilharziose, la dysenterie, la maladie du sommeil, la lèpre, l'onchocercose, la tuberculose, la variole, la rougeole et la méningite.

Lors de la construction du barrage, cette structure hospitalière avait le statut d'hôpital de chantier : « Il n'existait pas un hôpital semblable au Mali. C'était un des meilleurs pour les traumatologies et pour tout[69]. »

Juste après la construction, il est passé au statut de structure provisoire d'exploitation lors de l'édification de la centrale hydroélectrique de Manantali. L'entreprise allemande qui s'occupait de l'hôpital avait vendu le matériel et procédé à des licenciements du personnel. Pendant ce temps, les consultations se tenaient, mais l'hôpital attirait moins de monde.

Dans les années 2000, avec l'arrivée de la société d'exploitation Eskom et en collaboration avec des équipes partenaires espagnoles et colombiennes, les médecins ont tenté de remettre en place un hôpital. Finalement, la politique malienne n'autorisait pas l'implantation d'un hôpital à cette échelle. C'est dans ce sens qu'Eskom, avec l'aide de l'inspection du travail, a mis en place un protocole pour demander un statut de service médical d'entreprise au ministère de la Santé :

« On ne peut pas nous appeler hôpital et on n'est pas non plus un centre de santé communautaire (CESCOM), car il y a des médecins, tout le confort et on s'occupe du personnel expatrié. On ne peut pas non plus nous considérer comme un service privé sur un territoire malien.

[69] Entretien avec le médecin généraliste de l'hôpital de Manantali, été 2012.

D'autant plus que l'objectif est de rester en relation avec l'Administration malienne. Avec notre statut, on fait tout avec le centre de santé de référence du cercle de Bafoulabé, situé à une heure d'ici. Sauf si c'est un cas grave qui ne peut vraiment pas se soigner là-bas. On l'envoie alors directement à Bamako[70]. »

Après l'obtention du nouveau statut, il a été possible de mettre en place le dispensaire de Manantali, construit dans la cité ouvrière :

« Pour réduire les risques de maladies des travailleurs, on ne peut pas se limiter à soigner les intellectuels et les gens de la cité. On soigne aussi des ouvriers qui vivent hors de la localité et vous remarquerez que le mode de vie de la cité ouvrière est différent de celui de la cité des cadres. C'est pourquoi nous avons tout fait pour mettre en place le dispensaire, car, à cause de la proximité, la majorité des travailleurs vont au dispensaire[71]. »

Le service médical d'entreprise englobe l'hôpital et le dispensaire. Or, le technicien de santé et l'infirmière en obstétrique travaillent pour le compte de la Direction nationale du travailleur social du Mali.

Dans la zone environnante du barrage, la consultation est gratuite seulement à l'hôpital. Elle est totalement prise en charge par la société d'exploitation. Cette mesure fait partie des accords du contrat-cadre signé entre cette société et la SOGEM : l'exploitant du barrage s'occupe du social et, donc, de la santé. Les habitants peuvent ainsi bénéficier des soins dans les locaux de cet hôpital, composé d'une salle d'odontologie, d'une salle des soins, d'une salle de radiographies, d'un bloc opératoire, d'une laverie, d'une cuisine, de quatre salles d'observation, d'une ambulance et d'un laboratoire. Pour se soigner au dispensaire de Manantali, il faut acheter un ticket, dont le coût est estimé à 100 FCFA.

Des prix de soins variables dans les CESCOM des chefs-lieux

Pour les dispensaires des deux villages chefs-lieux de Diokéli et de Bamafélé (Photo 12), tous les soins sont payants. Toutefois, les tarifs varient en fonction du village d'origine de la personne malade. Par exemple, pour une consultation simple, les personnes qui habitent dans l'aire du dispensaire paient 500 FCFA. Les personnes qui sont hors de cette zone paient 750 FCFA. Les prix des soins pour l'accouchement

---

[70] *Ibid.*

[71] *Ibid.*

sont aussi variables. Les femmes qui ont respecté toutes les visites de consultations prénatales paient 2 000 FCFA, alors que celles qui n'ont pas eu de suivi médical déboursent 3 000 FCFA.

L'équipe du dispensaire de Diokéli est composée d'un technicien de la santé, d'une infirmière en obstétrique, d'une matrone, d'une accoucheuse traditionnelle recyclée (ATR), qui s'occupe aussi de la propreté des lieux, ainsi que d'un responsable des médicaments.

Si l'hôpital de Manantali a une pharmacie privée, le dispensaire de Diokéli a une pharmacie dont les médicaments viennent du Dépôt répartitif du cercle de Bafoulabé.

Photo 12 : CESCOM de la commune de Bamafélé

Les limites des services de soins et les solutions proposées

Selon le médecin de l'hôpital de Manantali et les deux techniciens de santé responsables des dispensaires des communes de Bamafélé et de Diokéli, la première difficulté est le manque de personnel qualifié. Normalement, au Mali, un hôpital doit avoir un personnel composé d'au moins un médecin et de deux infirmiers. Pour faire face à ce manque, le personnel s'appuie sur des stagiaires.

L'enclavement de la zone est une seconde limite, d'autant que les malades les plus graves sont toujours transportés vers l'hôpital du cercle de Bafoulabé ou à Bamako. Les médicaments et les vaccins proviennent également de ces sites : « Pour aller à Bafoulabé, on prie Dieu pour qu'il n'y ait pas d'accident, car il n'existe pas de village sur la route qui vend de la glace[72]. »

De cette situation d'enclavement découle un manque de continuité dans la formation du personnel médical dans les villages environnants du barrage. On déplore l'accès difficile au séminaire ou à des congrès : « On est vraiment en retard et isolés. On n'a même pas accès aux nouveaux médicaments[73]. »

Pour faire face à toutes ces difficultés, une solution proposée à la direction de la société d'exploitation est de mettre en place des méthodes de formation sur place et des formations en ligne. Même si la société d'exploitation a fourni des clés de connexion Internet, ces propositions n'ont pas été réalisées. D'une part, l'enclavement des villages n'encourage pas les pharmaciens et encore moins les délégués médicaux à venir offrir des formations à Manantali. Il faut faire une journée entière en voiture pour rallier Bamako à Manantali sur plus de 100 km de route en terre. D'autre part, la formation à distance coûte cher.

La construction des dispensaires de Diokéli et de Bamafélé a permis la mutation de techniciens de santé venus des autres régions du Mali. Certains ont souligné qu'ils n'avaient pas imaginé, avant leur arrivée, les problèmes de santé auxquels les populations faisaient face : « Je suis venue de Sikasso pour travailler dans la zone. On vient aider à payer les frais médicaux ou à acheter leurs médicaments[74]. » Dans les zones étudiées, les habitants auraient du mal à acheter leurs médicaments. Quelquefois, pour aider les habitants, les techniciens de santé reviennent sur leur diagnostic ou réduisent le nombre de médicaments prescrits :

« Si tu consultes 10 personnes, tu constateras qu'une seule est en mesure de payer. Quand un enfant se présente à la consultation avec de la fièvre et des vomissements, tu dois lui prescrire des antiémétiques et l'hospitaliser sous Quinimax injectable, qui coûtent 175 FCFA (4 doses) + 250 FCFA de frais d'injection et 500 FCFA de frais de perfusion pendant 72 heures. Mais on s'aperçoit que, même avec ce traitement, les parents nous demandent de faire deux injections à la

[72] *Ibid.*

[73] *Ibid.*

[74] Entretien avec le chef technicien du centre de santé de Bamafélé, été 2012.

place des quatre. Je sais que cette situation est risquée, mais on n'a pas le choix, car ils nous demandent de le faire[75]. »

Cet arrangement accepté par les techniciens de santé ne résout pas pour autant les problèmes, car souvent les mêmes patients retournent au dispensaire deux semaines plus tard avec des cas aggravés.

Dans les mêmes dispensaires, les conditions d'accouchement précaires augmentent les risques de décès en couches. Le manque d'électricité dans les villages les plus proches du barrage est encore plus déplorable dans ce contexte :

« Les accouchements pendant la nuit sont trop difficiles à gérer. On utilise des lampes torches. On met la torche entre l'épaule et la tête pour nous éclairer. Le pire est qu'ils nous amènent les femmes que lorsque l'accouchement devient impossible à la maison. À notre niveau, si le cas devient trop compliqué, on appelle l'ambulance de Bafoulabé. Malheureusement, cela peut prendre des heures avant que cette ambulance nous parvienne. On a vraiment besoin d'avoir un accès à l'eau potable et à l'électricité[76]. »

Les habitants de Diokéli ont cotisé pour faire construire le dispensaire (Planche photos 9). Le niveau d'outillage en équipements de soins et surtout de maternité reste très faible. Malgré la bonne volonté du personnel médical, le fonctionnement du centre de santé dépend des frais des soins. Dans l'équipe, seul le technicien de santé est un fonctionnaire de l'État malien. Les salaires de la matrone, de l'aide-soignant et de l'infirmier sont payés grâce aux frais d'injection, de consultation et de perfusion :

« Tout notre fonctionnement repose sur les tickets. Nous n'avons pas d'aide. Je suis venue de Ségou pour travailler à Diokéli. Mais nous n'avons aucun matériel de bonne qualité. Le centre de santé n'est même pas clôturé. Pendant la nuit, on tombe souvent sur des reptiles. Pour le moment, on fonctionne comme on peut. Normalement, dans la politique sectorielle au Mali, chaque membre de la commune doit cotiser 50 FCFA pour faire fonctionner les CESCOM, mais les populations refusent de le faire[77]. »

---

[75] *Ibid.*

[76] Entretien avec l'infirmière et la matrone du CESCOM de Diokéli, mai 2014.

[77] Entretien avec le technicien de santé et chef du CESCOM de Diokéli, été 2012.

Planche photos 9 : CESCOM de la commune de Diokéli

Malgré la différence d'échelle, les difficultés rencontrées par les structures de santé des villages riverains du barrage de Manantali ont été également constatées dans la région de Kayes.

Dans l'ensemble, l'analyse des inégalités d'accès aux services, particulièrement aux soins, montre à quel point le facteur financier peut aggraver les effets du barrage.

Multitude des secteurs d'activités économiques

Alors, quels sont les domaines d'activités économiques des habitants de la zone riveraine du barrage ?

Le barrage a favorisé l'immigration de nombreux ouvriers lors de la construction. Il a aussi permis la création de métiers qui s'ajoutent aux activités économiques traditionnelles des autochtones (l'agriculture, l'élevage et la chasse).

De l'agriculture aux nouveaux métiers

La figure 33 porte sur la répartition des habitants des localités riveraines par secteur d'activité économique. Elle montre trois grands ensembles :

1. le village de Manantali (quadrant supérieur droit), qui révèle un nombre important de formes d'activités économiques citées par ses habitants ;
2. le village de Diakhaba (moitié inférieure), qui révèle la même tendance, mais avec ses propres particularités ;
3. les villages de Kondonia, Sollo, Bamafélé, Diokéli et Goumbalan ainsi que les campements (quadrant supérieur gauche), qui sont marqués par un nombre plus faible d'activités économiques.

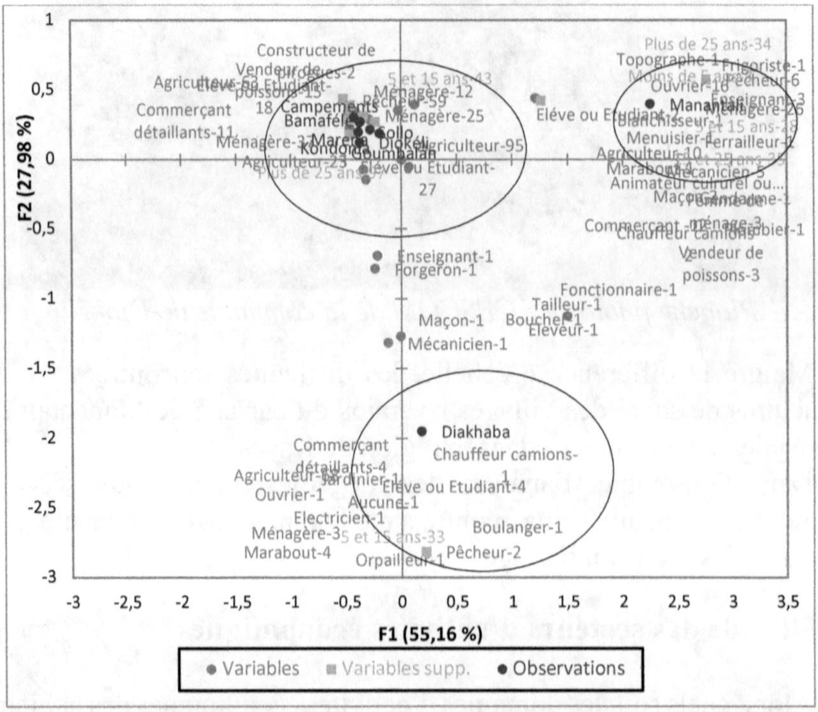

Figure 33 : Répartition des activités économiques des habitants

Le secteur agricole

La carte 19 indique une dominance du secteur agricole pour les activités principales en aval du barrage. En effet, 52 % des habitants interrogés dans l'ensemble des villages riverains du barrage sont des agriculteurs. Ainsi, l'agriculture continue à être l'activité principale des habitants de Bamafélé (23 %), de Diokéli (95 %), de Maréna (59 %), de Goumbalan (57 %), de Kondonia (63 %) et de Sollo (95 %). Les éleveurs sont plutôt installés dans les villages de Maréna (7 %), de Sollo (3 %) et de Bamafélé (2 %).

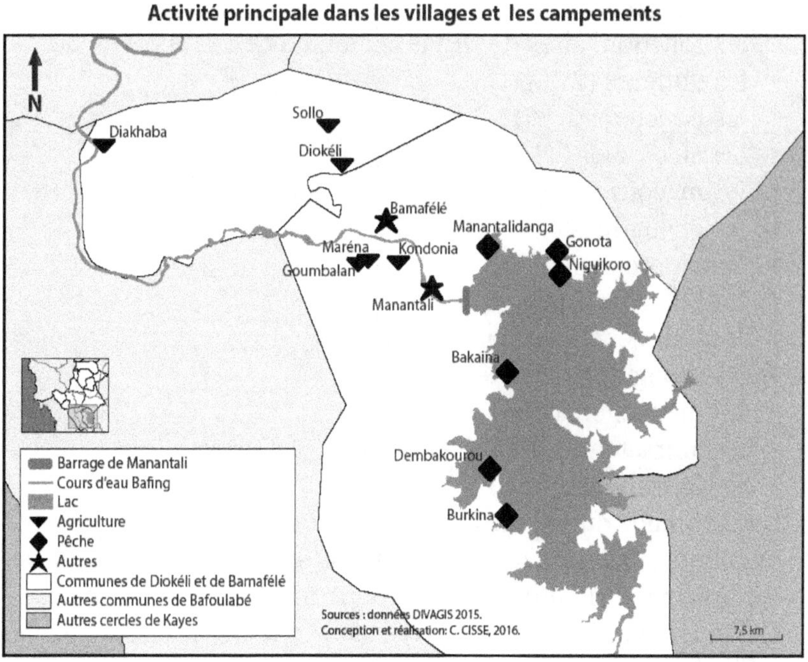

Carte 19 : principales activités économiques par localité

La pêche

La pêche est davantage représentée dans les campements riverains de la retenue, en amont du barrage. Ce secteur regroupe 7 % de pêcheurs et 2 % de vendeurs de poissons. Cette activité, qui attire de plus en plus d'autochtones, regroupe 59 % des habitants de l'amont, contre 6 % à Manantali et 2 % à Diakhaba (en aval).

Autres secteurs d'emploi

L'analyse du graphique montre également que 19 % des habitants se disent être des ménagères.

La spécificité des villages de Diakhaba et de Manantali aval réside dans le fait que leurs habitants pratiquent de nombreux métiers. Ces métiers ont été introduits dans la zone avec l'arrivée du barrage. Ce dernier renforce ainsi le statut de ces villages et augmente l'offre de services à Manantali. Parmi ces métiers, on trouve :

- les ouvriers (16 % à Manantali, majoritairement des employés de la société d'exploitation) ;
- les boulangers (1 %) ;
- les mécaniciens (5 %) ;

- les frigoristes (1 %) ;
- les fonctionnaires de l'État malien ou de l'OMVS (6 %) ;
- les tailleurs (2 %) ;
- les bouchers (2 %) ;
- les électriciens (1 %) ;
- les maçons (4 %) ;
- les gendarmes (1 %) ;
- les plombiers (1 %) ;
- les blanchisseurs (1 %) ;
- les femmes de ménage (3 %) ;
- les topographes (1 %) ;
- les menuisiers (1 %) ;
- les animateurs culturels ou ruraux (2 %) ; et
- les ferrailleurs (1 %).

Les habitants du village de Diakhaba ont plus énuméré la profession de marabout, d'orpailleur, de boulanger, de jardinier ou d'arboriculteur en dehors de l'agriculture, qui regroupe 68 % de la population.

Cette analyse permet de constater que le principal facteur de variabilité oppose trois catégories de villages :

1. Les villages dans lesquels la majorité des habitants pratiquent l'agriculture et l'élevage, comme Bamafélé, Kondonia, Goumbalan, Sollo et Maréna ;
2. Le village religieux de Diakhaba, où l'agriculture reste l'activité principale, tout en cohabitant avec des métiers plus rares dans la zone (p. ex., électricien, orpailleur, boulanger, jardinier et arboriculteur) ;
3. Le cas particulier du village de Manantali, marqué par une multiplicité des types d'activités économiques. La plupart de ces métiers ont commencé à être pratiqués après 1988.

Dès lors, on peut tirer de cette analyse une seconde typologie :

- Des villages dans lesquels les revenus des habitants dépendent (plus de 65 %) presque totalement de l'agriculture, dont Diakhaba, Sollo et Diokéli ;
- Des villages dans lesquels l'agriculture a un poids moyen dans les revenus, dont Kondonia, Maréna, Goumbalan et Bamafélé, grâce aux petits métiers.
- Des localités qui ne vivent pratiquement plus de l'agriculture, mais surtout de nouvelles activités, comme la pêche et les services accompagnant le barrage. Il s'agit des campements de pêche et du village de Manantali aval.

Sources de complément des revenus familiaux

Le barrage de Manantali a aussi contribué à diversifier l'offre d'activités économiques secondaires.

Chez les habitants de la zone riveraine

À partir de la carte 20, il apparaît que les habitants de la zone riveraine pratiquent six activités économiques secondaires. De manière générale, près de 30 % de l'ensemble des personnes interrogées n'ont aucune activité secondaire. Cependant, les habitants pratiquent, en plus d'une activité principale :

- l'agriculture (16 %) ;
- le petit commerce (16 %) ;
- l'élevage (11 %) ;
- la chasse (7 %) ;
- le jardinage ou l'arboriculture (5 %) ; ou
- le maraîchage (5 %).

Les autres activités complémentaires citées sont la forge, le tissage, l'orpaillage, la menuiserie, la prestation de services à travers des associations de nettoyage et le gardiennage.

Chez les habitants des campements de pêche

L'agriculture constitue leur première activité secondaire à 77 %. Elle est suivie du petit commerce (14 %) et de l'élevage (5 %). Le métier de courrier (3 %) est encore exercé avec le développement de la pêche.

Dans les villages de l'aval

Il s'agit plutôt de l'élevage pour, par exemple, 36 % des habitants de Diokéli et 65 % de ceux de Sollo.

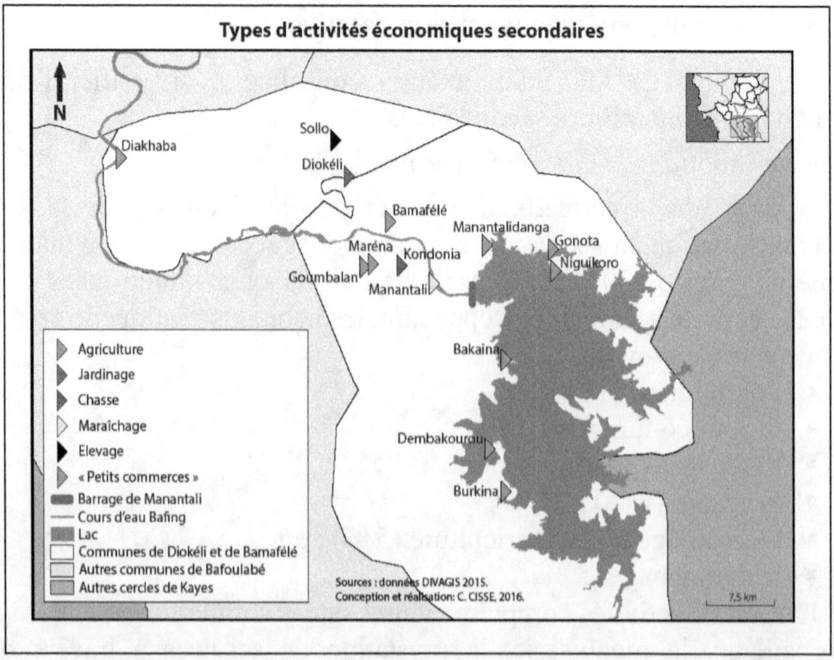

Carte 20 : Activités économiques secondaires par localité

Les villages de Manantali et de Diakhaba se distinguent une seconde fois par l'importance du nombre d'habitants qui ont une activité secondaire. Par exemple, en dehors du village de Sollo (33 %), le maraîchage est plus développé à Manantali aval (19 %) et à Diakhaba (6 %). La particularité de Manantali, c'est que ses habitants peuvent exercer différents métiers, dont la maçonnerie, le travail de surveillance du barrage et des bureaux, la menuiserie, le travail de ferrailleur ou encore la blanchisserie. Le métier de marabout apparaît seulement à Diakhaba. Il y a aussi des vendeurs de sable (7 %), qui est pris au bord du fleuve et mis dans des charrettes pour la vente.

Finalement, il y a une opposition entre des villages où les habitants pratiquent plus qu'une activité secondaire (Diokéli et Sollo) et ceux où les habitants n'ont pas d'activité annexe (58 % à Manantali aval, 73 % à Bamafélé, 60 % à Goumbalan, 58 % à Diakhaba et 44 % à Kondonia).

Résumé du chapitre 5

Trois éléments ont été particulièrement distingués dans ce chapitre 5.

D'abord, dans la zone du barrage, on constate une inégalité d'accès à l'électricité, à l'eau et aux soins. Seuls les villages de Bamafélé et de Manantali sont électrifiés. À la question sur les niveaux de connaissances du barrage et des bénéficiaires de l'électricité, les habitants désignent en majorité les autres régions du Mali et les pays voisins comme les principaux bénéficiaires de cette électricité. Pour l'accès à l'eau, les ménages des villages de Manantali, de Diakhaba et de Maréna (proche de Manantali) ont la possibilité d'utiliser l'eau potable du robinet. Le fleuve et le lac demeurent la principale source d'approvisionnement des foyers dans les autres localités et les campements de pêche.

Par conséquent, le nombre de cas de maladies hydriques est important. L'hôpital et le dispensaire de Manantali accueillent généralement les habitants des villages et des campements riverains. Les centres de santé de Bamafélé et de Diokéli, chefs-lieux de commune, font face à un manque de ressources financières et de personnel, à l'image des structures sanitaires régionales.

Enfin, les activités économiques pratiquées (principales et secondaires) sont diversifiées.

Deuxième partie résumée

Les mesures d'accompagnement de l'implantation du barrage de Manantali ont contribué à la création d'une disparité dans les conditions d'accès à l'eau potable, à l'électricité et aux soins entre les zones environnantes.

Les responsables des directions régionales dans ces domaines essaient de trouver des solutions à ces problèmes, mais ils font face à un manque de personnel qualifié et de moyens financiers. En dehors des subventions de l'État malien, ils tentent de développer des partenariats avec des acteurs publics et privés internationaux. Les différentes structures régionales partagent des réunions, des séminaires ou des programmes d'échange pour le développement des secteurs de la santé et de l'hydraulique.

Les habitants sont les premiers à subir les changements introduits par le barrage dans leur environnement et ils se réunissent sous forme d'associations aidées par des ONG ou pas. Les associations des ressortissants d'une zone géographique donnée, de pêcheurs, d'élèves, de femmes maraîchères, etc., sont les principales formes de stratégies communes pour faire face aux changements. Elles aident à rapprocher les habitants, à financer des projets individuels, à développer des projets communs ou encore à lutter contre la dégradation du fleuve. Elles sont dans tous les cas un moyen de réduire les difficultés pour les habitants, qui les créent selon leurs intérêts.

Dans la troisième partie, nous analyserons les perturbations et les réorganisations de l'agriculture et de l'élevage. Il s'agira d'étudier également la structuration du secteur de la pêche dans les campements.

À travers les réponses des habitants, la zone de chalandise des ventes des productions locales, particulièrement des poissons, sera déterminée.

Le dernier chapitre de cette partie exposera la lecture spatiale des différences et des similitudes des formes de représentations sociales des impacts du barrage de Manantali d'une part et leurs effets sur les types d'attentes exprimées d'autre part.

TROISIÈME PARTIE : **LA RÉORGANISATION DES ACTIVITÉS ÉCONOMIQUES ET L'ANALYSE DES FORMES DES REPRÉSENTATIONS SOCIALES**

CHAPITRES

6. L'agriculture, l'élevage et la pêche

7. La zone de chalandise des ventes des productions locales

8. Les formes de représentations sociales des impacts et les attentes

CHAPITRE 6 : L'AGRICULTURE, L'ÉLEVAGE ET LA PÊCHE

La deuxième partie a permis d'analyser les différentes modifications sociales apparues en amont et en aval du barrage. Nous avons observé les inégalités d'accès à l'eau potable, à l'électricité et aux soins observés entre, d'une part, l'amont et l'aval et, d'autre part, entre les villages de l'aval. À la suite de ces analyses des changements sociaux et spatiaux, il paraît important, dans ce chapitre 6, de s'interroger sur les impacts du barrage sur les activités économiques, principalement l'agriculture, l'élevage et la pêche.

Avant l'arrivée du barrage, les principales activités économiques dans la zone qui l'abrite, comme nous l'avons souligné dans la première partie, étaient l'agriculture, l'élevage et la chasse.

L'implantation du barrage s'est accompagnée de nouveaux métiers, mais l'agriculture a conservé sa place dominante. Avec la construction du barrage, des périmètres ont été mis en place pour développer l'agriculture par irrigation. Comment sont-ils exploités par les habitants, qui ont longtemps pratiqué l'agriculture pluviale ? Quels sont les discours des aménageurs des périmètres irrigués et ceux des habitants censés être bénéficiaires ?

Les villages déplacés souffrent fréquemment de problèmes de terres après leur réinstallation. Dans une étude, Dalmasso (2008) évoque les impacts négatifs d'un barrage construit en France entre 1928 et 1937. Selon l'auteure :

« Le barrage du Chambon a noyé une cuvette, “la plaine du Dauphin”, qui était habitée et traversée par la route fréquentée du col du Lautaret. Certes, l'ampleur des déplacements de population peut paraître dérisoire au regard de ce que les grands barrages actuels provoquent : trois hameaux, 200 personnes et une distillerie de lavande destinée aux touristes de passage. Mais à l'échelle de ce qu'était l'Oisans des années 1930, ce n'est pas négligeable. L'opération semble s'être pourtant passée sans heurt : les indemnisations ont été négociées localement entre personnes du cru. La société a confié à un ancien instituteur et un secrétaire de mairie, choisie pour sa bonne implantation locale, le soin de mener les négociations. Les montants sont considérés comme “corrects”. De plus, la plupart des expropriés purent se réinstaller sur la commune même. » (Dalmasso, 2008)

Cet exemple montre que, lors de déplacements de populations, les constructeurs cherchent à réinstaller les populations dans la zone proche du barrage. Or, les impacts d'un barrage restent toujours importants pour ces populations locales.

L'agriculture : nouvelle organisation dans la pratique

Dans les zones étudiées, l'agriculture traditionnelle est de type pluvial. Elle est caractérisée par la production céréalière (mil, sorgho, maïs, fonio, riz pluvial), des légumineuses (arachide, haricot) et d'autres cultures commerciales, notamment le coton et les tubercules (igname, patate douce, oseille de Guinée, manioc).

Cette agriculture s'accompagne de l'utilisation d'animaux (culture attelée avec des bœufs et des ânes) et d'intrants (semences, engrais, herbicides) pour permettre une amélioration des rendements. Les récoltes des agriculteurs sont très variables :

« Une tonne, deux tonnes, 500 kg d'arachide ou cinq tonnes par an, ou au maximum entre 14 et 16 tonnes par an… Dans l'ancien site, deux personnes pouvaient avoir jusqu'à 100 sacs de récoltes. Il n'y avait pas beaucoup de machines. On cultivait la terre avec nos forces et les techniques traditionnelles[78]. »

Pour ce type d'agriculture, la première étape est le nettoyage du champ, suivi d'une phase de labour, de semis, puis de l'apport de fumure, du sarclage et, enfin, de la récolte. L'examen des outils de travail dans les champs met en évidence l'utilisation de la hache, de la daba, de la charrette, de la charrue et du semoir.

Depuis la construction du barrage, un nouveau type d'agriculture dans cette zone est apparu, sur des périmètres irrigués : l'agriculture par irrigation, technique que les habitants méconnaissent.

De plus, l'exploitation des terres près du fleuve grâce à la maîtrise de l'eau par le barrage est devenue possible.

En résumé, trois situations se côtoient désormais dans la pratique de l'agriculture :

- l'agriculture pluviale sur les terres déjà exploitées ;
- l'agriculture pluviale sur de nouvelles terres près du fleuve ;
- l'agriculture par irrigation dans les nouveaux périmètres irrigués.

[78] Enquête auprès des habitants de la zone d'étude, été 2012.

Agriculture pluviale : enjeux dans les villages déplacés

Rotation des champs non possible

Un premier cas d'étude, dans les villages déplacés, montre que l'agriculture pluviale se distinguait par l'utilisation des terres en jachère, qui connaissent une diminution de leur nombre et de leur taille depuis l'implantation du barrage : « Avant le barrage, on n'avait jamais eu de problème [d'accès aux terres] en agriculture. On cultivait la terre où l'on voulait[79]. » Les habitants soulignent qu'ils avaient la possibilité d'avoir trois à quatre hameaux cultivables. Ils alternaient une année sur deux entre ces zones de culture. Cette possibilité de rotation des champs de culture n'existe plus.

Mauvaise qualité des terres

Un autre problème conséquent mentionné : la mauvaise qualité des terres :

« Nous avons essayé de cultiver le mil, le fonio, mais les rendements sont faibles. Nous n'avons plus rien et on meurt de faim. Nous avons cherché des solutions en créant des hameaux de culture. Mais on n'a pas d'eau dans ces hameaux qui sont éloignés du fleuve et les animaux détruisent la production dans les hameaux[80]. »

Dans les villages du Bafing, par exemple, les habitants obtenaient de bons rendements des cultures d'arachide, de riz et de mil. Ils pouvaient rester pendant une saison sèche entière sans épuiser leurs réserves : « On enlevait l'ancien mil pour mettre les rendements de la nouvelle saison[81]. » Or, en 2014, les habitants doivent désormais acheter le sac de mil à 20 000 FCFA et le sac de riz à 18 000 FCFA :

« Et tout cela est dû à un manque de terres que le barrage nous impose. Les commerçants nous prennent notre argent, car ils savent qu'on n'a pas l'habitude d'acheter ces produits. Ils remplissent le sac de mil à moitié de maïs et l'on ne s'en rend compte qu'après l'achat. Quelquefois, ils s'amusent à doubler ou à tripler les prix des denrées. Auparavant, la vie était moins chère et l'agriculture, plus simple et rentable[82]. »

---

[79] Enquête auprès des habitants du village de Manantali, été 2012.

[80] *Ibid.*

[81] Entretien collectif avec le chef de village de Goumbalan, mai 2014.

[82] *Ibid.*

Extension des terres non possible

La construction du barrage de Manantali a conduit au déplacement de 33 villages et hameaux. Lors de leur réinstallation, l'attribution de la taille des parcelles a été faite en fonction du nombre de personnes dans la famille. Or, la taille du terrain n'augmente pas, bien que la population ne cesse de s'agrandir.

Proximité des villages et des terres

Le village de Maréna est installé à côté de trois villages, dont Kondonia, Sobela et Nantela. C'est pareillement le cas pour les autres villages réinstallés. Malheureusement, les villages sont très proches les uns des autres, à moins de 3 km dans certains cas. Ils sont presque continus. De ce fait, à 100 m de part et d'autre de Maréna, il y a les terres de Kondonia et de Sobela. Le village de Maréna leur a ainsi emprunté des terres pour la construction de l'école, du dispensaire, de la cité du Projet de développement rural intégré en aval du barrage de Manantali (PDIAM) et du terrain de football.

Droits sur les terres entre villages hôtes et déplacés

Les villages déplacés sont donc limités dans leur extension. S'ils essaient d'utiliser les terres de la forêt du Bafing pour des hameaux de culture, ils créent des conflits avec les habitants des villages hôtes, dans ce cas ceux de Kondonia ou de Sobela. Les réactions des villages accueillants montrent leur sentiment d'appropriation de cette zone. Ils considèrent que les villages déplacés n'ont aucun droit sur les terres de leurs ancêtres.

Les solutions trouvées découlent souvent des négociations avec les habitants des anciens villages qui acceptent de prêter de manière temporaire leurs champs de culture, « mais selon leurs humeurs » : ils peuvent les leur retirer à tout moment. Selon les villageois déplacés, ce sont couramment des champs de moins bonne qualité qu'ils n'utilisent plus et qu'ils leur mettent à disposition. En situation de besoin, les villageois déplacés acceptent souvent de les cultiver pour nourrir leur famille.

Manque de terres disponibles

L'autre difficulté pour étendre les terres agricoles réside dans la connaissance des limites des villages réinstallés. Invisibles à l'œil nu, ces limites sont pourtant connues de tous les habitants. Des tentatives de dépassement ont eu lieu, mais sans succès. De même, à cause de leur déplacement et du manque de terres disponibles, les habitants des villages déplacés considèrent qu'ils s'appauvrissent de jour en jour.

Le problème des villages déplacés est souvent raconté dans des études sur les conséquences des aménagements des territoires. Par exemple, selon Brondeau (2009), lors de la construction des périmètres irrigués du bassin du Niger au Mali, des villages entiers ont été expropriés et les habitants ont dû déménager pour laisser la place à ces aménagements :

« Les dédommagements sont variables selon les projets : sur les 5500 ha aménagés dans la zone UEMOA, 500 seulement reviennent aux populations locales ; 5 ha ont certes été attribués à chacune des familles issues des 33 villages affectés par le projet Alatona, mais, dans la mesure où elles doivent rembourser 3 ha pour devenir propriétaires du lot, il n'est pas sûr qu'elles obtiennent les moyens financiers d'en conserver la jouissance. » (Brondeau, 2009)

Ainsi, les populations locales sont fréquemment les plus grandes perdantes.

Des solutions problématiques

Installation de pompes

Dans un contexte de rareté de terres de culture pluviale, les populations essaient de réduire la dépendance à la pluviométrie. Elles utilisent l'eau des pompes ou des grands puits pour développer le maraîchage ou le jardinage. Des difficultés rendent complexe cette adaptation. Elles sont liées au manque de grillages servant à protéger les champs, mais aussi au manque d'eau nécessaire au développement du jardinage, par exemple l'éloignement du fleuve à Goumbalan. Pour résoudre le problème de l'eau, des pompes ont été installées au bord du fleuve, mais le système n'a pas bien fonctionné.

Il est d'autant plus difficile pour les villages déplacés d'accepter cette situation, car, sur leurs anciens sites, ils auraient eu de nombreux marigots à moins de 200 m. C'était le cas, par exemple, à Maréna. Les animaux n'avaient alors pas de difficulté pour s'abreuver. De plus, si les mares des villages voisins de Goumbalan et de Bougoudani étaient sèches, les habitants pouvaient s'approvisionner dans le village voisin. En outre, dans l'ancien site, la nappe phréatique était proche :

« Même les femmes creusaient des puits pour faire le jardinage. On n'avait pas de problème de terre, pas de problème d'eau, ni de problème de pâturage. À vrai dire, tout allait très bien pour nous. On faisait du maraîchage et l'on cultivait beaucoup de tabac, qu'on vendait au Sénégal par les trains. On ne connaissait pas de conflit de terre ni de manque de bétail[83]. »

Utilisation massive des engrais

Les villageois déplacés ont aussi pensé à une utilisation massive des engrais chimiques. C'est en fait une des solutions les plus adoptées par les habitants qui, avant le barrage, utilisaient moins de terres et moins d'engrais :

« L'agriculture est devenue très difficile. Pour avoir de bons rendements, il faut utiliser des engrais et avoir de bons outils de travail. Le petit mil, le sorgho, l'arachide ; rien ne prend sans l'utilisation de l'engrais chimique. Alors que ces derniers sont très dispendieux et ne sont pas à la portée de tout le monde[84]. »

Migration

Pour faire face à cette série de difficultés qui limitent les rendements, des jeunes, hommes et femmes, ont choisi de migrer vers Manantali ou plus loin, vers les zones minières, vers les grandes villes du Mali ou hors du pays. Ces départs ont engendré d'autres conséquences sociales. Par exemple : « Le barrage a fait augmenter le taux de divorce dans la localité[85]. »

Création d'associations

Les services proposés par les associations de femmes aident à répondre aux besoins de main-d'œuvre dans les champs. Les membres de l'association peuvent être employés et rémunérés par la personne propriétaire d'un champ pour un jour à une semaine. Dans d'autres cas, des voisines décident d'échanger gratuitement leurs services.

Agriculture pluviale : les mêmes enjeux dans les anciens villages

Les anciens villages subissent également des difficultés dans le domaine de l'agriculture pluviale. Comme pour les villages déplacés, leurs habitants mentionnent qu'avant le barrage de Manantali, ils avaient suffisamment de terres de culture en aval. Ils avaient la possibilité de faire une rotation en laissant des terres en jachère.

[83] Entretien collectif chez le chef de village de Maréna, mai 2014.
[84] Entretien collectif chez le chef de village de Diakhaba, mai 2014.
[85] Entretien collectif avec le chef de village de Maréna, mai 2014.

En 2014, ils peuvent désormais n'avoir qu'un champ et n'ont pas les moyens financiers d'acheter de l'engrais afin d'augmenter les rendements. Par exemple, si un champ peut fournir la première année 30 sacs de récoltes, la deuxième année, il ne fournit que 20 sacs, et cette tendance décroissante est continue : « [avant le barrage], on avait beaucoup de rendements. On avait jusqu'à trois greniers en une saison. Et maintenant, on a du mal à remplir un grenier[86]. »

Les habitants de ces villages anciens reviennent donc sur les mêmes problèmes de terres de culture réduites et dégradées. Ils pensent qu'ils sont obligés de partager leurs terres avec les villages déplacés par mesure de solidarité, alors qu'ils n'en ont même pas assez pour eux :

« Nous avons accueilli les autres villages et on leur a donné nos terres. Présentement, nous sommes là, sans terre à cultiver, sans rien à faire. Nous rencontrons vraiment des difficultés pour manger correctement. Ce n'est pas que nous ne voulions pas travailler ou que nous n'ayons pas de travailleur valide. C'est plutôt un manque de terres à cultiver. Et tout cela est causé par ce barrage[87]. »

La majorité des personnes interrogées expliquent ce problème en partie par le fait qu'en dehors de l'occupation de leurs terres par les villages déplacés, le gouvernement malien leur aurait retiré des terres à deux reprises. La première fois, c'était pour installer les déplacés ; la seconde, pour y créer les périmètres irrigués. Par exemple, une partie des périmètres se trouve sur les terres du village de Kondonia. Les habitants reprochent surtout au gouvernement de n'avoir pas laissé de choix dans l'octroi des terres. Celui-ci a divisé le périmètre en plusieurs champs. Même les gens qui vivent à Bamako auraient obtenu des parcelles dans ces périmètres, au détriment des habitants des villages hôtes.

Au sein des anciens villages, le constat du manque de terres, de leur appauvrissement et de la baisse de rendements s'est transformé en un sentiment de colère contre les propriétaires du barrage (le gouvernement du Mali et les autres États membres de l'OMVS), qui n'auraient jamais tenu leurs promesses : « Ils avaient promis beaucoup, mais jusqu'à présent, on n'a rien vu de concret : ni bâtiments neufs ni mesures d'accompagnement définitives[88]. »

---

[86] *Ibid.*

[87] *Ibid.*

[88] Entretien collectif avec le chef de village de Kondonia, mai 2014.

Seuls deux facteurs de satisfaction dans le domaine de l'agriculture pluviale sont exprimés par les villageois. D'abord, la possibilité d'exploiter les terres près du fleuve, grâce à la maîtrise de l'eau par le barrage. Comme les villages déplacés, ils y font du maraîchage et du jardinage. L'autre facteur est l'espoir que les habitants gardent malgré tout de voir les périmètres irrigués mieux aménagés et d'y obtenir plus de champs.

Agriculture par irrigation : mesures d'accompagnement pour les périmètres irrigués par l'ADRS

Selon Barbier et ses collègues (2009) :

« Les périmètres irrigués représentent moins de 2 % des terres cultivées ouest-africaines, contre 18 % au niveau mondial et 33 % en Inde, et ne contribuent que modérément à la sécurité alimentaire de la région. »

Les périmètres irrigués occupent une place importante dans l'aire de la commune de Bamafélé :

« Les aménagements hydroagricoles dans la commune totalisent 693 ha, sur lesquels 252 ha ont été exploités. Le potentiel de superficie aménageable est au moins de 917 ha : superficie programmée par la Direction régionale du génie rural de Kayes. » (ADRS, 2011)

Ces périmètres sont gérés par l'ADRS. Or, comment se structurent les relations entre les habitants des zones étudiées et cette organisation ? Pourquoi les habitants abandonnent-ils ces périmètres pour se diriger vers les zones minières ? Quelles sont les conséquences de ces abandons ? Cette organisation prend-elle en compte les solutions proposées par les habitants ?

Les entretiens individuels avec le responsable et les agents de cette agence permettent de connaître son histoire.

L'histoire de l'ADRS

L'Agence de développement rural de la vallée du fleuve Sénégal (ADRS) a été créée en 2009. Avant cette date, cette structure portait le nom de Projet de développement rural intégré en aval du barrage de Manantali (PDIAM), depuis 1998.

Le PDIAM avait comme objectif d'aménager les terres en aval du barrage pour les villages déplacés en vue de leur permettre d'atteindre l'autosuffisance alimentaire. Les périmètres irrigués faisaient partie des mesures d'accompagnement de la construction du barrage et du déplacement des populations pour leur permettre de pratiquer leurs activités traditionnelles, principalement l'agriculture. La mission du PDIAM devait s'arrêter au courant de l'année 2005. Du fait des travaux d'aménagement des périmètres, elle a été prolongée jusqu'en 2008. C'était un projet de l'État malien. Dans la région de Kayes, le projet couvrait la zone de Manantali et le cercle de Bafoulabé.

Dès la fin de son programme, le gouvernement malien a pris l'initiative de transformer le PDIAM en agence. Cette transformation a été effectuée suivant cette condition : le gouvernement malien devait réunir tous les projets de la région de Kayes, notamment le Programme de développement intégré de la région de Kita (PEDRIK) et le Programme d'appui au développement de Yélimané (PADY), et les services d'agriculture de cette même région.

Pour un besoin de coordination, l'État malien a créé l'ADRS, une structure fédératrice de tous les projets. Le statut juridique de l'ADRS est celui d'un établissement public à caractère administratif (EPA), comme l'Office du Niger ou l'Office de Sélingué. L'ADRS est une direction centrale, comme la Direction nationale du génie rural ou de l'agriculture, et son siège est à Bamako. Elle est composée du Département des infrastructures, du Département du développement rural, du Département des acquisitions et du suivi des marchés, du Département de l'administration et des finances ainsi que de diverses cellules, dont la Cellule juridique, la Cellule de gestion des contentieux ainsi que la Cellule de contrôle et de gestion.

Le chef de zone représente l'ADRS à l'échelle locale. Il est prévu des subdivisions en sous-zones avec un agent pour huit à neuf villages. La direction est sous tutelle du ministère du Développement durable.

La mission de cette nouvelle agence est restée centrée autour de l'autosuffisance alimentaire, mais dans différents domaines d'activité. Par exemple, l'ADRS s'occupe de l'aménagement des plaines et des périmètres maraîchers pour les femmes des villages riverains du barrage. Elle a donc pour principal objectif d'aménager les terres de la région de Kayes et de gérer leur mise en valeur agricole : « On sensibilise les habitants et on va vers eux pour des conseils[89]. »

Dans les zones étudiées, en 2014, l'ADRS n'avait pas encore mené d'action concrète. Cela serait lié au fait qu'elle a trouvé sur place le Programme de gestion intégrée des ressources en eau et de

[89] Entretien avec un agent de l'ADRS, été 2012.

développement des usages multiples (PGIRE), financé par la Banque mondiale, sur une initiative de l'OMVS.

À son arrivée, le budget du PGIRE avait déjà été réparti entre les différents ministères. Par exemple, l'aménagement de petits périmètres maraîchers commencé par le PDIAM et la construction des puits étaient confiés au ministère de l'Agriculture.

En 2014, l'ADRS était responsable de l'exécution de la mission du PGIRE. Dans ce programme, l'OMVS a demandé la protection des berges du fleuve Sénégal. L'ADRS a ensuite essayé de mener des activités pour empêcher la dégradation des berges, accentuée par les animaux et par les riverains exploitant le bord du fleuve. C'est dans ce contexte que l'OMVS a appuyé l'ADRS en matériel en installant des grillages et en l'aidant à réorienter les activités des femmes du bord du fleuve vers l'intérieur, en vue de réduire son exploitation anarchique.

La seconde forme de partenariat avec l'OMVS s'est développée dans le cadre de la recherche de financement. Par exemple, l'OMVS jouait l'intermédiaire entre les bailleurs de fonds, notamment la Banque mondiale et l'ADRS : « Nous faisons des projets et nous les donnons à l'OMVS, qui les soumet aux bailleurs[90]. »

L'aire d'intervention de l'ADRS et la gestion du périmètre B

Outre les zones étudiées dont s'occupait le PDIAM autour du barrage de Manantali et de Mahina dans le cercle de Bafoulabé, l'ADRS a créé d'autres zones : celles de Manantali, de Bafoulabé, mais aussi de Yélimané, de Kéniéba[91], de Kita et de Kayes. La zone d'intervention de l'ADRS va donc de Kita jusqu'à Dara, après Kayes, près de la frontière sénégalaise.

Les périmètres sont numérotés par ordre alphabétique. En 2014, les derniers périmètres G et H étaient en cours d'aménagement à Bafoulabé. Dans toutes ces zones, l'agence devait également gérer des infrastructures hydroagricoles, les bas-fonds, les périmètres irrigués et les périmètres maraîchers des femmes sous forme d'appui-conseil auprès des producteurs[92].

La zone de Manantali couvre les communes de Bamafélé, de Diokéli et de Koundian (environ 40 km à partir de Manantali rive gauche). Elle

[90] *Ibid.*

[91] En 2014, la zone de Kéniéba était encore en construction. Elle n'avait pas encore de bureau, ni de logement pour les agents, ni d'infrastructure de production. Le chef de zone était parti prêter main-forte à l'équipe de Manantali.

[92] Entretien avec le directeur de l'ADRS, mai 2014.

est limitée à l'est par la zone de Kita, au nord par Bafoulabé et à l'ouest par la zone de Kéniéba. Le village de Manantali est installé sur les terres du périmètre A.

La zone de Manantali comprend aussi le périmètre irrigué B, en rive gauche du fleuve et dont l'exploitation est devenue un enjeu national (Planche photos 10). Tous les ministres de l'Agriculture en visite à Manantali s'intéressent à ce périmètre B, dont la surface est de 682 ha. Il est divisé en 10 secteurs. Les villages de Nantela à Kondonia sont installés le long des périmètres.

Dans le périmètre B, il y a un canal d'amenée d'eau relié au barrage qui permet son irrigation. Il draine l'eau jusqu'au secteur et, entre les secteurs, des aménagements sont également réalisés pour irriguer les parcelles. Le canal principal dessert les canaux secondaires, tertiaires et les arroseurs. Les variétés cultivées dans le périmètre sont la polyculture (maraîchage, maïs, tournesol). En contre-saison, on y cultive du riz : « Notre périmètre est parmi les mieux aménagés de la sous-région. Il a été très bien fait[93] ».

D'après le directeur de l'ADRS, toutes les mesures ont été prises pour faciliter l'exploitation des périmètres. Par exemple, le PDIAM avait déjà donné des engrais et des semences en 2007 pendant la phase d'essai. L'État malien a ensuite subventionné l'engrais utilisé par les habitants. Ainsi, le paysan achète le sac de 50 kg d'engrais à 12 500 FCFA, au lieu de 25 000 FCFA.

L'ADRS s'occupe de la distribution des engrais subventionnés et les donne aux paysans sous la forme de Crédit Agricole. Son objectif était d'encourager les paysans et de récupérer après le travail la somme en sacs de récoltes. Malheureusement, les paysans achetaient cet engrais et, plutôt que l'épandre dans leurs champs, ils le revendaient plus cher dans les marchés :

« L'État avait donné 25 millions de FCFA pour l'engrais, mais on n'a rien récupéré. [...] Les paysans ne voient pas l'intérêt, car les périmètres aménagés sont jugés inadéquats et mal faits. Mais je pense que ce n'est pas seulement la faute des aménageurs : les populations sont aussi coupables parce qu'elles n'ont pas été capables d'exploiter ces zones irriguées et de diversifier leur culture. Les périmètres n'ont pas atteint leurs objectifs. Les paysans n'ont pas compris que les périmètres doivent servir en contre-saison et en période hivernale[94]. »

---

93 *Ibid.*

94 Entretien avec un agent de l'ADRS, été 2012.

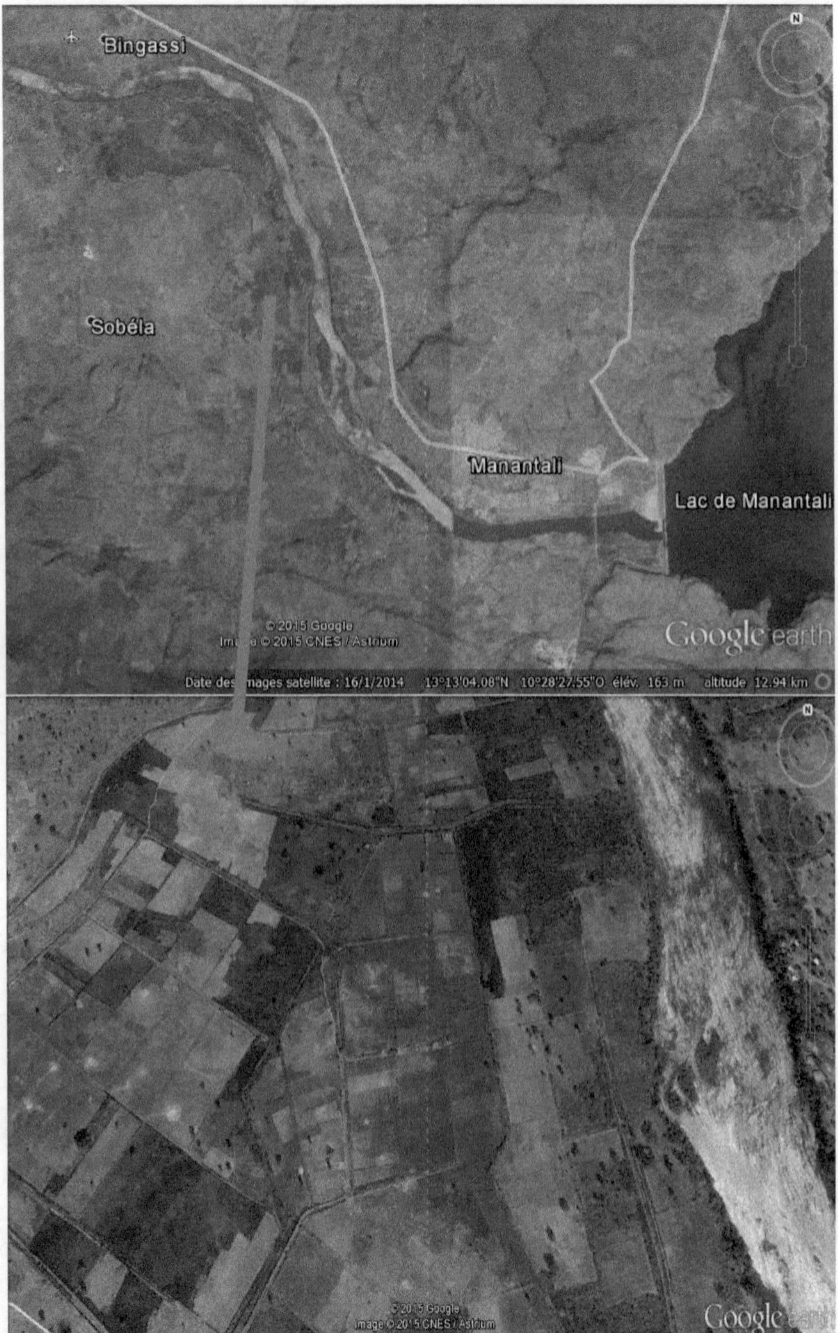

Planche photos 10 : Périmètre irrigué B dans la zone de Manantali

Les échecs de la mission de l'ADRS selon les gestionnaires

En ce qui concerne les modes d'attribution, il a été convenu dès le début que les habitants pouvaient exploiter les parcelles individuellement ou sous forme de coopératives. Dans la zone de Manantali, il existe au moins une coopérative agricole par village.

Nous avons étudié les mécanismes d'attribution des parcelles. Il apparaît que l'ADRS a raisonné en matière d'unités de production, c'est-à-dire qu'une unité de production pouvait être attribuée à un chef de ménage ou à plusieurs chefs de ménage appartenant à une même grande famille. La taille de la parcelle était généralement de 0,25 ha par chef de ménage. Dans les conditions d'attribution, le paysan n'avait aucune somme à payer. La personne intéressée devait faire une demande officielle à l'ADRS, qui s'engageait à son tour, en fin de campagne de récoltes, à payer la redevance en eau. Certes, l'ADRS utilise gratuitement l'eau du fleuve, mais le directeur de l'agence estime qu'elle fournit beaucoup de moyens pour la drainer jusque dans les périmètres :

« Grâce au barrage que nous avons la chance d'avoir, l'eau vient directement par système gravitaire. On n'a pas besoin d'avoir des groupes motopompes avec le système de pompage qui nécessitent de payer au moins le gasoil. Les paysans doivent payer cet effort. Malheureusement, malgré nos nombreuses tentatives, personne ne paie la redevance et les habitants continuent d'abandonner les périmètres[95]. »

Deux formes de critiques s'opposent ainsi entre les gestionnaires des périmètres et les habitants bénéficiaires ou non.

Le contexte socioculturel : un frein aux politiques d'exploitation des périmètres irrigués

Selon les gestionnaires de l'ADRS, les habitants refusent de comprendre que leurs agents administratifs sont des fonctionnaires du gouvernement malien qui ont pour mission d'expliquer aux populations les innovations et les techniques les plus adaptées pour avoir de meilleurs rendements :

« Malheureusement, c'est tellement difficile à dire, mais les populations d'ici comprennent mal les choses. Je parle peut-être en tant qu'agent

[95] *Ibid.*

appui-conseil, mais elles n'ont pas la volonté de travailler. Nous essayons de les encourager à le faire[96]. »

Malgré la maîtrise de l'eau par le barrage, qui a permis l'aménagement de 1600 ha, moins de 60 ha sont réellement exploités, soit à peine 2,5 %. Cela correspondrait à un investissement de 17 milliards FCFA non encore rentabilisés.

Les agents sont sur le terrain dans le cadre du PDIAM depuis 2002 et ils l'étaient déjà avant cette date. L'histoire des périmètres est compliquée. Ils sont aménagés depuis plus de 25 ans et sont sous-exploités, voire complètement abandonnés par les populations bénéficiaires.

Un problème d'encadrement

Parmi les causes de ces abandons massifs, on retrouve tout d'abord un problème d'encadrement. De fait, jusqu'en 2013, en dehors du chef de zone, il y aurait eu un seul technicien d'encadrement du génie rural qui s'occupait du réseau. À cause de ce problème de personnel qualifié, il n'existe pas de statistiques officielles sur les rendements dans les périmètres irrigués à cette date.

La méconnaissance de l'agriculture par irrigation

Le facteur culturel a également joué un rôle décisif, car les habitants du Bafing ne sont pas familiers avec l'agriculture par irrigation. Elle est une nouvelle pratique dans cette zone, contrairement à celles de Ségou ou de Mopti.

Ce facteur est aggravé par le refus des habitants d'accepter de suivre les « vulgarisateurs » pour être formés à l'agriculture par irrigation. Les agents administratifs se demandent pourquoi les habitants abandonnent les parcelles, qui préfèrent monter cultiver sur les collines en faisant entre 7 et 10 km de marche aller-retour.

L'ADRS essaie d'expliquer différemment les raisons qui font que les habitants affirment que les parcelles octroyées sont trop petites. Certes, elle reconnaît qu'après l'aménagement, les premières parcelles attribuées mesuraient 0,5 ha, 1 ha ou 1,75 ha. Il était prévu de cultiver différentes espèces dans les parcelles : une campagne durant la saison hivernale, une en saison intermédiaire froide et une dernière en saison intermédiaire sèche. En outre, une parcelle de 0,25 ha devait être exploitée par quatre bras actifs, car cela demande beaucoup de travail :

---

[96] *Ibid.*

« Les Bafingués ne comprennent pas les conseils techniques. Ils ont du mal à s'adapter. Par exemple, lorsqu'on dit à un paysan qu'il doit faire une pépinière pour le riz, qu'il doit succéder à une irrigation, à une mise en boue, puis qu'il doit replanter dans un champ… Il ne comprend pas. Il préfère faire le semis au volet ou utiliser le semoir qui passe. Avec le temps, on peut corriger ces problèmes[97]. »

En réalité, les habitants laisseraient l'eau entrer directement dans le bassin. Pourtant, une fois ces étapes respectées, la parcelle peut être exploitée pendant trois ans. Cette date expirée, un nouveau cycle de préparation doit être engagé. Si, dans les champs de culture pluviale, les habitants ont une seule récolte par saison hivernale (six mois), les périmètres irrigués offrent la possibilité d'avoir deux récoltes.

Le développement des zones minières

Le développement des zones minières est un des éléments qui a accéléré l'abandon des périmètres irrigués, bien que les habitants ne veuillent pas le reconnaître. En effet, cet abandon des parcelles par les bras actifs par maison de 18 à 35 ans (adultes capables de travailler, selon l'ADRS) se traduit par des départs vers les zones minières, qui offrent des gains plus rapides :

« 80 % des jeunes partent pour extraire l'or. Mais, sur 50 personnes qui partent, seules 10 reviennent avec de l'argent. Tout le monde n'a pas la chance de trouver de l'or. Pourtant, à côté de leurs villages, nous proposons des périmètres aménagés, un accès permanent à l'eau, les semences subventionnées et des techniciens qui s'occupent de l'encadrement et du suivi. J'avoue, je ne comprends vraiment pas pourquoi s'adonner à des travaux hasardeux, alors que les aménagements sont concrets[98]. »

Les autres possibilités d'emploi offertes

L'autre facteur qui décroît la motivation des habitants a un lien avec les possibilités offertes par le barrage de Manantali. Si l'agriculture et l'élevage ont toujours été leurs activités principales, la société d'exploitation Eskom a recruté de nombreux jeunes actifs comme gardiens ou ouvriers du barrage. Ils ne cultivent plus comme avant son implantation et préfèrent être salariés de la société.

---

97 *Ibid.*

98 Entretien avec le directeur de l'ADRS, mai 2014.

La pratique de la transhumance

Elle renforce encore les difficultés d'exploitation des périmètres. Les parcelles sont en effet très ouvertes et les animaux y entrent facilement. Le plus inquiétant se déroule dans les parcelles les plus proches du fleuve, qui sont détruites par les hippopotames, une espèce intégralement protégée. Le Mali a en effet signé les accords de protection des espèces rares et les périmètres se trouvent le long du fleuve, où des hippopotames, sortant de l'eau, font beaucoup de dégâts, notamment dans les parcelles d'arachide et de sorgho :

« Les lacs de barrages hydroélectriques constituent également l'espace de vie pour de nombreux troupeaux d'hippopotames qui sévissent en certains endroits. Les cas les plus préoccupants ont été signalés sur le lac de Kossou, où ils seraient responsables de plusieurs accidents (20 décès dénombrés ces 5 dernières années pour le seul lac de Kossou). Cette situation rend inaccessibles des portions non négligeables des plans d'eau. » (Anoh, 2007)

Ainsi, cette agence assiste de manière impuissante à l'abandon continu des périmètres irrigués par les habitants.

Les nouvelles mesures prises par l'ADRS

Pour faire face à cette situation, de nouvelles règles de gestion ont été instaurées.

Retrait des parcelles non exploitées

Premièrement, l'ADRS a décidé de retirer les parcelles à toute personne ou coopérative qui ne l'exploiterait pas au moins une saison sur trois : « Pour être certains de l'abandon, on fait des rondes tous les 30 du mois afin de vérifier l'exploitation des périmètres[99]. »

Lutte contre la pénétration des animaux

Pour faire face à la pénétration des animaux, lors de l'aménagement d'un périmètre, les agents laissent une distance minimale par rapport au fleuve et reboisent pour limiter la montée des hippopotames. Ils font également des ateliers de travail pour trouver des solutions avec le Service des eaux et des forêts.

---

[99] Entretien avec un agent de l'ADRS, été 2012.

Campagne de sensibilisation à l'exploitation des parcelles

La mise en place de campagnes de sensibilisation a pour but de changer la mentalité des populations : « Comme on le dit ici, les Bafingués n'aiment tout simplement pas travailler. Cette population a été encouragée à ne rien faire par les mesures d'accompagnement lors des réinstallations[100]. » Les populations continuent à penser que ces périmètres installés sur les terres de leurs ancêtres leur appartiennent. Les terres sont considérées comme leur propriété, même si elles refusent de les exploiter, d'autant plus que les périmètres ont été construits pour accompagner leur réinstallation. L'objectif est donc de faire comprendre la réalité juridique foncière aux habitants des villages environnants du barrage de Manantali.

L'ADRS a décidé de faire appel à des sociologues. Ces derniers auraient souligné la part de responsabilité des mesures d'accompagnement, qui ont installé les habitants dans une situation où ils ont reçu des dons pendant deux ans. Cette période a conduit à une phase de reconversion professionnelle d'agriculteurs vers des emplois d'ouvriers salariés du barrage. À ce moment-là, il était difficile de gagner 100 000 FCFA par mois avec le salaire minimum interprofessionnel de croissance (SMIC) malien. C'était l'équivalent du salaire d'un haut cadre. Certains habitants des zones étudiées gagnaient 200 000 à 300 000 milles FCFA par mois jusqu'aux années 1990. Compte tenu de ces changements financiers, des habitudes culturales et des formes d'éducation, les modes de vie se sont transformés.

Privatisation du foncier

L'ADRS a pensé à lancer des appels d'offres nationaux et internationaux pour l'exploitation des parcelles. Cette solution serait liée aux résultats très surprenants de la campagne de 2008. Cette année-là, pour la première fois, le paysan pilote de l'agence, c'est-à-dire celui qui a eu la meilleure récolte, était un cadre d'Eskom. Ce travailleur avait 2 ha dans le périmètre. Il avait embauché les mêmes habitants des villages environnants qui refusaient d'exploiter leurs propres parcelles, mais qui avaient accepté de travailler pour être payés en journaliers :

« À Manantali, ce sont les étrangers qui sont les vrais cultivateurs ; les agents de la société d'exploitation et les commerçants. Ces étrangers travaillent eux-mêmes leurs champs ou bien ils emploient la population locale. Par exemple, les autochtones sont employés pour nettoyer les

[100] Entretien avec le directeur de l'ADRS, mai 2014.

parcelles. Ils demandent un salaire de 7 500 FCFA environ pour 0,25 ha et 55 000 pour 1 ha. Ils préfèrent avoir de l'argent au quotidien, plutôt que de cultiver leurs propres champs. Ils sont exploités par les étrangers. Ils vont peut-être comprendre un jour, mais ce sera trop tard[101]. »

Grâce aux habitants, le paysan pilote a obtenu 90 sacs de riz paddy, soit approximativement 3,5 t. Selon l'ADRS, cette situation et la non-exploitation des périmètres par les autochtones justifient le retrait des parcelles auparavant allouées aux habitants. Or, la réalité serait différente, si l'on se réfère à la tendance nouvelle de privatisation des terres au Mali dénoncées par Brondeau (2009). En effet, dans le cas du bassin du Niger, la privatisation du foncier est soutenue par les bailleurs de fonds au nom de la sécurisation de l'accès à la terre, jugée indispensable pour susciter les investissements. Cependant, les agriculteurs de l'Office la repoussent, car ils estiment que la privatisation des terres ne résoudra jamais leur principal défi : l'étroitesse des exploitations.

Création de coopératives

Cette solution avait déjà été essayée dans le passé par les structures précédentes. Dans le cadre du PDIAM, il existait un volet appelé la Division des activités économiques (DAE), qui s'occupait des groupements de femmes dans les villages. Encore auparavant, la GTZ, soit l'agence de la coopération internationale du gouvernement fédéral allemand pour le développement, avait, elle aussi, encouragé la création de groupements de femmes pour travailler dans les périmètres maraîchers et pour fabriquer du savon traditionnel.

Dans les deux cas, les groupes de femmes travaillaient ensemble, mais sans aucun statut. La différence avec l'agence est que celle-ci demande les récépissés qui prouvent le statut d'une coopérative avant l'octroi des prêts agricoles. Les animateurs agricoles ont pour mission d'aider les femmes des villages à se réunir dans une coopérative, à entreprendre des projets et à obtenir un statut.

Or, cette initiative présente plusieurs limites. La principale s'est traduite par un manque de transparence. Par exemple, certains habitants viendraient, au nom de la coopérative, prendre de l'engrais sans en aviser leurs membres.

---

[101] *Ibid.*

Distribution de l'eau dans les parcelles

Enfin, pour la gestion du périmètre, l'ADRS avait demandé à chaque village de nommer quelqu'un pour faciliter l'information. Le morcellement des parcelles rend difficile la distribution de l'eau à l'intérieur du réseau d'irrigation. L'eau doit passer d'une parcelle à l'autre en fonction d'un débit évolutif. Tous les paysans ne peuvent donc pas en avoir au même moment, ce qui crée des frustrations et des cas de conflits. De ce fait, un planning de distribution de l'eau par secteur et par village a été établi par l'ADRS. Les aiguadiers gèrent les vannes, mais les habitants qui s'étaient au début portés volontaires pour être aiguadiers ont ensuite réclamé un salaire à l'ADRS, qui n'a pas accepté.

En conclusion, les habitants ne sont pas de l'avis du directeur de l'ADRS ni du sous-préfet. Ils sont plutôt critiques sur la méthode d'aménagement des périmètres, sur leur gestion et sur les conditions d'attribution des parcelles. Selon les habitants, depuis leur création, les périmètres irrigués ont montré des défauts en dehors du mode d'attribution des parcelles. Les habitants ont par ailleurs exprimé leur refus de les exploiter.

Le manque de collaboration avec les habitants à l'origine de l'échec

Les personnes qui se sont prononcées sur cette question vivent dans les huit villages choisis en aval du barrage de Manantali. Les habitants ont souligné deux problèmes majeurs dans les périmètres irrigués.

Le sentiment d'incompréhension de la part des gestionnaires

D'abord, ils se sentent jugés et incompris par les gestionnaires des périmètres irrigués, avec qui ils entrent en conflit :

« Même si on nous attachait la bouche, on se défendrait pour le dire tout haut. On souffre, alors qu'on n'a rien demandé. Franchement, on en a assez de tous ces problèmes. Si vous observez bien, vous remarquerez que tous les villages du Bafing sont des perdants. Nous nous demandons si nous ne sommes pas dans un autre pays que le Mali [...]. Mais est-ce qu'on nous considère comme des Maliens ? On se pose la question, car les agents de l'ADRS viennent de la capitale et nous obligent à travailler dans les périmètres. Ils osent dire qu'on refuse de travailler dans les périmètres, mais c'est faux. C'est anormal : on est des Maliens, on paie nos impôts, ils nous imposent des taxes très coûteuses[102]. »

[102] Entretien collectif dans le village de Kondonia, mai 2014.

Plus de 25 ans après l'implantation du barrage, les habitants autochtones sont encore profondément blessés dans leur fierté. C'est surtout un sentiment d'injustice et de manque de considération de la part du gouvernement, qui leur aurait pris leurs terres : « Par la force, sans même laisser un petit mot gentil ni un petit signe de respect. Il ne fallait même pas en rêve espérer une indemnisation[103]. »

Ils n'acceptent pas non plus le manque d'information sur la création de périmètres irrigués : « On voyait juste des agents venir mesurer, sous nos yeux, les terres et revenir installer les familles sans notre accord ni notre avis. Ce fut la même procédure pour l'installation des périmètres irrigués[104]. » Seuls les chefs de village avaient été informés que c'était pour les besoins du gouvernement.

Pour les habitants, le discours des gestionnaires à leur propos serait un bon moyen, voire un prétexte pour vendre les terres des périmètres aux plus offrants, c'est-à-dire aux étrangers de Bamako et aux allochtones qui travaillent comme cadres au barrage de Manantali. C'est en ce sens que les habitants ont dénoncé les pratiques de l'ADRS. En effet, ils ont expliqué que l'ADRS attribuait un champ à un chef de ménage, puis, quelque temps après, elle réattribuait la même parcelle à une autre personne d'un autre village ou à un étranger de Manantali, sous prétexte que le premier bénéficiaire ne l'exploitait pas correctement. Le pire des cas est que, parfois, l'ADRS réattribuerait un champ déjà cultivé par le premier bénéficiaire.

Ce mode de gestion est à l'origine de nombreux cas de conflits entre villages voisins. Ces conflits sont gérés à l'amiable par les chefs de village, par la mairie ou par la sous-préfecture, même si, de plus en plus, à cause des cas plus graves, les habitants préfèrent aller directement à la gendarmerie pour porter plainte et amener le cas devant le tribunal. Ils disent que la gestion à l'amiable est trop lente et souvent inefficace.

Le mauvais aménagement des périmètres

Le second problème, selon les habitants, est que ces périmètres ont été très mal aménagés, en dépit du fait que le gouvernement malien a dépensé pour cela des milliards :

« On souffre même pour atteindre les cimetières du village de l'autre côté des périmètres. Il n'existe pas de route en dehors des champs. Il faut donc descendre dans ceux-ci et former une ligne humaine pour se passer le corps du défunt au-dessus des canaux. Ces canaux seraient

[103] *Ibid.*
[104] *Ibid.*

également mal disposés, car l'eau n'arrive que dans les petits bassins. Pour les villages situés à plus de 4 km de la zone de distribution, comme Goumbalan, une journée, voire plus, est nécessaire pour répondre à leurs demandes en eau. En outre, ils sont des lieux de multiplication des moustiques en hivernage et, donc, de développement des cas de paludisme. Selon les habitants du village de Kondonia, en hivernage, presque tout le monde est malade, surtout les femmes et les enfants. L'OMVS a fait des dons de moustiquaires imprégnées, mais ceci est insuffisant, car c'est une moustiquaire pour 10 personnes d'une même famille. On va tout le temps à vélo ou à moto au dispensaire de Maréna, et l'on paie trop d'argent pour se soigner[105]. »

Les habitants ajoutent que la localisation des périmètres pose aussi des problèmes. Ils pensent que les périmètres devaient être en rive droite, où vivent plus de populations déplacées qu'en rive gauche.

En ce qui concerne la taille des parcelles attribuées, les habitants ont aussi montré les limites du système. Par exemple, dans une famille de 20 personnes, l'ADRS attribue au chef de ménage une parcelle de moins de 1 ha. La majorité des familles ont une parcelle de 0,25 ha. Or, avant le barrage, la population avait beaucoup d'espace pour cultiver la terre.

En fait, Kayes était la capitale de l'arachide. L'Opération de développement intégré de la production arachidière et céréalière (ODIPAC) et le Projet de développement du Kaarta (PDAK) avaient développé la culture de l'arachide, du sorgho, du maïs et du coton. La Compagnie malienne pour le développement du textile (CMDT) avait par ailleurs développé la culture de rentes. Les populations étaient donc habituées à ces cultures de rentes :

« Voici la grande difficulté des agriculteurs que nous sommes. Nous n'avons même plus d'argent pour prendre soin de nous. Avant le barrage, on vendait nos sacs d'arachides à l'ODIPAC, qui venait jusqu'ici pour ramasser la récolte. Après, on vendait à la CMDT. Mais, aujourd'hui, à cause du périmètre, on ne peut plus rien faire. En un mot, le barrage n'a pas favorisé le développement de l'agriculture, alors que le propre du Bafingué est de cultiver la terre. Nous ne connaissons que cette activité[106]. »

---

105 *Ibid.*
106 *Ibid.*

Des habitants résignés qui proposent des solutions

Jusqu'ici, nous avons présenté les problèmes liés aux périmètres irrigués justifiant leur abandon et dénoncés par les habitants.

Face à tous ces problèmes, les habitants se résignent parfois à accepter la situation :

« Nous ne pouvons rien contre eux, parce que c'est un projet du gouvernement. Ils nous traitent d'incapables, mais la réalité, c'est qu'ils donnent les terres à des gens plus riches. On ne peut même pas tout dire tellement que c'est dur. On s'en remet à Dieu, car on est désespérés[107]. »

Les habitants ont également exprimé des solutions pour optimiser les avantages de ces périmètres.

Niveau d'équipement

Le niveau d'équipement des paysans peut être amélioré pour augmenter les rendements. Les habitants ont des revenus faibles et n'ont pas les moyens de s'offrir les équipements agricoles adéquats. Ils travaillent avec des charrues, des dabas et souhaitent avoir des tracteurs. Il faut au moins un tracteur dans le périmètre B pour changer la physionomie du périmètre sur le plan des emblavures. Le tracteur peut être utilisé à tour de rôle par les familles du village.

Protection des périmètres

Pour régler le problème de pénétration des animaux, il a été proposé de mettre des grillages et de créer une fourrière commune à tous les villages. Les habitants essaient de demander du matériel :

« Les périmètres ne sont pas bien protégés ; les vaches passent comme elles veulent à tout moment dans les champs. On a demandé des grillages et la création de la fourrière pour y amener les vaches qui traînent dans les champs, mais le gouvernement a refusé[108]. »

Découpage des parcelles

Concomitamment, il est nécessaire de reprendre le découpage des parcelles des périmètres irrigués afin d'avoir des tailles équilibrées.

Aménagement d'une rizière

L'aménagement d'une rizière de 10 ha pour les villages de la zone de Manantali permettrait de réduire les dépenses. Cette rizière fait partie de la zone prévue pour les périmètres depuis la phase de la construction du barrage. La terre y est très fertile. Par exemple, sur 1 ha, il est

---

[107] Entretien collectif à Goumbalan, mai 2014.

[108] *Ibid.*

possible de récolter plusieurs centaines de sacs de riz. À cause d'un aménagement concret, cette zone crée des tensions, car elle est en cours de production par les agents de la société d'exploitation capables de s'offrir le matériel adéquat : « Elle profite aux gens de Manantali qui ont de l'argent[109]. » Ils achètent ainsi des tuyaux avec l'autorisation de l'ADRS et prennent l'eau du fleuve pour cultiver du riz.

Proximité et signalisation des canaux d'irrigation

Les canaux d'irrigation sont très proches des villages. Le principal problème du village de Kondonia est qu'il se trouve dans l'espace des périmètres et est entouré par les canaux d'irrigation. Normalement, il devait être déplacé lors de la construction du périmètre. Or, pour éviter le coût très élevé des indemnisations, le village a été laissé sur place : « L'objectif du gouvernement est peut-être de nous inciter à partir de nous-mêmes. On ne quittera jamais notre village[110]. » Les canaux doivent donc comporter des signalisations, alors que l'accès au cimetière est facilité par des routes bien tracées par l'ADRS.

Finalement, les ambitions de l'ADRS pour l'irrigation dans la zone de Manantali entrent dans un contexte de recherche de développement agricole au Mali. Comme l'ADRS, de nombreux acteurs interviennent dans le bassin du Niger.

Par exemple, Brondeau (2009) explique dans un article la « révolution verte » au Mali. Selon cette auteure, les périmètres de l'Office du Niger ont des avantages dans un contexte de recherche de développement agricole :

« Son avenir s'avère ainsi étroitement lié aux objectifs économiques établis à l'échelle de l'UEMOA (Union économique et monétaire d'Afrique de l'Ouest) et de la CEN-SAD (Communauté des États sahélo-sahariens) qui tendent à promouvoir l'agrobusiness. »

L'exemple de ces périmètres irrigués en extension montre l'ambition des acteurs internationaux et du Mali dans le cadre d'accords sud-sud. Brondeau (2009) souligne aussi le nombre d'hectares prévus pour les pays de l'UEMOA, mais également le financement des États-Unis dans le cadre du Millenium Challenge Account (MCA) et l'intérêt affiché par la société Lonrho, implantée à Londres. Une coopération entre la Libye et le Mali a même donné naissance à une société mixte du nom

---

[109] Entretien collectif à Kondonia, mai 2014.

[110] *Ibid.*

de Malibya Agriculture, qui travaille avec la société chinoise China Geo-Engineering Corporation (CGC).

Toutefois, Brondeau (2009) dénonce une dépendance du Mali aux semences fournies par une société chinoise basée au Nigeria. Elle souligne pareillement les projets de création d'un pôle d'élevage intensif, les risques d'utilisation des OGM, le projet de production de canne à sucre pour le bioéthanol, la production d'oléagineux divers (tournesol, soja), la production de biodiésel ou encore la culture de la fougère par une société française, Agroed (agro Énergie Développement). Ces projets mettent en danger l'agriculture familiale :

« Les choix économiques actuels s'orientent vers la promotion de l'agrobusiness. Les bailleurs de fonds souhaitent s'appuyer sur des exploitations dynamiques de taille moyenne (10 à 50 ha) qui produisent des excédents commercialisables et obtiennent des bénéfices susceptibles d'être réinvestis. […] Se pose par ailleurs la question du devenir des territoires de pêche des Bozos, dont le maintien suscitait déjà des heurts avec les cultivateurs et surtout les bergers de la région. Le développement d'un pôle d'agriculture intensive semble difficilement conciliable avec le maintien d'activités extensives de pêche et d'élevage. » (Brondeau, 2009)

Rôle de la Direction régionale de l'agriculture

Les périmètres irrigués de Manantali sont des espaces suivis par la Direction régionale du génie rural, qui collabore avec l'ADRS.

L'agriculture semble être restée l'activité principale dans les villages déplacés et non déplacés étudiés en aval du barrage de Manantali. Comme nous l'avons vu, elle éprouve de nombreux problèmes, notamment liés au manque de terres et à la dégradation des champs. Si l'ADRS et la Direction régionale du génie rural essaient d'encourager le développement de l'agriculture irriguée, comment la Direction de l'agriculture de Kayes utilise-t-elle la maîtrise de l'eau par le barrage dans ses activités ?

Au sein de chaque cercle, il y a des secteurs dans lesquels existent des sous-secteurs, à l'échelle des ex-arrondissements ou d'un ensemble de communes. À cette échelle, des villages ou des groupes de villages se trouvent des agents d'encadrement ou de base. La Direction de l'agriculture est chargée de discerner, avec les producteurs, les contraintes liées à l'agriculture. À partir de la base, ils recensent les difficultés et essaient de les rapprocher à des thèmes techniques.

Par exemple, pour un agriculteur qui a un problème dans son champ de maïs, ils étudient avec lui les causes probables du problème. Si la raison relève de la fertilité des sols, ils lui proposent des thèmes, en fonction de ce que le producteur peut supporter comme coûts financiers. Il ne s'agit pas, par exemple, de lui demander de mettre plus d'engrais, plus dispendieux, alors la fumure organique peut faire l'affaire. C'est dans ce sens que les cadres et des agents de la Direction régionale, qui ont reçu des formations, essaient de relever les défis de l'agriculture à Kayes. Ils sont aidés par des équipements (p. ex., une flotte de 5 motos et voitures) sur l'ensemble de la région. Les collectivités territoriales fournissent également des moyens.

Dans l'exécution de ces missions, la Direction régionale privilégie la collaboration avec tous les partenaires qui interviennent dans le monde rural :

« Elle a compris qu'en matière de vulgarisation ou de conseil agricoles, il faut mettre à contribution tous ceux qui peuvent apporter quelque chose. C'est une mission partagée qui nécessite la participation des partenaires techniques ou financiers. En tant que structure étatique, nous sommes souvent limités dans notre mission. C'est pourquoi nous travaillons avec des partenariats et rédigeons des contrats dans le cadre des activités[111]. »

Toutefois, les partenaires de la Direction régionale sont majoritairement maliens, même s'il y a d'autres ONG internationales (p. ex., Oxfam). Les ONG viennent généralement de l'étranger, mais les programmes nationaux (p. ex., le développement de l'irrigation avec l'ADRS ou le Programme d'amélioration de la productivité agricole au Mali [PAPAM]) aident la Direction régionale dans ses missions. Le PAPAM aide les petits producteurs à lutter contre les contraintes agricoles et à accroître leur production à travers des sous-projets. Il y a des bassins de riz qui sont aussi suivis.

Cet ensemble de programmes en cours ou annoncés permettra de lutter contre la pauvreté en milieu rural, selon le directeur régional. Par exemple, dans la zone de Manantali, la Direction régionale travaille beaucoup avec l'ADRS, dont le programme intervient dans les zones de Kita jusqu'à Bafoulabé pour le développement de l'agriculture avec le PGIRE 2. Puisque cette agence étatique est en étroite collaboration avec l'OMVS, la Direction régionale de l'agriculture a une plateforme de collaboration qui la lie ainsi à l'OMVS. C'est ainsi qu'elles

---

[111] Entretien avec le directeur de la Direction régionale de l'agriculture, mai 2014.

collaborent indirectement dans le programme de développement des périmètres irrigués.

L'objectif de toutes ces collaborations est de résoudre les nombreux problèmes dans le secteur de l'agriculture.

Enjeux dans le secteur de l'agriculture

Dégradation des terres

Un des problèmes déjà soulevés dans la zone de Manantali concerne la dégradation des terres dans 80 % des champs. Par manque de moyens, la population n'arrive pas à exploiter ces terres fatiguées. Sur plusieurs années de rendements, malgré la présence de zones propices à la riziculture, la région de Kayes est déficitaire en riz.

Conflits entre agriculteurs et éleveurs

Les problèmes de l'agriculture sont en partie liés à l'élevage. En effet, le type d'élevage dominant dans la zone est la transhumance. Or, la transhumance se déroule pendant les périodes de culture ou durant la récolte. Les cas de conflits entre agriculteurs et éleveurs sont permanents, car il n'existe pas de schéma désignant les tracés des parcours du bétail.

Émigration des travailleurs

L'agriculture est aussi très affaiblie par le phénomène de l'émigration, qui crée un déficit de travailleurs. À l'échelle locale, les personnes, adultes et jeunes, hommes et femmes, se dirigent vers les zones minières pour pratiquer l'orpaillage :

« Quand on part dans les zones minières, on voit qu'il y a un monde fou. Par ailleurs, dans les zones agricoles, il n'y a personne. Les gens ont besoin de main-d'œuvre, mais elle est introuvable ou bien elle coûte cher. Tout ceci augmente le coût de la production et des prix[112]. »

Déficit pluviométrique

Enfin, dans la région de Kayes, il existe un déficit pluviométrique, dont les conséquences se ressentent sur les rendements agricoles. Or, la production agricole est presque totalement liée à la pluviométrie, car il n'y a pas encore assez de périmètres irrigués dans la région. Pourtant, le potentiel de terres aménageables y est immense. L'exploitation de ces terres peut augmenter, voire doubler la production de la région.

---

[112] *Ibid.*

Solutions envisagées et avantages du barrage

La Direction régionale de l'agriculture se rend compte des occasions offertes par la présence d'un tel ouvrage de développement dans sa région et se considère comme un des principaux gagnants.

Usage des motopompes

Grâce à l'énergie produite par le barrage dont bénéficie la région, les paysans ont la possibilité de travailler avec des motopompes :

« L'électricité améliore le cadre de vie, résout nos problèmes de transformation des produits et permettra toujours dans le futur d'améliorer le niveau de production agricole. D'autant plus que l'aménagement des autres périmètres par l'ADRS dans le cercle de Kayes est aussi en cours[113]. »

Débit constant du fleuve et lutte contre la sécheresse

En effet, avant le barrage, le fleuve tarissait dans beaucoup d'endroits, mais, de nos jours, il existe au moins un débit minimal assuré pour l'agriculture. Les producteurs qui se situent le long du fleuve Sénégal arrivent ainsi à cultiver toute l'année.

La présence du débit aurait même créé un microclimat qui baisserait la chaleur dans certaines zones.

Selon les résultats des recherches de Barbier et ses collègues (2011) :

« La régulation des débits, opérée par les barrages hydroélectriques de Manantali sur le fleuve Sénégal et de Sélingué sur celui du Niger, se renforcera et favorisera l'extension de l'irrigation en saison sèche. Elle va aussi contribuer à faire reculer les cultures et les pâturages de crue, déjà affectés par les évolutions climatiques. »

Aménagement de périmètres irrigués

La Direction régionale de l'agriculture pense que l'aménagement de périmètres irrigués est la solution à tous ces problèmes. Une maîtrise de l'eau de surface grâce au barrage de Manantali a déjà permis de réduire ceux-ci dans le monde rural :

« Certes, quand on analyse la part du Mali sur le plan des aménagements agricoles du bassin du fleuve Sénégal, elle est faible. Mais si l'on prend à l'échelle régionale de Kayes, nous remarquons que les superficies qui doivent être aménagées dans le cadre des projets de l'OMVS sont très importantes pour nous[114]. »

---

[113] *Ibid.*

[114] *Ibid.*

Par exemple, dans le cercle de Bafoulabé, plus de 1000 ha étaient en cours d'aménagement en 2014. La mise en œuvre de ces périmètres permettra de gagner le pari de la promotion agricole, d'abord à l'échelle de ce cercle, car, sur 800 ha d'un côté et 600 ha de l'autre, ne s'étaleront que des parcelles pour la riziculture, la culture du maïs et l'horticulture.

Même si ces Barbier et ses collègues (2011) dénoncent l'irrégularité des productions agricoles des pays de l'Afrique de l'Ouest et leur grande dépendance en matière d'importation de produits alimentaires (huile, riz, lait, sucre, etc.) de plusieurs milliards de dollars chaque année, ils soutiennent l'idée que, pour réduire les risques de famine et de crise alimentaire, comme celle des années 1970, l'irrigation serait la solution dans ces pays. En effet, si, dans les autres pays du monde, les prévisions affirment une baisse des périmètres irrigués, l'effet contraire devrait se produire en Afrique dans le futur.

Ces auteurs donnent en exemple la multiplicité des systèmes irrigués en Afrique pour cinq pays sahéliens : Burkina Faso, Mali, Mauritanie, Niger et Sénégal. « En combinant des critères d'investissement, de gestion, de maîtrise de l'eau et de taille, elle différencie neuf types de systèmes » (Barbier et collab., 2011). De ces pays, le Mali est de loin le pays qui a le plus de surfaces irriguées grâce au fleuve Niger.

De la même manière, Venot et Cecchi (2011) évoquent la nécessité de considérer les petits barrages et les aménagements hydroagricoles en Afrique de l'Ouest comme des socioécosystèmes. Ils les désignent comme des construits sociaux. Toutefois, ces auteurs dénoncent les limites des études qui ont comme entrée les communautés. Selon eux, elles ne mettent pas en valeur les « hétérogénéités concernant la distribution des bénéfices et des risques ». En plus des grands barrages hydroélectriques, les petits barrages jouent un rôle important dans les activités locales. Pour lutter contre les effets des sécheresses, leur nombre a aussi augmenté dans le continent africain : « Il en existe en particulier des centaines dans toute l'Afrique subsaharienne. Malgré les difficultés d'inventaire, leur nombre est estimé à 1700 au Burkina Faso, 800 au Mali, 600 en Côte d'Ivoire et 500 au Ghana ».

Dans leur conclusion, Venot et Cecchi (2011) soutiennent la nécessité de prendre en compte, dans l'étude des dynamiques complexes liées aux aménagements, tels les barrages, les savoirs et les processus d'innovation dans un contexte de systèmes agraires afin de mieux répondre aux préoccupations locales : « L'importance des dimensions sociales et institutionnelles dans la gestion des systèmes irrigués est désormais largement reconnue et un consensus s'est imposé : une action collective explicite et durable est nécessaire pour leur bonne performance ».

L'élevage : son développement dans la zone du barrage

Les liens entre l'agriculture et l'élevage ont été soulevés à l'échelle régionale, mais il faut aussi comprendre le problème dans la zone de Manantali. Plus précisément, comment l'implantation du barrage a-t-elle changé les habitudes des éleveurs transhumants et comment continuent-ils à développer leur activité ?

Nous avons évoqué avec le président de l'Association des éleveurs de Manantali le fonctionnement de l'élevage dans la zone, avant la construction du barrage. Selon ce président, les éleveurs n'avaient pas des problèmes de pâturage et les animaux (moutons et bœufs) avaient tout le temps de quoi manger. Ils ne sentaient pas la différence entre saison des pluies et saison sèche. Il n'y avait pas de forêts classées interdites aux animaux. Cependant, avec l'arrivée du barrage, les conflits ont commencé entre les éleveurs et les agriculteurs.

Conflits entre éleveurs et agriculteurs à Manantali

Diminution de la taille des troupeaux

Ces derniers perdent de plus en plus d'animaux chaque année. En effet, depuis les années 1990, la situation ne cesse de se dégrader pour les éleveurs. Il semble que le nombre d'éleveurs ait augmenté, alors que la taille des troupeaux a diminué.

Éleveurs majoritairement allochtones ou étrangers

Les nouveaux éleveurs sont surtout des allochtones et possèdent les plus gros troupeaux (environ 150 animaux). Par exemple, plus de 30 éleveurs du village de Manantali sont des allochtones ou des étrangers. Compte tenu des avantages de l'élevage, des autochtones anciens agriculteurs s'y reconvertissent, mais ils ont des troupeaux de 30 têtes au maximum. Tous les éleveurs étrangers et allochtones recrutent de jeunes bergers, qui sont payés entre 15 000 et 25 000 FCFA par mois pour s'occuper de la transhumance de leurs troupeaux.

Double usage des zones de passage et de transhumance

Le président de l'Association des éleveurs de Manantali reconnaît que les agriculteurs n'ont plus beaucoup de terres, mais il maintient que les agriculteurs n'ont pas à occuper les zones de passage des animaux ou de transhumance. Ils ont en effet créé des hameaux de culture partout dans la zone de Manantali. Par conséquent, il suffit que l'animal mette le pied dans son champ pour qu'un éleveur aille porter plainte à la gendarmerie, alors que ce serait l'agriculteur qui est venu occuper la place des animaux. En cas de conflit, la gendarmerie appelle l'agent de l'agriculture, qui est chargé de faire le constat et de fixer l'amende à payer par l'éleveur.

Les transhumants qui viennent de Nioro, de Kayes, de Diéma et de Bafoulabé causeraient plus de dégâts dans les champs que les éleveurs de Manantali, d'après le président de l'association de ces derniers. Ils arrivent dans les villages environnants du barrage à la fin octobre, alors que les récoltes ne sont pas encore faites. Ils passeraient de manière clandestine, en laissant les animaux vaquer dans les champs d'arachide des villages. À cause d'eux, les paysans, qui avaient prévu de gagner au moins 40 sacs de 100 kg, se retrouvent avec moins et rejettent souvent la faute sur tous les éleveurs, sans faire de différence. Alors que les transhumants étrangers sont déjà repartis sans rien dire, les paysans tombent le lendemain sur leurs champs complètement détruits.

D'après le chef de village de Maréna et ses conseillers, ils sont impuissants face à ces transhumants qui causent des dégâts considérables :

« Ils ont obtenu des autorisations auprès du Service des eaux et des forêts pour transhumer. En passant par nos villages, ils se dirigent vers la forêt classée. Au retour, ils repassent par Manantali. Il existe un autre chemin pour aller vers la Guinée sans passer par Manantali, en allant derrière le fleuve, mais ils refusent de le prendre […]. Certes, avant le barrage, cette transhumance existait déjà, mais, avec la baisse de la pluviométrie, ils sont chaque année de plus en plus nombreux à fuir la sécheresse du nord. Auparavant, nous ne sentions pas les dégâts, car ils étaient moins nombreux. Mais aussi, on avait assez d'espace de culture, on était libres, il n'y avait pas de forêts classées[115]. »

Abreuvement et forêts interdits

L'abreuvement des animaux est aussi un problème en saison sèche. Les seules herbes disponibles et les points d'eau sont dans la forêt classée et interdite à la transhumance. Néanmoins, même s'ils prennent le risque de payer des amendes, les éleveurs y amènent leurs animaux. Ils dénoncent les abus des agents des eaux et des forêts, qui leur infligent des amendes de 100 000 à 250 000 FCFA. Le plus grave, selon

---

[115] Entretien collectif dans le village de Maréna, mai 2014.

eux, est que les amendes sont toujours surtaxées. Lorsqu'un animal entre dans un petit champ de culture, la taxe est tellement élevée qu'ils ont envie de vendre l'animal :

« La saison dernière, j'ai payé plus d'un million : des sommes de 100 000, 10 000, 15 000, 200 000 FCFA. Je viens de payer 60 000 FCFA pour deux vaches. Les éleveurs sont découragés, mais nous n'avons pas d'autres métiers en dehors de la boucherie. Les autres éleveurs sont parfois bouchers comme moi. Le problème de la boucherie, c'est que les bœufs sont très coûteux. Le kilo de viande était à 1000 FCFA et, maintenant, il est de 1500 FCFA [...]. Un bœuf peut coûter entre 250 000 FCFA et 350 000 FCFA. C'est après le barrage que l'élevage est devenu un problème, sinon, avant, nous n'avions aucun problème. Nous avions de l'espace, beaucoup d'animaux et du lait qu'on vendait. Mais, maintenant, tout cela n'est plus possible. Nous avons perdu environ 20 bœufs, car il y a un manque d'eau et d'espace réel[116]. »

Feux de brousse enclenchés

Le problème des espaces de transhumance est aggravé par les nombreux feux de brousse enclenchés par les agriculteurs lors du désherbage de leurs terrains. Les animaux n'ont alors plus assez à manger. Cette perte est dénoncée par le chef de village de Goumbalan et par ses conseillers :

« Dans l'ancien site, on avait des bœufs, des moutons et beaucoup de champs. On nous a déplacés vers l'aval et, depuis qu'on est là, on a perdu toutes nos richesses. Par exemple, moi, j'avais 80 têtes dans mon troupeau et tous les villageois avaient des animaux. Maintenant, je n'ai même pas 10 animaux[117]. »

Or, normalement, au Mali, les feux de brousse sont réglementés. Il y a une période bien précise pour mettre le feu aux champs. Pendant la saison sèche, quand les herbes sont très sèches, c'est strictement interdit.

Sur ce point, les éleveurs reconnaissent que le barrage n'est pas le seul responsable de tous leurs problèmes actuels. Si les agriculteurs ne créaient pas des feux de brousse, les animaux pourraient rester dans les villages environnants. Ils se sentent toutefois menacés par ces pratiques qui tuent leur bétail et s'inquiètent d'enregistrer encore plus de pertes

116 Entretien avec le président de l'Association des éleveurs de Manantali, mai 2014.
117 Entretien collectif dans le village de Goumbalan, mai 2014.

dans le futur à cause de la baisse de la pluviométrie. Face à ce problème de feux de brousse, les éleveurs déplorent le manque d'implication des agents des eaux et des forêts, qui devraient davantage s'intéresser à cette situation.

Quelques solutions aux problèmes des éleveurs

Longue transhumance

Face à tous ces problèmes, la longue transhumance est considérée comme la solution principale. Les animaux sont généralement envoyés dans la brousse, « car on ne peut pas les nourrir à la maison ». Autrement dit, le renvoi des animaux dans la brousse derrière le fleuve, à plus de 60 km de Manantali et jusqu'à la frontière guinéenne au sud, a été l'une des principales stratégies choisies pour éviter ces problèmes. À la fin de la saison des pluies, les animaux font la transhumance, puis ils sont ramenés en saison sèche pour éviter des conflits avec les agriculteurs.

Or, cette stratégie pose aussi des difficultés de pâturage dans les zones de destination. Les forêts traversées par les animaux font partie de la réserve du Bafing. Les bergers n'ont donc pas le droit de couper d'arbres, sous peine de taxes aux eaux et forêts. En cas de délit, les éleveurs essaient de marchander le prix de l'amende avec les agents afin de payer le moins cher possible.

Commerce des animaux

Une autre solution consiste à développer le commerce des animaux. Les éleveurs de Manantali ont construit l'entrepôt Daral pour les animaux à vendre. En 2014, cet entrepôt était en construction à côté de la cité des cadres. Le but est que cet endroit devienne un lieu de rencontre de tous les transhumants – Mauritaniens, Sénégalais et Maliens – pour faciliter et organiser la commercialisation des animaux. La zone de Manantali est en effet une zone de passage importante pour les éleveurs transhumants du Mali et des pays voisins.

Subvention du sac de tourteau

Le prix du sac de tourteau devient également un handicap pour les éleveurs les plus pauvres, vu qu'il est passé de 4 000 à 10 000 FCFA, selon le responsable de la coopérative. La subvention du sac de tourteau par l'OMVS a été souhaitée pour le développement de l'élevage. Avec cette subvention des sacs de tourteau, les éleveurs acceptent de temps à autre de prendre le risque de vendre trois ou quatre de leurs animaux.

Avec cet argent et la subvention, il sera possible de nourrir pendant toute la saison des pluies les autres animaux : « Mais, en attendant, nous allons continuer à couper des arbres pour nos animaux[118]. »

Enjeux des éleveurs à l'échelle régionale

Selon les informations lors d'un entretien avec le président de l'Union régionale des éleveurs de Kayes, de nombreux éleveurs deviennent des commerçants de bœufs et de moutons. Cette union des éleveurs de Kayes est composée de plusieurs coopératives et a plusieurs bureaux régionaux et locaux.

Normalement, tous les cercles ont une coopérative. Les membres des coopératives cotisent et achètent du matériel, des aliments et du bétail.

L'Union régionale des éleveurs s'occupe de la santé animale. Elle a privatisé le secteur de l'élevage. Si sa principale mission est de s'occuper de l'exportation, elle travaille aussi avec les syndicats des éleveurs, des marchands de bétail et des bouchers.

Accès aux points d'eau

Le problème d'accès aux points d'eau constitue le souci majeur des éleveurs de la région de Kayes. On peut noter que l'Union, dans son rôle fédérateur, a fourni un effort de recensement de tous les endroits herbeux en surabondance pour y creuser des puits. Pour les aider, des ONG et des services régionaux de l'État malien ont essayé de leur construire des puits, qui seraient apparemment mal bâtis.

Santé des animaux et vaccination

En se penchant sur la santé des animaux, on apprend que les éleveurs ont du mal à respecter les vaccinations. Sur ce plan, des critiques sont émises à l'encontre des gestionnaires du barrage. Selon le président de l'Union, le barrage aurait favorisé le développement de l'agriculture, au détriment de l'élevage :

« On se demande s'ils ont pensé à l'élevage en faisant le barrage. Ils parlent tout le temps de l'agriculture et presque tous les soutiens financiers sont pour l'agriculture. Ils ont subventionné l'engrais. Ils oublient que l'élevage est aussi très important. L'aliment du bétail n'a jamais été subventionné. Mais nous pouvons reconnaître que l'eau du

[118] Entretien avec le président de l'Association des éleveurs de Manantali, mai 2014.

barrage de Manantali a permis d'avoir plus de zones d'abreuvement et a permis le développement de l'agriculture[119]. »

Subvention du sac de tourteau

Le souhait de voir subventionner le tourteau revient une nouvelle fois à l'échelle régionale. Entre août et décembre, l'aliment du bétail est moins cher. Cette subvention permettrait d'avoir des aliments pour le bétail à prix raisonnable.

Pour le moment, une idée développée par certaines coopératives de l'Union est la formation des populations à la transformation et à la conservation des pailles pour nourrir les animaux.

L'exportation du bétail de la région vers les pays voisins du Mali

Comme souligné dans les lignes précédentes, la principale mission de l'Union est d'organiser l'exportation du bétail dans les régions du Mali, particulièrement vers les pays voisins. La principale destination des animaux de la région de Kayes est le Sénégal (Dakar) et ce trafic ne cesse d'augmenter, d'après le président de l'Union. Les Guinéens viennent de surcroît depuis 2012 avec leurs camions pour acheter des animaux de la région.

Construction de parcs d'embarquement

Pour organiser le commerce du bétail, l'Union a eu l'idée de construire des parcs d'embarquement. Les éleveurs vont voir le maire, qui leur alloue une partie de son territoire pour cette construction. Grâce aux parcs d'embarquement, tous les éleveurs ont la possibilité d'y amener, jusqu'au jour de départ des camions, leurs animaux à vendre à Dakar ou en Guinée. Les parcs d'embarquement existent de plus en plus à Kayes. Ils offrent même du travail à de nombreuses personnes à chaque étape de l'exportation. Le propriétaire des animaux paie tous les travailleurs, soit les personnes chargées :

- de mettre la paille dans le camion, lesquelles sont payées entre 7 000 et 13 000 FCFA par camion ;
- de regrouper les animaux et d'encadrer leur chargement dans les camions, lesquelles reçoivent 2 000 FCFA par camion ;
- d'accompagner les animaux pour les surveiller jusqu'à Dakar, lesquelles perçoivent une rémunération de 30 000 FCFA, en plus de bénéficier d'un retour en transport vers Kayes ;

[119] Entretien avec le président de l'Union régionale des éleveurs de Kayes, mai 2014.

- de contacter les camionneurs, appelés les « chargeurs », lesquelles ont droit à 10 % de la somme des ventes ;

Enfin, la coopérative obtient 5 000 FCFA pour chaque camion chargé dans son parc, mais cette somme est aussi payée par le propriétaire des animaux.

Une fois à Dakar, il faut payer le daral entre 10 500 FCFA et 50 000 FCFA pour que les animaux puissent s'abreuver. Au total, le prix moyen d'un voyage de Kayes à Dakar est estimé entre 300 000 et 400 000 FCFA pendant les périodes de fêtes, contre 150 000 FCFA en temps normal.

Si auparavant les camions partaient presque vides vers le Sénégal, depuis l'installation des parcs, ils sont remplis au départ et reviennent avec des marchandises. Les coûts de l'exportation des animaux vers Dakar et le nombre de personnes qui y travaillent montrent l'importance de ce réseau de commerce à Kayes.

Tendance à la revente du bétail

Face au déficit pluviométrique et aux problèmes de transhumance, une nouvelle tendance nous a été expliquée par le président de l'Union :

« Notre projet est d'acheter des bœufs. On les nourrit deux mois et on les revend à Dakar. Pour un bœuf acheté à 300 000 FCFA, on peut le revendre entre 450 000 et 500 000 FCFA. Ce secteur est plus rentable que d'élever au quotidien les animaux. Avant, on aimait nos animaux et on les gardait. Face à la grande mortalité des animaux, on a décidé d'inciter à vendre[120]. »

Dans la plupart des cas, ces animaux engraissés à Kayes proviennent de la Mauritanie, avant d'être revendus à Dakar : « Parfois, les Mauritaniens achètent nos animaux sur le chemin de leur retour[121]. » Les Mauritaniens peuvent aller directement au Sénégal, mais ceux qui sont proches de Kayes préfèrent la route de Kayes.

La pêche : première activité économique en amont proche

Les pêcheurs allochtones profitent de la présence du lac du barrage pour introduire dans la zone du Bafing une pêche professionnelle qui attire les autochtones.

[120] *Ibid.*

[121] *Ibid.*

En effet, dès la création du réservoir de Manantali en 1987, l'immigration vers cette partie du bassin a commencé. Elle s'est traduite par une prolifération de campements construits par des pêcheurs et leur famille. Leur installation a provoqué le développement de l'activité économique de la pêche dans la zone.

Notre étude des mécanismes de pêche concerne essentiellement la dynamique des campements et du nombre de pêcheurs ; les techniques et les outils de pêche ; les effets sur l'environnement ; et les raisons de modifications des méthodes dans le temps.

Le nombre de pêcheurs en amont

Selon la figure 34, il y avait 487 pêcheurs en amont du barrage de Manantali en 2013. Estimé à 404 en 1989, le nombre a connu des périodes de baisse, notamment en 1990 (190), de 1995 (269) à 1998 (296) et, enfin, de 2007 (423) à 2009 (412). Même si ces derniers chiffres sont importants, ils restent inférieurs à ceux des périodes où nous constatons les maximums. Il s'agit de 1989 (404), 2006 (512) et 2012 (530).

En 1991, le nombre de campements était de 21, puis, en 1998, ils étaient 18 en amont. Certains campements localisés en 2012 ont disparu, tandis que de nouveaux itinérants se sont très vite installés. Le nombre de campements en 2013 était de 35 (Tableau 5).

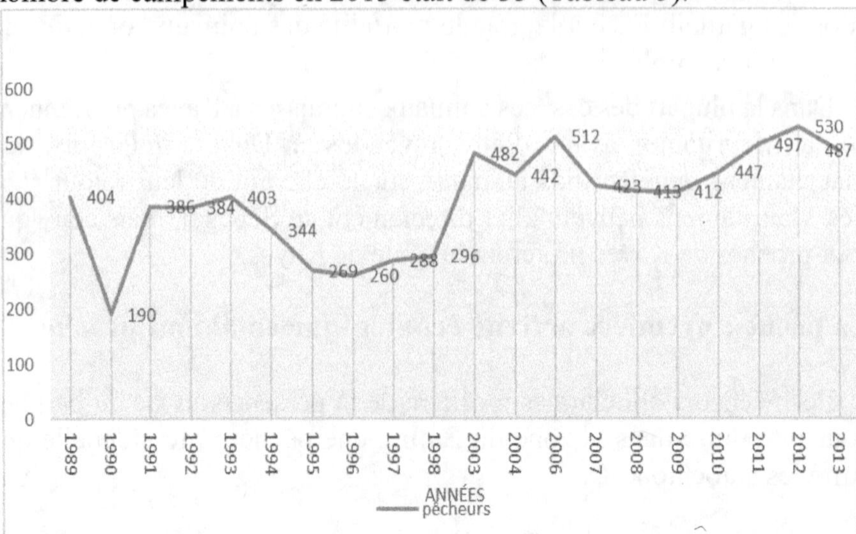

Figure 34 : Nombre de pêcheurs en amont

Tableau 5 : Campements de pêche en amont du barrage de Manantali en 2013

Itinérants	Temporaires	Permanents
Gof Séléké Madina N'di	Goungoudala Koua Dokodoko[122] Madinacoura	Manantali (34 ans) Némabougou (26 ans) Kérouané (26 ans) Salégoun (26 ans) Bakaina Daga (26 ans) Burkina Daga (26 ans) N'Gougny n° 1 (26 ans) Diamnaty (26 ans) Bakaina Dembakourou[123] Burkina[124] M'Baba N'Kéba[125] N'Goungny n° 2 N'Goungny n° 1 Diamnaty Samai Ladji Balamine Kambou[126] Dounkankono Némabougou[127] Kérouané[128] Salégoun Mama

---

[122] Mot bambara qui signifie « les habitants de Koua ». Le nom est donné par des pêcheurs originaires du village de Koua, dans l'arrondissement de Diéné.

[123] Ce campement est très difficile d'accès à cause des arbres dans le lac. Avant d'arriver au campement, qui se trouve au pied d'une colline, il faut marcher plus de 700 m, et ce, pendant le mois d'août, car le niveau de l'eau est encore bas.

[124] Le nom Burkina a été choisi par de jeunes Maliens qui soutenaient la cause de Thomas Sankara.

[125] Ce campement est situé sur une colline. Il faut monter la pente pour atteindre les maisons en hauteur.

[126] Ce campement est divisé en trois petits campements à cause des problèmes d'espace, de culture et de pâturage. Certains habitants se sont réinstallés de l'autre côté du lac. Une petite portion d'eau les sépare.

[127] Mot bambara qui signifie « case du bonheur ». Le campement est divisé en deux parties distantes d'au moins 200 m.

[128] Kérouané n'est pas un campement, mais un village malinké. Le mot signifie en malinké « le bonheur va me trouver ici ». Le village est de plus en plus habité par des pêcheurs. D'après les habitants, la cohabitation entre les Malinkés, généralement agriculteurs, et ces derniers se passe bien. Certains jeunes Malinkés commencent même à faire de la pêche une activité secondaire.

		Friya Friyakoro Koulounidjan[129] Gonota Niguikoro Manantalidanga

Les campements de pêche sont classés selon trois types de statuts, selon la Cellule limnologique du SSSE :

1. *Itinérant* : Dès qu'il est créé et habité par des pêcheurs transhumants ou des voyageurs ;
2. *Temporaire* : À partir d'un an d'existence ;
3. *Permanent* : À partir de cinq ans d'existence.

Les campements de pêche portent généralement le nom du fondateur, qui en est le premier chef. La majorité des familles sont polygames. Le nombre de familles dans les campements est estimé à 158 en 1989, à 188 en 2012 et à 174 en 2013 (Figure 35). Les habitants sont majoritairement de confession musulmane.

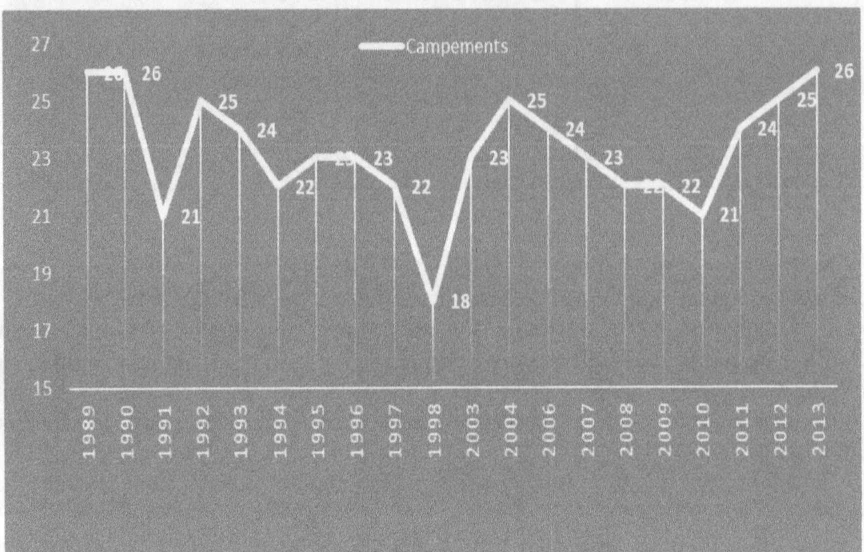

Figure 35 : Évolution du nombre de campements de pêche par année

[129] Mot malinké qui signifie « la petite colline longue ». Le campement se situe au pied d'une colline. La distance entre ce campement et celui de Madinacoura est de 791 m (environ 12 minutes de marche).

En fonction du niveau maximal de l'eau, mal connu au début, les habitants s'installent au bord ou loin du lac :

« En Côte d'Ivoire, le campement est une forme d'habitation précaire, le plus souvent provisoire, liée à l'exploitation d'une ressource. Il est généralement construit avec du matériel trouvé sur place dans les périmètres du lieu de travail. Il sert de logement aux travailleurs pendant les périodes d'intenses activités [...]. Les campements disparaissent dans la majorité des cas avec le déclin de l'activité qui a suscité leur création. Toutefois, lorsque l'activité s'intensifie, se diversifie et attire la main-d'œuvre, l'afflux des populations le hisse au rang de village centre. Si la migration ne faiblit pas, des services publics s'installent et, petit à petit, la localité évolue et finit par prendre le statut de centre urbain. » (Anoh, 2007)

L'évolution du nombre de pêcheurs a joué un rôle dans la multiplication des campements. Elle est aussi liée au fait que les jeunes pêcheurs cherchent à s'isoler pour faire leurs propres bénéfices et avoir plus de terres de culture. Les campements grossis par les nouveaux arrivants se divisent en plusieurs petits campements.

Une pêche professionnelle émergente

La pêche est la principale activité économique dans les campements autour du lac de Manantali. Anoh (2007) explique parallèlement le rôle important des lacs de barrages hydroélectriques dans la production aquatique en Côte d'Ivoire :

« En plus de la fonction principale de production d'énergie électrique, les étendues d'eau servent à la pratique de la pêche. Les couloirs de pêche aménagés avant la mise en eau des lacs sont les plus fréquentés. Cependant, profitant de la baisse périodique et saisonnière des eaux, certains pêcheurs ont aménagé et délimité des territoires de pêche propres à eux. Ils y emploient le plus souvent les engins de pêche collective. »

L'activité de la pêche s'est développée grâce à l'implantation du barrage de Manantali, mais aussi parce qu'elle est pratiquée par des personnes dont l'histoire et la culture sont liées à ce territoire. Gallais (1967) parlait déjà du mouvement des pêcheurs professionnels dans le delta du Niger :

« Il faut décrire ce second volet des rythmes saisonniers du Delta, 70 000 pêcheurs, bozos et somonos les suivent ou en dépendent. [...]

La partition de nombreux domaines hydrographiques a obligé les Bozos à élargir leur domaine de nomadisme. Se déplaçant davantage, ils ont pu chercher, et trouver, les régions éloignées les plus favorables. Les Bozos se sont souvent mis à l'école de ces concurrents étrangers et leurs techniques se sont enrichies et diversifiées. »

L'histoire des campements de pêche en amont a commencé après la mise en eau du barrage en 1987. Les Bozos et les Somonos constituent généralement les nouveaux venus qui s'installent autour du lac. Ce sont des pêcheurs de père en fils, mais de manière très différente. Ils vivent habituellement dans la partie centrale du Mali, à Ségou et à Mopti. Ces ethnies définissent la pêche comme une identité.

L'histoire de ces pêcheurs professionnels est racontée par un chef du campement de Samailadji lors de nos enquêtes en 2012 :

« L'histoire des pirogues utilisées par les Bozos vient de Nabila Nouhou, notre ancêtre. Il pêchait à la main et attrapait beaucoup de poissons. Les Bozos et les Somonos vivent toujours à côté de l'eau, même dans les grandes villes. Ils sont très conservateurs de la tradition. Par exemple, les Bozos se marient entre eux, les Somonos aussi. Mais cette tradition est en train de se perdre sous l'effet du modernisme apporté par le barrage. La célébration du mariage bozo pouvait durer une semaine entière, contre trois jours pour celui des Somonos. Après la fête, le jeune couple marié n'avait pas le droit de sortir dans la cour ni de travailler. Le divorce était un mot inconnu de notre culture. Malheureusement, à cause des nouveautés apportées par le barrage (écoles, routes, télévisions) et de la modernité, les choses ont changé. Les jeunes n'ont plus le temps et les enfants ne respectent plus la tradition. [...] Les jeunes doivent revenir à la tradition et pêcher comme les ancêtres[130]. »

<u>Les techniques et les outils de pêche à Manantali</u>

En quoi l'installation des pêcheurs professionnels accélère-t-elle cette activité ? Comment se déroule la pêche (techniques, outils, zones) dans le lac ?

Gallais (1967) a montré l'importance du rythme génétique des poissons du delta du Niger pour l'organisation de la pêche. Il affirme que la densité de poissons à l'étiage, en hautes eaux ou en mares, peut conduire à des techniques de pêche différentes : « À l'étiage, la densité du poisson est si grande qu'un moteur de pirogue suffit pour réussir une

[130] Enquête auprès des habitants des campements, été 2012.

pêche. Les poissons effrayés sautent de l'eau et l'on recueille plusieurs pièces de belle taille au fond de l'embarcation ». Il ajoute que ce rythme biologique détermine une exploitation mobile qui se traduit par des territoires de collectivités de pêcheurs. Il s'agit de pêcheurs qui s'approprient et développent un mode d'utilisation d'un domaine hydrologique.

L'auteur parle des Bozos comme « une collectivité tribale ou un simple lignage patriarcal, le Kayama » (Gallais, 1967). Il souligne que les Bozos se donnent le droit d'exploitation exclusif dans les régions où ils sont installés. Une distinction est faite entre l'espace de pêche des Somonos, qui « reçurent la maîtrise des eaux des fleuves dont ils habitent les rives », et celui des Bozos, qui, « demeurés sur leur ancien domaine hydrographique, sont réduits à la maîtrise des mares et marigots, mais conservent les charges religieuses pour l'ensemble ».

Embarcations nautiques

Pour vivre dans les campements, les pêcheurs et leur famille descendent plusieurs fois par jour sur le lac. Chaque bord du lac, où se trouve au moins un campement, est équipé de pirogues sans moteur, communément appelées « pinasses » par les habitants, et parfois de pirogues motorisées (Photo 13).

Photo 13 : Pêche avec une pinasse traditionnelle

La pinasse est l'outil principal de pêche pour les hommes qui se déplacent sur le lac. Elle est plus rarement utilisée par une femme seule.

Elle comporte le filet et les autres outils de pêche. Les pêcheurs restent assis durant l'activité de pêche, mais il arrive aussi qu'ils pêchent à la nage près des berges.

Les pirogues motorisées, habituellement plus grandes et plus hautes, aident au transport des personnes et ont souvent un vieux réfrigérateur à bord (Photo 14). À Manantali, son nombre a très vite évolué depuis 1988. Si, dans les premières années du barrage, les pêcheurs travaillaient avec une pinasse, de plus en plus, cette dernière est remplacée par une pirogue motorisée construite sur place.

Photo 14 : Pirogue motorisée contenant de vieux réfrigérateurs

À la figure 36, le plus grand nombre de pirogues enregistrées dans le lac depuis 1989 est estimé à 268 pirogues en 2006 et comprend 29 pirogues motorisées. Parmi les 266 pinasses de 2011, 56 sont motorisées. Une période de baisse du nombre total de pirogues est notée entre 1994 (185 pirogues) et 1998 (148 pirogues). C'est l'année 1996 qui a enregistré le nombre le plus bas, en l'occurrence 134 pinasses. En 2013, il y avait sur le lac de Manantali 155 pirogues non motorisées et 103 pirogues motorisées.

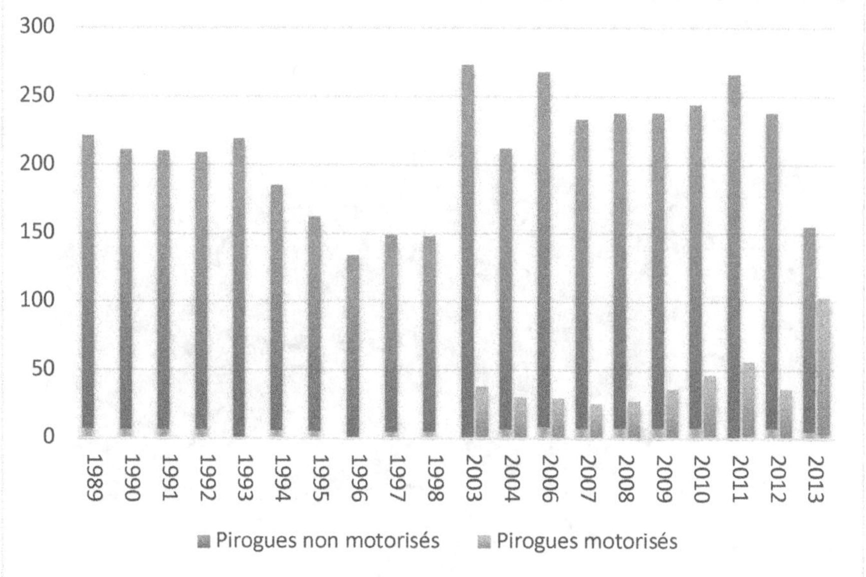

Figure 36 : Évolution du nombre de pirogues en amont

L'année 2003 correspond au début du fonctionnement de la centrale hydroélectrique. À partir de cette date, les pêcheurs ont eu la possibilité d'acheter de la glace dans le village de Manantali aval et de conserver plus de poissons dans de vieux réfrigérateurs installés désormais dans les pirogues. L'accès à cette glace a réduit les pertes de poissons et permis une croissance des ventes de poissons frais. Les pêcheurs qui ont vu leurs revenus augmenter ont ensuite acheté des moteurs pour pouvoir aller plus loin et plus vite sur le lac.

Filets

La conception ou l'achat du filet varie en fonction du type de poisson qu'on souhaite attraper et de son prix. Dans la majorité des cas, les pêcheurs utilisent les filets maillants dormants comme principale technique de pêche (Photo 15). Le nombre de filets de pêche a augmenté à partir de 2006 (1 865 filets). En 2013, il y avait 1 601 filets (Planche figures 1).

La technique du filet dormant consiste à poser les filets dans la journée depuis la pinasse. Ces filets passent la nuit dans l'eau et sont récupérés le lendemain matin. Auparavant, il avait connu une baisse à partir de 1995 (615 filets) et de 1997 (685 filets), alors qu'en 1991 il y avait 979 filets recensés. D'après les pêcheurs, c'est parce que les poissons se font plus rares ou qu'ils sont de plus en plus dans les zones profondes du lac. Les poissons se seraient-ils adaptés à leur environnement lacustre ou seraient-ils surexploités, avec le développement de la pêche ?

Photo 15 : Pêcheur qui retravaille les mailles de son filet

« Avec deux filets, on nourrissait nos familles. Maintenant, il faut aller dans les zones profondes jusqu'à 20 m avec cinq filets pour espérer avoir le même nombre. Le filet est le meilleur outil pour attraper beaucoup de poissons. Au début, il était utilisé par peu de pêcheurs, car il coûtait cher. Maintenant, tous les pêcheurs qui ont les moyens s'en procurent. On peut avoir les hameçons pour 10 000 à 15 000 FCFA [...]. Or, pour 90 m (100 yards) de filet "multifilaments", il faut entre 50 000 et 100 000 FCFA environ. La coopérative des pêcheurs vend les 100 yards à 10 250 FCFA, mais, au marché, ils coûtent 12 500 FCFA approximativement. Nous achetons les filets, puis on en reprend les mailles, en plus petit ou plus grand, en fonction de la pêche que nous voulons faire. Les filets à quatre doigts de mailles attrapent plus de poissons moyens. Les filets de six doigts peuvent attraper de gros poissons, par exemple une carpe de 1,5 kg[131]. »

[131] Enquête auprès des habitants des campements, été 2012.

Tableau 6 : Maillage des filets de pêche

Campement	Maillage (doigts)	Campement	Maillage (doigts)
Bakaina Daga	1,5 à 5	Kambou Dangan	3 à 6
Dembakourou	1,5 à 6	Doukankono	1,5 à 7
Burkina Daga	1,5 à 10	Némabougou	3 à 5
M'Baba Daga	3 à 7	Kérouané	2,5 à 5
Kéba Daga	2 à 7	Madina N'di	4 à 6
N'Gougny n° 1	2,5 à 6	Maman Daga	3,5 à 6
Goungoudala	2 à 3	Friya Dangan	2 à 4
Diamnaty	1,25 à 9	Friyakoro	2,5 à 4
Koua Dokodoko	1,5 à 4,5	Madinacoura	1,5 à 4
Samai Ladji Daga	2 à 5	Koulounidjan	1,5 à 3
Balamine Daga	2,5 à 6	Gof Séléké	3 à 6

Selon un chef de campement, les filets sont encore construits par les pêcheurs eux-mêmes, mais cela tend à disparaître, car ils utilisent de plus en plus des filets achetés à Bamako, à Kita ou à Kayes. Cette transformation de la culture bozo reliée au changement d'un outil du travail de pêche semble perturber ce chef de campement : « Les filets de pêche qui étaient faits à la main sont maintenant fabriqués par des machines et de plus en plus achetés dans les villes. » Cette inquiétude est liée au fait que les pêcheurs, par manque de temps, par facilité ou tout simplement pour s'adapter à la taille, aux types et aux zones de pêche, décident d'acheter des filets et de retravailler les mailles.

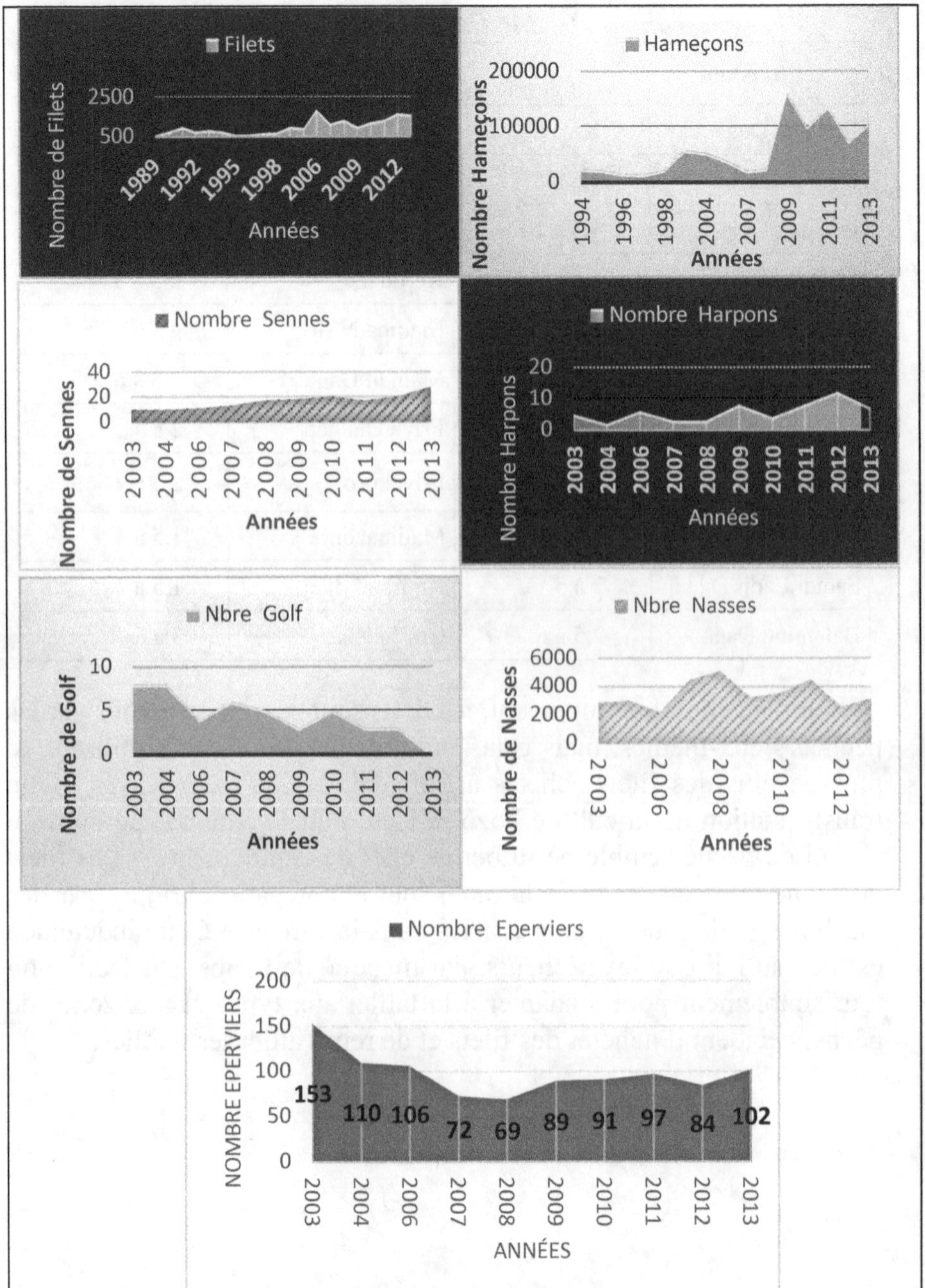

Planche figures 1 : Évolution de l'utilisation des outils de pêche

Les hameçons, les sennes, les harpons, les golfs, les nasses et les éperviers sont des outils complémentaires aux filets (Planche figures 1).

Hameçons

Alors que les chiffres pour les filets et les pinasses existent depuis 1989, le recensement du nombre d'hameçons n'a commencé qu'en 1994 (23 663 hameçons). La figure ci-dessus concernant le nombre d'hameçons (Planche figures 1) est composée de quatre périodes. La première période est de 1994 à 1998, où le nombre ne dépasse pas les 21 000 hameçons. À la reprise du suivi en 2003, il y avait 57 073 hameçons. Il y a eu une augmentation ces dernières années (depuis 2011 : 135 430), après une baisse autour de 2007 (20 495).

Sennes

Le recensement du nombre de sennes (gros filets) permet d'avoir des données observables entre 2003 et 2013. Le nombre de sennes utilisées a crû de 2003 à 2010. Cependant, il recule en 2011. Une remontée de la courbe commence en 2012.

Harpons

Les années qui ont enregistré la plus grande utilisation du nombre de harpons sont 2003 (5), 2006 (6), 2009 (8) et 2012 (12). Les données sont faibles dans les années intermédiaires.

Golfs

Les golfs demeurent très peu utilisés dans la zone : moins de 10 entre 2033 et 2010. La dernière tendance enregistrée était à la baisse. Or, en 2013, une tendance à l'augmentation a été déclenchée après une phase de baisse. Les hommes sont ceux qui utilisent principalement cet outil :

« Notre système de pêche est efficace. Nous utilisons une pirogue motorisée et on met le filet plusieurs heures dans l'eau pendant la nuit. À un certain moment, on commence à taper sur l'eau et les poissons effrayés tombent dans le piège. En une nuit, on peut reproduire le même système sur cinq à dix sites de pêche au niveau du lac en amont[132]. »

Nasses

Dans leur activité de pêche occasionnelle, les femmes travaillent avec des nasses. Elles posent les paniers de pêche ou les nasses le soir et à l'aube (Planche photos 11). Dès l'aube, elles passent récupérer les nasses dans l'eau et les posent une nouvelle fois, après avoir sorti les poissons pris. Les femmes mettent des boules de mil dans la nasse pour

---

[132] Entretien avec un pêcheur du village de Manantali, juin 2014.

attirer les poissons. L'avantage de cette technique est que la pose est facile. Les femmes préfèrent les installer dans des endroits calmes entre les rochers du lac. Toutefois, les nasses étaient moins utilisées en 2012.

Éperviers

Les éperviers sont des filets coniques garnis de plombs. À l'image de la diminution de l'utilisation des golfs et des nasses, le nombre d'éperviers est passé de 153 en 2003 à 102 en 2013.

Planche photos 11 : Outils de pêche des femmes

L'analyse des outils de pêche montre que, ces dernières années, ils sont très adaptés aux différentes saisons et aux lieux de pêche. L'augmentation de l'intérêt porté à cette nouvelle activité en progression a conduit à l'utilisation d'une diversité de techniques de pêche. Par exemple, depuis 2009, d'autres outils sont recensés : il s'agit des palangres appâtées (PLA) et des palangres non appâtées (PLNA).

Palangres

Les données concernant les PLA sont : 154 en 2009, 153 en 2010, 128 en 2011 et 149 en 2012. Les PLNA sont estimées à 63 en 2009, 69 en 2010, 111 en 2011 et 33 en 2012.

En résumé, la mise en eau du barrage et la création du lac ont encouragé les habitants des campements dans le développement du secteur de la pêche. Avant le barrage, cette activité était loin derrière l'agriculture et l'élevage dans les villages installés dans cette zone. Cet espace est devenu une zone de pêche en croissance qui attire de plus en plus d'habitants des villages riverains autochtones. Toutefois, l'accélération du nombre de nouveaux campements a augmenté la pression sur les zones de pêche, sur la quantité de prises et sur la diversification des techniques. Les pêcheurs sont conscients des effets qu'ils ont sur le lac :

« Nous pensons que la technique de pêche du tapage sur l'eau et les sennes de rivage, qui consistent à tirer les poissons jusque sur les berges, dégradent plus l'environnement du lac. Pour la première, le risque est la fuite des poissons. Effrayés, ils vont ailleurs, alors qu'une semaine après on ne peut rien avoir sur une même zone. La coopérative des pêcheurs voulait interdire ce mode de pêche, mais il y a eu des cas de conflits et elle n'a finalement pas pu atteindre son objectif [...]. On a plus de poissons avec cette technique, mais on est conscients qu'elle est dangereuse pour l'environnement lacustre. Chacun peut pêcher comme il l'entend, où il veut, sauf pendant les périodes de pêche des sennes de rivage. Pour ce type de pêche, il faut d'abord nettoyer le milieu et s'assurer qu'il n'y a pas d'arbres pendant les basses eaux. Le pêcheur qui souhaite faire ce type de pêche prévient la coopérative, qui informe les autres pêcheurs de ne pas toucher à la zone visée. La senne de rivage nécessite de gros filets et de grandes cordes spéciales[133]. »

Ce même interlocuteur, un des rares pêcheurs de l'aval, s'est prononcé sur la manière dont ils s'organisent en fonction des horaires fixés par les exploitants du barrage, par mesure de sécurité depuis la crise au Mali :

« Nous avons un problème à cause des horaires du barrage. Des heures strictes de pêche sont fixées depuis le problème des djihadistes au Mali. La sécurité du barrage est renforcée. Les gendarmes interdisent de partir à la pêche avant 6 h et il faut impérativement remonter avant 18 h, sinon il faut dormir dans les campements, alors que notre moteur peut tomber en panne. On a en réalité besoin de plus de temps [...]. Par exemple, si nous partons à 6 h du matin, le temps de poser nos filets et de récupérer nos poissons, il est presque 10 h. Les femmes du marché ont déjà vendu leurs poissons ; il n'y a plus de clients pour nous. Nous sommes obligés

[133] *Ibid.*

de donner les poissons aux commerçants qui partent dans les zones d'orpaillage de Kéniéba[134]. »

Avant ce nouveau règlement, les pêcheurs de l'aval pouvaient partir à n'importe quelle heure sur le lac.

Résumé du chapitre 6

Ce chapitre a exposé les changements introduits dans les activités économiques par le barrage. Les informations découlant des enquêtes auprès des habitants ont permis de saisir les perturbations de l'agriculture, de l'élevage et de la pêche.

Les tentatives de développer l'irrigation ont enregistré des échecs, car les habitants se sentent incompris. Les agents de l'ADRS continuent les campagnes de sensibilisation sur les potentiels agricoles des villages environnants du barrage. Cependant, la tendance dans les villages semble plutôt le départ vers les zones minières, qui attirent de plus en plus de populations qui investissent dans la construction de maisons en dur. De l'autre côté, les cadres et autres fonctionnaires venus travailler au barrage manifestent un intérêt plus marqué pour les parcelles des périmètres irrigués non exploitées. L'obtention du titre de paysan pilote par un travailleur de la société d'exploitation montre les bénéfices obtenus par ce dernier, qui emploie malgré cela les autochtones agriculteurs de la zone rémunérés à la journée. L'agriculture reste l'activité principale, nonobstant toutes ces difficultés, dans la majorité des villages en aval.

Les problèmes du secteur de l'élevage dévoilent qu'il a été moins accompagné que l'agriculture. Toutefois, les éleveurs ont développé des stratégies. En premier lieu, les animaux sont de plus en plus envoyés vers les zones les plus pluvieuses de la frontière guinéenne. À l'échelle de la région de Kayes, les éleveurs préfèrent acheter des moutons et des bœufs pour les revendre au Sénégal. La vente des productions locales se solde généralement par des achats de produits de première nécessité ou de matériel de travail pour les courriers ou bien les pêcheurs sur le lac.

[134] *Ibid.*

CHAPITRE 7 : LA ZONE DE CHALANDISE DES VENTES DES PRODUCTIONS LOCALES

Après la mise en eau du barrage de Manantali, son lac est devenu une ressource en eau pour la production d'énergie et les besoins des habitants, mais surtout une réserve de poissons avec un riche peuplement piscicole. Le lac a favorisé une rupture avec l'ancienne image de la pêche locale, qui est désormais une activité principale, comme l'agriculture et l'élevage en aval.

Ce chapitre 7 explique l'évolution des quantités de poissons pêchés dans le lac et les lieux de commercialisation des productions locales. Comment évolue la quantité des poissons pêchés dans le lac de Manantali depuis 1988 ? En quoi l'accès à l'électricité – donc à la réfrigération – dans le village de Manantali va-t-il changer les catégories de poissons vendus ?

Quantité importante de poissons du lac

La quantité de poissons pêchés dans le lac est recensée par la Cellule limnologique de la société d'exploitation (pour le compte de l'OMVS) et par le représentant du Service de la pêche dans la commune de Bamafélé (pour le compte du ministère de la Pêche du Mali). Les données sont enregistrées au débarcadère de Manantali ou bien au marché de Manantali (une fois par semaine).

Le choix d'étudier cette quantité de poissons débarquée à Manantali est lié à une volonté de connaître le poids de la pêche de Manantali et de voir l'évolution de la quantité de produits par catégorie. C'est dans ce contexte que nous avons choisi de ne considérer que les années qui ont des informations complètes de janvier à décembre.

Des milliers de kilogrammes de poissons

La pêche dans le lac de Manantali produit plusieurs centaines de milliers de kilogrammes de poissons par an (Figure 37). Ils sont estimés en 2011 à 743 165 kg. Dans les premières années du barrage, la production était plus élevée, avec une petite exception pour l'année 1990 (seulement 601 188 kg).

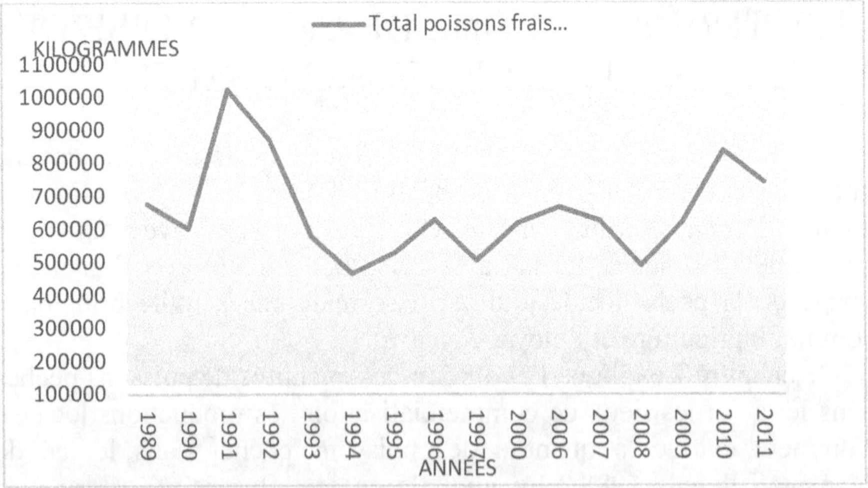

Figure 37 : Production de poissons frais entre 1989 et 2011

Les chiffres de 1989, 1991 et 1992 sont respectivement 676 983, 1 024 319 et 870 238 kg de poissons frais pêchés. Cette période de croissance est suivie d'une phase de diminution de la quantité entre 1994 (465 521 kg) et 2008 (489 577 kg). Ces deux années enregistrent même les plus petites quantités. Puis, la courbe connaît une montée pour 2009 et 2010.

« Si la pêche est bonne, nous pouvons avoir jusqu'à 120 kg de poissons ou plus, c'est-à-dire 150 000 FCFA par jour. Les mauvais jours, on a entre 10 et 20 kg, donc environ 10 000 et 50 000 FCFA.[135] »

La figure 37 met en exergue le total de poissons frais correspondant à la somme des quantités des trois catégories, c'est-à-dire le poisson frais, le poisson séché et le poisson fumé.

Anoh (2007) rapporte qu'en 2007, en Côte d'Ivoire :

« Certaines unités de pêche au filet ont trouvé dans l'usage de la glace un moyen inespéré de pêcher du poisson plus loin et plus longtemps sans risque d'avaries de la production. Pour ces pêcheurs, l'usage de la glace permet de réaliser d'importantes économies, car, désormais, le retour à la terre n'intervient pas sans avoir réalisé des prises importantes. »

Le calcul de ce total se fait de la manière suivante : d'abord, le total mensuel de poisson fumé et le total mensuel de poisson séché sont convertis en frais. Ce mode de calcul a été communiqué par l'agent

[135] Entretien avec un pêcheur du village de Manantali, juin 2014.

représentant l'OMVS à Eskom et responsable du suivi limnologique dans les premières années du barrage. Il part de l'idée que le poisson séché et le poisson fumé perdent leur poids après transformation. Par conséquent, nous avons appliqué la formule de conversion suivante aux données mensuelles de toutes les années, de 1989 à 2011 : totaux de poissons frais = (poisson fumé x 3) + (poisson séché x 4). Les données du tableau 7 l'illustrent.

Tableau 7 : Exemple de résultats de conversion en équivalents poissons frais

Mois	Avant conversion (kg)				Après conversion équivalent frais (kg)		
1989	**Frais**	**Fumé**	**Séché**	**Total**	**Fumé**	**Séché**	**Total**
Mars	1219,5	19 826,5	899	21 945	59 479,5	3596	64 295
Avril	405,5	30 572,5	1677,5	32 655,5	91 717,5	6710	98 833

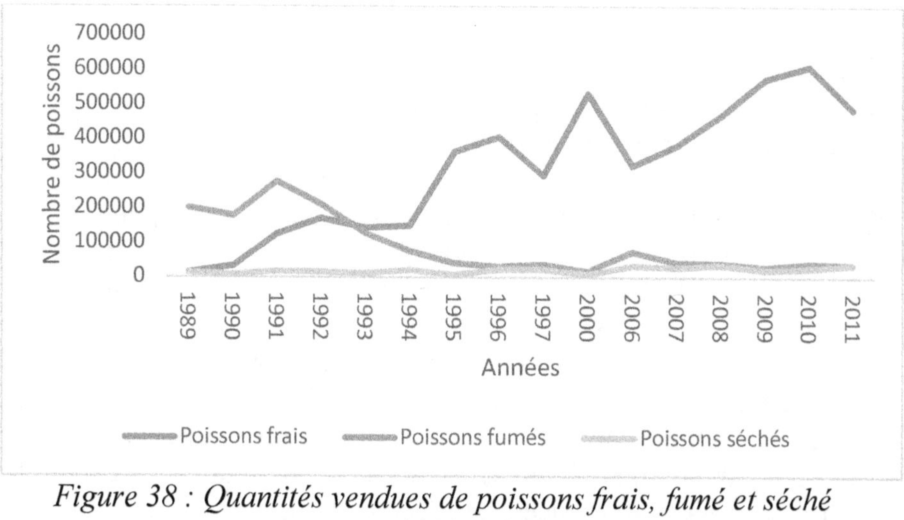

Figure 38 : Quantités vendues de poissons frais, fumé et séché entre 1989 et 2011

La figure 38 montre une augmentation du nombre de poissons frais depuis 1989. La courbe du poisson séché est moins importante. Contrairement à la situation des deux premières courbes, les pêcheurs débarquent et vendent de moins en moins de poisson fumé. La baisse a commencé en 1992 et s'est accélérée à partir de l'année 2003. Cette situation est liée à l'installation et au fonctionnement de la centrale, qui ont conduit à l'électrification de Manantali et de Bamafélé.

Par conséquent, il est désormais possible pour les pêcheurs qui le souhaitent de pêcher tous les jours et d'écouler le plus rapidement possible les poissons frais sans être obligés de les sécher ou de les fumer afin de les conserver le plus longtemps :

« Dans ce secteur, la chefferie est partie prenante dans l'organisation et la gestion des plans d'eau. La détermination des jours de pêche et des règles et principes qui régissent l'exploitation des eaux incombe généralement à l'autorité traditionnelle. » (Anoh, 2007)

Selon l'ADRS (2011) : « Les quantités les plus importantes de poisson fumé sont commercialisées de janvier à mars, alors que, pour le poisson séché, c'est en janvier et février. »

Dans la partie amont du barrage, c'est une économie de pêche qui influe sur les revenus quotidiens familiaux des campements. La vente de poissons permet de répondre aux besoins quotidiens.

Commercialisation des poissons et des produits agricoles

Dans les villages non riverains du lac, les ventes concernent principalement les produits agricoles (Carte 21). Il s'agit aussi bien des rendements de l'agriculture pluviale que du maraîchage. Les villages qui exportent des produits agricoles sont principalement composés d'autochtones. Ce sont notamment les cas de Diokéli (dont plus de 65 % des produits agricoles exportés), de Maréna, de Kondonia, de Goumbalan et de Diakhaba. Le village de Maréna est le plus grand exportateur de bétail (8 %).

Les poissons occupent le deuxième rang des produits exportés, soit 13 %, selon l'ensemble des zones (Carte 22). Plus particulièrement, les plus grands commerçants de poissons sont les campements de pêche de Manantali amont ; il s'agit de 97 % de leurs exportations. Ils exportent aussi des pirogues fabriquées sur place (2 %) et des marchandises de petit commerce dans des campements voisins (2 %).

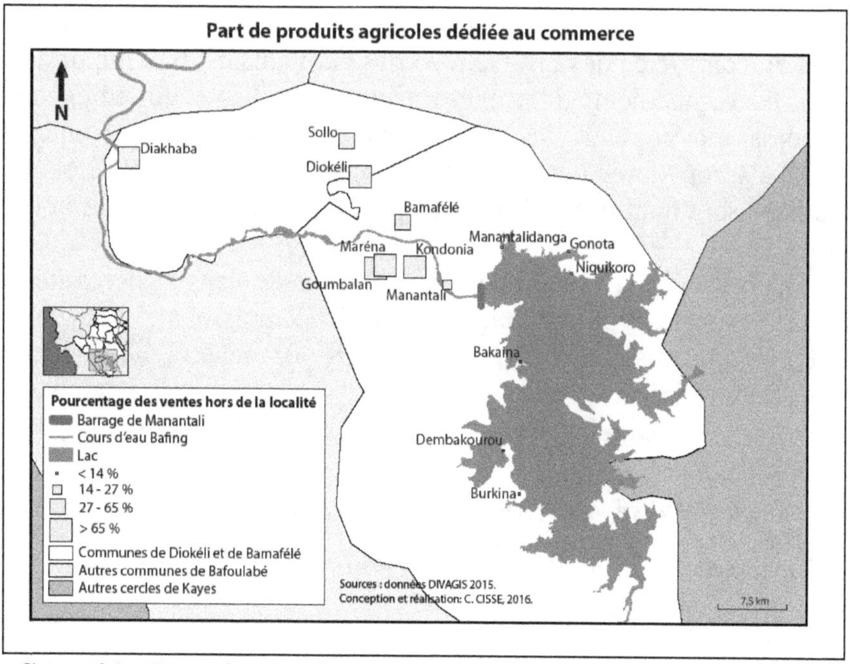

Carte 21 : Part des produits agricoles dans les ventes par localité

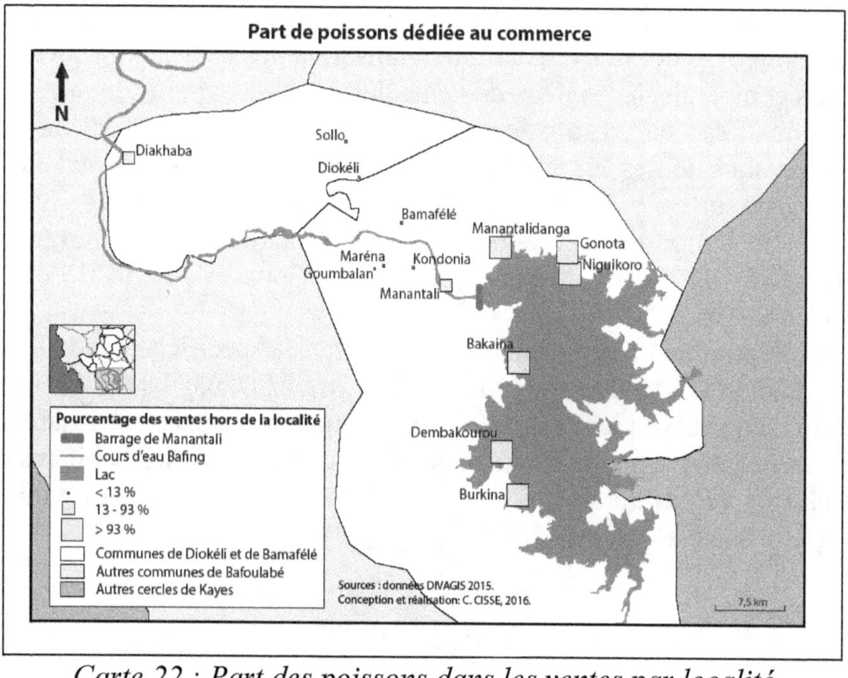

Carte 22 : Part des poissons dans les ventes par localité

Au total, il existe une différence entre les localités dans lesquelles le poids du commerce des productions des habitants est très important, à savoir les campements de pêche. Ensuite, les villages qui enregistrent un poids moyen dans les exportations sont Bamafélé, Kondonia, Goumbalan et Maréna. À l'opposé, Manantali aval, Sollo, Diokéli et Diakhaba sont marqués par un poids plus faible dans les ventes hors de la localité.

La spécificité du village de Manantali réside dans la diversité des produits exportés : produits agricoles (14 %), poissons (13 %), bétail (3 %), marchandises de petit commerce (8 %), métal (1 %) et denrées alimentaires (2 %).

Le village de Diakhaba est le seul qui exporte de l'or (1 %).

Zone de chalandise des ventes des productions locales

Quels sont les principaux lieux où les produits locaux sont vendus ?

<u>À l'échelle locale : une priorité au village de Manantali</u>

Comme vu dans le chapitre 4, le barrage aurait complètement modifié le statut du village de Manantali aval, considéré désormais comme un centre rural. Le poids de ce village se fait à nouveau sentir dans l'analyse des lieux de commercialisation des productions locales.

La comparaison des lieux de vente des produits exportés montre que Manantali est leur destination principale. En effet, la carte 23 montre que presque toutes les productions des habitants de Manantali aval (91 %) ne sortent pas du village. En outre, au marché de Manantali, sont vendues les productions des habitants de pêche (68 %), des villages de Bamafélé (44 %), de Maréna (67 %), de Goumbalan (56 %) et de Kondonia (63 %).

Contrairement aux premiers villages cités, la spécificité des villages de Diokéli (3 % seulement à Manantali aval), de Diakhaba (18 %) et de Sollo est qu'ils vendent majoritairement leurs produits dans les marchés hebdomadaires de leur village respectif. Autrement dit, les habitants de Diakhaba vendent à 58 % leurs productions dans le marché du village et à 1 % dans la ville de Mahinanding[136].

---

[136] Cette localité se trouve entre Diakhaba et la ville de Mahina. Son nom signifie « petit Mahina » en langue malinkée.

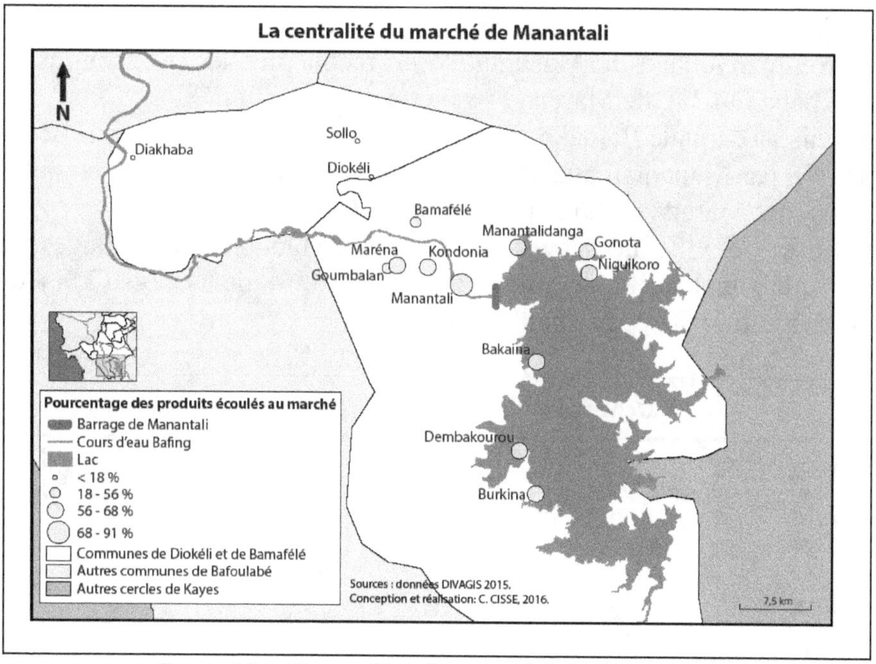

Carte 23 : Centralité du marché de Manantali

Les villages de Diokéli et de Sollo tiennent des marchés hebdomadaires (jeudi ou mardi). De ce fait, 97 % des productions de Diokéli sont vendues à Diokéli et, pareillement, 96 % de celles de Sollo sont écoulées dans son marché hebdomadaire. Les deux marchés hebdomadaires reçoivent après les productions des villages de Bamafélé (56 %) et de Diakhaba (29 %).

Les villages en aval montrent une dépendance au marché du village de Manantali, alors que les campements de pêche et le village de Manantali en aval eux-mêmes sont plus tournés vers les villes.

<u>Les marchés des villes : lieux de commercialisation des produits de la zone riveraine</u>

Les lieux de commercialisation constatés sont les suivants : les marchés des villes de Mahina, de Kita, de Kéniéba, de Kayes et de Bamako (Carte 24). Dans l'ensemble, la ville qui se particularise dans l'analyse des zones de vente des productions locales est Kita, qui se trouve à environ 100 km au sud-est de la zone du barrage. Les exportations des campements de pêche (49 %), de Bamafélé (1 %), de Maréna (1 %) et de Diakhaba (1 %) sont dirigées vers Kita.

Cette ville est suivie de près par la ville de Mahina, à 80 km approximativement de Manantali. Elle reçoit plus les productions de Diakhaba (34 %), de Maréna (4 %) et de Manantali (7 %).

Puis, la capitale Bamako est ravitaillée par les campements de pêche (15 %), par Manantali aval (8 %), par Bamafélé (1 %), par Goumbalan (2 %), par Maréna (2 %) et par Diakhaba (2 %).

Enfin, la ville de Kayes reçoit les productions des villages de Manantali aval (6 %), de Manantali amont (6 %), de Maréna (2 %), de Goumbalan (4 %) et de Diakhaba (4 %).

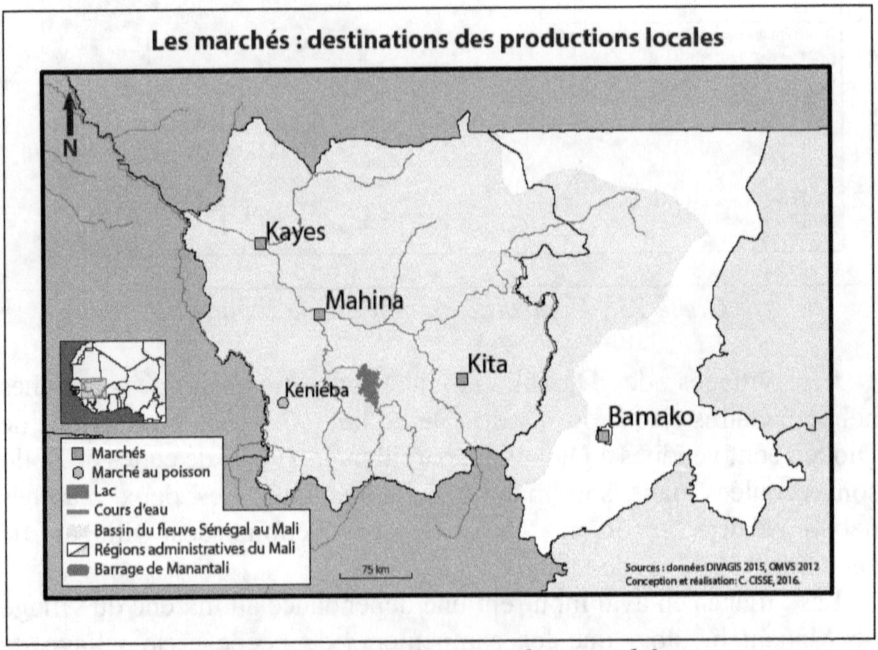

Carte 24 : Localisation des marchés et destinations des productions locales

Les exportations vers les pays voisins du Mali, notamment le Sénégal, la Guinée et la Mauritanie, sont faibles et concernent essentiellement les villages comme Diakhaba (1 %), Manantali (1 %) et Maréna (1 %).

Une principale distinction est donc visible entre les villages qui exportent plus vers le village de Manantali ou à l'échelle régionale et nationale, voire internationale, dont les villages de Diakhaba, Manantali aval, Maréna et les campements de pêche. Les villages de Diokéli, Sollo, Kondonia, Goumbalan et Bamafélé écoulent pour leur part leurs productions dans les marchés hebdomadaires locaux.

Une place importante des denrées dans les importations

Après la vente des productions locales dans les villes et la capitale, les villages riverains s'y procurent principalement des denrées alimentaires (Carte 25), même si 37 % ne se ravitaillent que dans les marchés locaux.

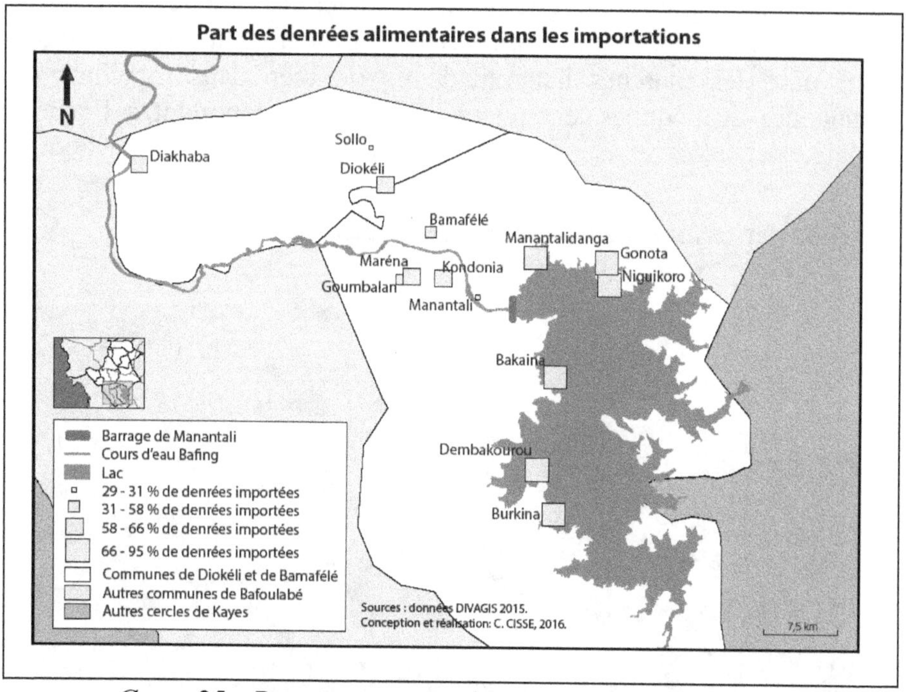

Carte 25 : Part importante des denrées alimentaires dans les importations

Les autres produits achetés sont des marchandises de petit commerce (4 %), du matériel de pêche et de navigation, du matériel de construction (1 %), du carburant (1 %), du bétail (1 %) et des médicaments et du matériel pour les centres de santé (1 %).

D'autre part, les habitants des villages de Kondonia, de Diokéli, de Sollo, de Goumbalan et de Bamafélé acquièrent généralement des denrées alimentaires dans leur propre village et dans des villages voisins (Diokéli et Sollo) où se tiennent les marchés hebdomadaires. En outre, ils peuvent s'approvisionner en matériel de pêche et de navigation et en matériel de construction à partir de Manantali aval. Les médicaments et le matériel pour les centres de santé proviennent en revanche du cercle de Bafoulabé. Les villages de Diakhaba, de

Manantali aval et des campements de pêche sont plus dépendants des villes et de la capitale pour les achats de denrées alimentaires et de matériel de pêche et de navigation.

La localisation du village, la proximité des routes et la disponibilité des moyens de transport semblent avoir des effets sur la classification des rapports entre les zones étudiées et les destinations de leurs productions. On constate une différence avec les villages de Diokéli, Sollo, Kondonia, Goumbalan, Maréna et Bamafélé, qui se ravitaillent plus dans les marchés hebdomadaires ou bien dans le village de Manantali aval, qui jouent ici encore un rôle important à l'échelle locale.

Variété des circuits de commerce des poissons du lac

Planche photos 12 : Rencontre du samedi au débarcadère de Manantali

Le commerce de poissons du lac suit plusieurs circuits de vente. À l'exception de l'écoulement dans les campements, le premier lieu de rendez-vous est le débarcadère de Manantali. Chaque samedi, le débarcadère du barrage de Manantali reçoit les pêcheurs ou bien les commerçants de poissons des campements. À partir de 10 h et jusqu'à 17 h approximativement, des pinasses se succèdent sur le quai du débarcadère (Planche photos 12). Une fois au débarcadère, les femmes et les enfants profitent du voyage pour faire des achats ; réparer les équipements ou les habits abîmés ; voir leur famille et leurs amis ; ou continuer à Bamako, Mahina ou Kayes.

Les pêcheurs commencent par vider la pirogue avec l'aide des porteurs de chariots. Au débarcadère, ces derniers interviennent dans la seconde étape de la commercialisation. Ils gagnent presque 1 500 FCFA pour aider à monter les poissons vers le pont et assurer le transport d'un chariot du débarcadère au marché de Manantali.

Les poissons qui ne sont pas vendus à Manantali (débarcadère) sont pesés au marché et mis dans des camions d'environ 10 tonnes. Ils sont destinés aux marchés de Bamako, de Kayes et de Kéniéba, où les prix de vente sont différents (Planche photos 13).

Planche photos 13 : Camions de transport des poissons du lac vers Bamako

Une grande irrégularité des prix

Variation entre l'amont et l'aval du barrage

Dans les zones environnantes, les prix du poisson varient beaucoup entre l'amont et l'aval du barrage. Ils sont aussi différents en amont, entre les campements de la rive gauche et ceux de la rive droite.

Variation selon le type de préparation du poisson

Deuxièmement, le prix du poisson varie suivant le type (fumé, séché, frais) :

« Nous vendons le kilo de carpes, par exemple à 1 500 FCFA à un vendeur de poissons. Au marché de Manantali aval, ce kilogramme est revendu entre 1 750 et 2 000 FCFA. Les campements qui sont accessibles par pinasse ou par moto commercialisent plus cher leurs poissons aux vendeurs. Les campements qui sont plus enclavés vendent le poisson encore moins cher que les premières localités. Par exemple, le capitaine vendu à 2 000 FCFA en aval ne coûte que 1 200 FCFA en amont [...]. Les poissons vendus à 850 FCFA en aval coûtent entre 500 et 650 FCFA en amont. Enfin, les prix du poisson varient aussi en fonction de la taille et de l'espèce. Il est entre 850 (pour le synodontis, p. ex.) et 3 000 FCFA (pour les capitaines)[137]. »

Le kilogramme de poisson fumé est fixé à 1 000 FCFA, quels que soient la saison, la taille et le type.

Variation selon les campements en amont

Finalement, le prix du poisson en amont est différent entre les campements suivant l'accès. Le kilogramme de poissons coûte entre 350 et 2 000 FCFA en amont. Ce prix est différent du prix fixé en aval au débarcadère, lui aussi moins cher que le prix fixé dans les marchés des villages de l'aval et dans les villes de Kayes, Bamako, Kita ou Kéniéba. En effet, les poissons sont proposés à la vente entre 600 et 3 000 FCFA le kilogramme.

Variation au grand marché de Mahina

Le marché de Mahina se présente comme le plus grand marché proche du barrage de Manantali. Une vente de produits agricoles et de poissons enrichit les tables et les magasins. La construction d'un hangar par l'OMVS avec des tables et un sol carrelé laisserait penser que, contrairement à notre première visite (étalement par terre en 2009), le

[137] Entretien avec un pêcheur du village de Manantali, juin 2014.

commerce de poissons s'est développé. On note cependant des points critiques émis par les vendeuses de poissons bénéficiaires de cette construction. Une vendeuse de poissons explique :

« Ce hangar est une bonne chose, mais je préfère être par terre comme avant, car il est très difficile de se déplacer dans les couloirs du hangar lorsqu'il y a trop de clients. Ils auraient dû nous demander notre avis[138]. »

Le tableau 8 montre qu'à Mahina, le prix du poisson varie entre 500 et 3 000 FCFA. Ils sont vendus en tas ou en kilogrammes. La spécificité du marché de Mahina est qu'il reçoit les poissons du Bafing, du Bakoye et du fleuve Sénégal. Ces poissons sont amenés directement au marché dans des sacs de riz par les pêcheurs de la ville. Chaque pêcheur de Mahina a une commerçante associée qui vend les poissons et lui donne sa part. Pendant toute la matinée, le pêcheur reste assis sous le hangar pour attendre son argent.

Tableau 8 : Prix des poissons et produits agricoles à Mahina

Poissons frais/kg	**Prix à Mahina**
Capitaine	2500
Silure ou manokos	750
Bamam	1500
Carpe	1250
Komkom	1000
Dolam	1500
Petits poissons par tas	750 à 1000
Poisson fumé/kg	
Capitaine	2000
Silure ou manokos	1500
Bamam	1250
Autres	1000

138 Enquête au marché de Mahina, été 2012.

Effets de la variation des prix du poisson

La grande différence des prix du poisson du lac crée une difficulté et une inégalité d'accès au poisson pour les populations les plus modestes de Manantali et celles des villages environnants du barrage.

Par exemple, pour avoir du poisson à Manantali, malgré la quantité importante débarquée chaque samedi, il faut vraiment négocier. Les pêcheurs refusent souvent de vendre leurs poissons à Manantali pour les raisons évoquées précédemment. Par ailleurs, ils estiment pouvoir les distribuer plus cher en les exportant vers les grandes villes (Mahina, Bamako, Kita, Kayes et Kéniéba).

Un autre facteur concerne les commandes de poissons qui se passent durant les jours de semaine dans les campements. Certains commerçants de Manantali ou des grandes villes apportent de la glace sur le lac et passent leurs commandes sur place. Par la suite, le pêcheur les conserve jusqu'au jour du marché. Les poissons du lac sont donc fréquemment vendus à l'avance.

La vente des poissons aux marchés les plus offrants a été indiquée dans d'autres cas d'études par des géographes :

« Le poisson des pêcheurs professionnels continentaux sera de préférence vendu là où le pouvoir d'achat est le plus élevé, c'est-à-dire à Richard-Toll ou à Saint-Louis [au Sénégal], si bien qu'une bonne partie des riverains du fleuve ne consomment plus de poisson d'eau douce ou fort peu. » (Magrin et Seck, 2009)

Selon ces auteurs, de nouveaux acteurs ont fait une arrivée remarquée sur le marché du poisson de Richard-Toll au Sénégal. En 2006, des commerçants maliens de Kayes s'y approvisionnent régulièrement. Ils étaient déjà allés chercher du poisson à Joal ou à M'bour, mais des relations nouées avec un mareyeur de Richard-Toll ont révélé des possibilités locales d'autant plus intéressantes que les Maliens préfèrent le poisson d'eau douce, auquel ils sont habitués. La demande croissante du marché intérieur le rend rare et onéreux.

Il est possible que le bitumage (2004) du tronçon de Kidira à Kayes (90 km) ait aussi joué un rôle dans cette arrivée.

Aussi, les Maliens achètent le poisson au kilogramme et non en tas, ce qui ferait monter les prix. Ils ont une préférence pour les espèces à forte valeur, comme les tilapias, mais surtout le capitaine (*Lates niloticus*) ou l'aba (*Gymnarchis niloticus*) (Magrin et Seck, 2009).

De Manantali à la ville : un circuit qui crée des emplois

La ville de Kayes se situe à plus de 250 km de Manantali. Le trajet entre les deux localités se fait en 4 ou 5 h. Une commerçante nous explique que c'est grâce à la pêche développée par le barrage de Manantali qu'elle a créé son entreprise familiale de commerce du poisson. Elle travaille avec ses frères et a recruté d'autres jeunes de Kayes. Situés à plus de 250 km de Manantali, les membres de son équipe font le trajet aller-retour une fois par semaine. Lors d'un voyage, ils peuvent acheter à Manantali entre 80 et 500 kg ou même parfois 1 tonne de poissons.

Le transport de ces poissons vers Kayes est permis par des caisses qui peuvent contenir jusqu'à 200 kg de marchandises. Ces dispositions permettent de voyager en plusieurs étapes.

D'abord, les membres de l'équipe transportent les caisses de poissons dans des bus qui font la navette de Manantali à Mahinanding. Les billets de transport par caisse coûtent environ 50 000 FCFA, alors que chaque personne débourse 3 000 FCFA.

La seconde étape du voyage est le trajet de Mahinanding à Kayes par le train. Cette étape nécessite le recrutement d'un personnel temporaire pour transporter les caisses de la voiture et les installer dans le train. Chaque travailleur est ainsi payé 2 000 FCFA par caisse.

La dernière étape, concernant l'arrivée à Kayes, exige également les services d'autres personnes qui aident au transport des caisses. Chaque personne recrutée pour ce travail reçoit 1 000 FCFA par caisse. Le transport vers la maison est fait dans des pousse-pousse loués à 1 000 FCFA par caisse.

Depuis Manantali, la commerçante estime un budget supplémentaire pour 150 morceaux de glace et une natte à 250 FCFA par caisse. Le total engagé pour le transport de chaque caisse de poissons de Manantali à Kayes est estimé à 8 540 FCFA et 5 000 FCFA pour les tickets par personne.

La vente des poissons à Kayes se fait en gros et au détail. Un hangar devant la maison de la commerçante constitue le lieu de vente. Les femmes vendeuses de poissons au grand marché de Kayes sont aussi ses clientes. Celles installées devant le marché devant la gare routière de Kayes sont également ravitaillées en poisson frais. En ce qui concerne la collaboration, les femmes vendeuses de poissons des deux marchés cités qui ont des revenus modestes reçoivent les poissons sous forme d'un crédit. Elles ne le remboursent qu'en fin de journée de travail.

Les poissons de Manantali sont quant à eux vendus dans trois marchés de Bamako : Sougounicoura, Médine et Bamakocoura.

Dans un second exemple, c'est une femme vendeuse de poissons au marché de Sougounicoura à Bamako qui nous explique le déroulement de son commerce de poissons de Manantali. Elle rapporte très clairement que le barrage de Manantali a permis d'augmenter les bénéfices et de changer le mode de vie : « Je possède maintenant trois camions qui font la navette chaque semaine entre Manantali et Bamako. Le kilogramme de poisson varie entre 500 et 3 000 FCFA[139] ». Les poissons vendus à Bamako proviennent, en plus de Manantali, de Mopti, de Gao, de Ségou (Markala), de Sikasso (Sélingué) et du Sénégal (Dagana).

Le métier de courrier : entre ventes de poissons et importations

Dans les villes et capitales citées, les populations profitent des productions locales (agricole et piscicole) de la zone de Manantali. Par conséquent, un nouveau métier relié au développement de la pêche a vu le jour : celui de courrier. Il est pratiqué par les habitants de la zone de Manantali et de la ville de Kita.

Le courrier est une personne qui assure la vente de poissons entre les campements du lac et les grandes villes à moto. Ce métier a connu son essor vers la fin de l'année 1999 et au début de l'année 2000.

À Manantali

Parmi les courriers, on retrouve davantage les étrangers allochtones, qui viennent généralement de Kita. Ils peuvent, dans des cas rares, être leur propre chef. Or, la plupart de ces courriers travaillent pour de grands commerçants de Kita. Dans cette ville, ils sont souvent logés par leur employeur. Comme dans le cas de l'équipe de la vendeuse de poissons de Kayes, les courriers respectent une organisation, ce qui leur permet de s'occuper de l'achat et du transport des poissons. Ils ne vendent cependant pas eux-mêmes les poissons.

Dans les campements de pêche

De plus en plus de pêcheurs pratiquent ce métier. Ce sont donc des pêcheurs-courriers qui ont développé leur propre clientèle au marché de Kita.

---

139 Enquête menée à Bamako, été 2012.

Certains se sont même totalement reconvertis. Ils ont très vite compris les avantages de ce nouveau métier. Ils ont commencé par acheter une moto pour faciliter le trajet vers Kita, qui est plus avantageux, et ils sont assurés de vendre leurs poissons dans la journée (Planche photos 14).

Par exemple, un aller-retour entre le campement de N'Gougny n° 1 et Kita (plus de 100 km) nécessite l'utilisation de 8 litres d'essence à moto, alors qu'un aller-retour à Manantali en pinasse consomme plus. Selon une vendeuse d'essence du campement, un litre d'essence coûtait 800 FCFA en 2012.

Planche photos 14 : Transport des poissons par des courriers à moto

Limites du métier

Une limite du système est que la quantité de poissons qui peut être transportée à moto est plus faible qu'avec la pinasse.

Le métier de courrier connaît d'autres difficultés, liées au manque de routes. Un exemple remarquable est le parcours effectué par un pêcheur du campement de la rive gauche. Le voyage commence par la traversée en pirogue du lac vers la rive droite. La moto et les poissons sont transportés dans la même pirogue. Pour aller à Kita, à partir de la rive droite, il faut traverser la forêt jusqu'à Banco, dans la localité de Kounkoufata, où le courrier retrouve une route bitumée. Le pêcheur-courrier raconte ainsi ses difficultés :

« Je fais 110 km pour arriver à Kita. Sur la route, je rencontre beaucoup de difficultés, surtout en saison des pluies, mais je ne peux pas m'arrêter, car l'argent, c'est pour la famille. En saison des pluies, la route est très mauvaise. On traverse dans la brousse des points d'eau et, parfois, il y a des pentes très fortes. En cette période, je fais généralement 3 h 30 de route, alors qu'en saison sèche, il est possible de faire le même trajet en 2 h[140] ».

Le schéma ci-dessous (Figure 39) illustre la répartition des poissons de Manantali et les échanges effectués lors des ventes.

Les enquêtes dans les campements de pêche ont mis en exergue les règles de fonctionnement du commerce du poisson. Sur les berges du lac à N'Gougny n° 1, les pêcheurs vendaient leurs poissons selon l'ordre d'arrivée des courriers. Leurs échanges sont basés sur la confiance, car les poissons remis au courrier ne sont payés qu'après la vente à Kita. Cela explique que chaque courrier et chaque pêcheur ait un carnet pour noter les échanges. Ils essaient de vendre le plus de poissons possible pendant chaque voyage. Les courriers n'hésitent pas à laisser leur moto sur la berge et à se rendre dans les campements voisins (N'Gougny n° 2 ou Diamnaty).

Avantages du métier

Les avantages du métier de courrier nous amènent à penser que les poissons du lac de Manantali seront plus destinés aux marchés de Kita et de Bamako. Les campements de pêche vont être de plus en plus ouverts vers Kita. Selon les habitants des campements, la possibilité de commercialisation des poissons du lac à Kita a facilité l'approvisionnement des populations en denrées alimentaires.

[140] Enquête auprès des habitants des campements, juin 2014.

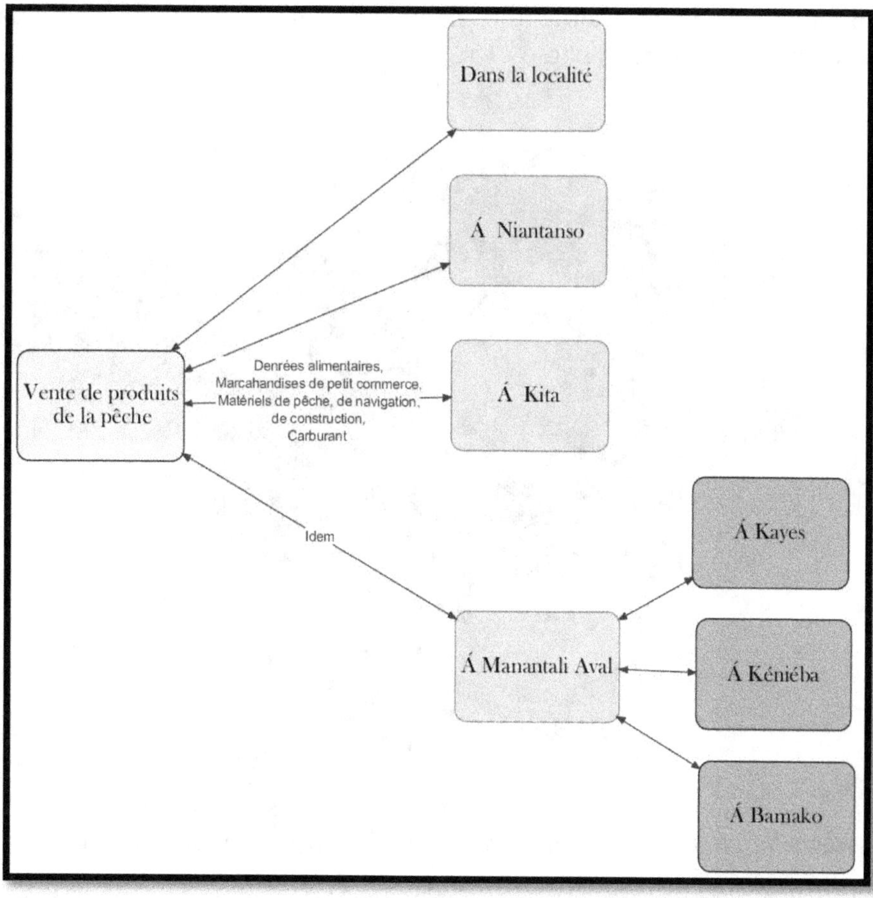

Figure 39 : Circuit de vente de poissons du lac de Manantali

Circuit de vente de poissons du lac de Manantali

Autrement dit, le courrier prend auprès des pêcheurs des poissons frais et auprès de sa femme du poisson séché ou fumé. À son retour de Kita, il fait des achats pour ces derniers. Sur la liste des courses fournie au courrier se retrouvent le plus souvent des médicaments, de l'huile et des condiments. Les pêcheurs qui peuvent se déplacer facilement vers Manantali aval préfèrent s'y ravitailler. En effet, ils y achètent généralement leurs équipements de pêche ou de navigation.

En dehors des courriers, les campements, même les plus enclavés, sont visités par des commerçants ambulants étrangers ou pêcheurs commerçants, qui ravitaillent les habitants en tissu, en riz ou encore en médicaments (Planche photos 15).

Planche photos 15 : Commerçants ambulants dans les campements

Nous avons rencontré un des plus grands commerçants ambulants, qui travaillait avec deux membres de sa famille. Il s'agit d'un Bozo qui est venu pour la pêche et qui a décidé de se consacrer entièrement à cette activité depuis 1995. Ce commerçant bozo a la priorité sur l'achat des poissons lors de ses jours de passage dans les campements. Ce commerce alimente plusieurs circuits de vente.

D'abord, le commerçant vend ses marchandises et achète en retour des poissons. Il raconte qu'il fait deux à trois voyages dans le mois entre Bamako, Manantali aval et les campements de pêche. Un tour dans tous les campements lui prend trois jours de voyage en pinasse, qui consomme 60 litres d'essence.

Ensuite, certaines femmes font du petit commerce en marchandant plus cher les produits achetés chez le commerçant ambulant. Elles vendent en fait ces produits aux habitants des villages malinkés les plus enclavés en amont, qui viennent à leur tour s'approvisionner dans les campements. Le commerce dans les campements est très rentable, car ce commerçant ambulant précité possède des boutiques dans le village de Manantali aval et détient en parallèle des camions de poissons qui font la navette entre Manantali et Bamako une fois par semaine.

Un autre commerçant fait le trajet qui lie la Guinée à Bamako en passant par les campements de pêche en amont.

Résumé du chapitre 7

Les villages et les campements autour du barrage de Manantali affichent une dépendance particulière au marché du village de Manantali pour écouler leurs produits et pour se ravitailler. Cela est probablement lié au pouvoir d'achat des habitants de ce village, qui sont majoritairement des allochtones et des étrangers employés à la société d'exploitation du barrage.

Manantali, un petit village isolé dans les terres du Bafing, entretient des liens étroits avec la capitale Bamako pour mieux répondre aux besoins spécifiques de ses habitants. Ce qui est intéressant également est qu'en dehors de Manantali, les villages les plus proches du barrage s'appuient énormément sur leurs marchés hebdomadaires, notamment ceux de Diokéli et de Sollo. C'est parce que, lors de ces marchés, les villages déplacés et non déplacés retrouvent cette solidarité et cette unité « bafinguée », toujours affirmée.

Le village de Diakhaba, quant à lui, est le plus éloigné du barrage, ce qui expliquerait ses relations de commerce avec la commune de Mahina.

On constate des échanges de produits entre les zones environnantes du barrage et les villages de la région de Kayes et de Bamako.

CHAPITRE 8 : LES FORMES DE REPRÉSENTATIONS SOCIALES DES IMPACTS ET LES ATTENTES

Le chapitre précédent a révélé que le barrage a créé un rapprochement des échelles locale, régionale et nationale par le commerce de produits agricoles et de poissons pêchés dans le lac. Dans la zone d'influence proche, les habitants ordinaires et les acteurs doivent dorénavant vivre avec les changements liés à l'implantation du barrage. Les mesures prises par les gestionnaires sont-elles parvenues à atténuer les effets négatifs de cet ouvrage ? Quelle lecture spatiale peut-on avoir des différentes formes de représentations ? En quoi sont-elles influencées par les modifications des conditions socio-économiques des zones étudiées ? Les attentes exprimées découlent-elles des représentations sociales ? L'analyse des formes de représentations des impacts du barrage et des attentes exprimées par les habitants ordinaires et par les acteurs permettra d'avoir une réponse à ces questions.

Postures sur les impacts néfastes : différentes, voire conflictuelles

L'identification des logiques de discours s'opère sur les retranscriptions de 8 entretiens collectifs et de 37 entretiens individuels. L'enquête a porté sur un échantillon de 1 730 personnes réparties dans les 9 villages choisis en aval du barrage, 25 campements de pêche en amont du barrage et sur des marchés à Kayes et à Bamako. Dans cet échantillon, 281 questionnaires ont été écartés lors de l'analyse pour des questions de qualité.

L'analyse révèle 9 logiques de discours (Figure 40). Certes, des personnes interrogées à l'échelle nationale se montrent critiques envers le barrage, mais leurs remarques sont moins sévères que celles des gens vivant dans la région affectée. Les acteurs ont recours à leur formation ou à leur statut politique ou administratif lorsqu'ils parlent des effets néfastes du barrage, quand les habitants, particulièrement ceux des villages déplacés, se remémorent les pertes et les dommages.

Des acteurs observateurs

Dans la majorité des cas, les acteurs tentent d'expliquer les impacts liés au barrage comme s'ils étaient hors du système. Les réponses concernant les effets néfastes sont très variables.

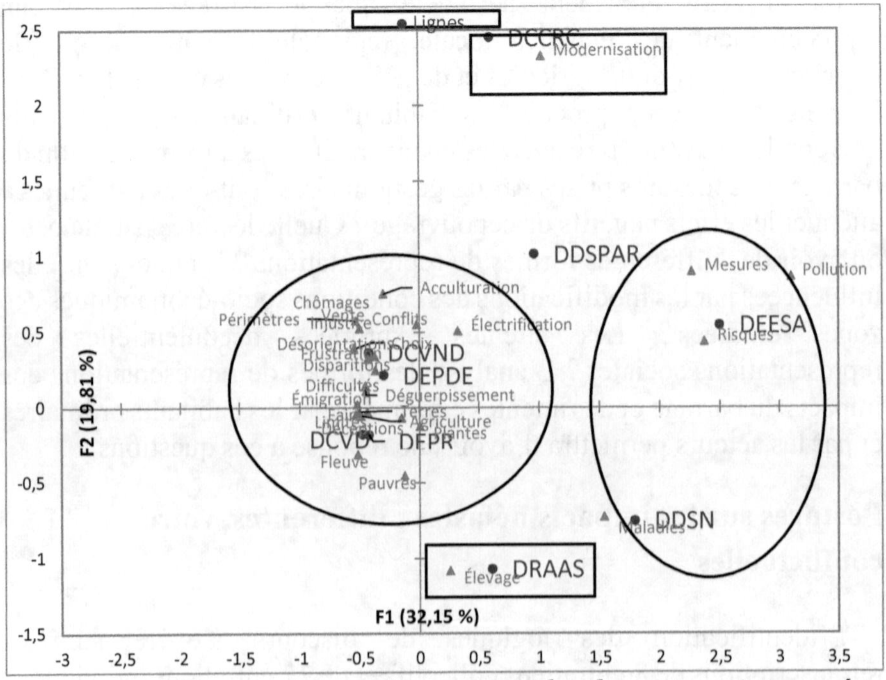

Figure 40 : Formes des représentations chez les acteurs interrogés

Légende :

DCCRC	Discours de chefs de campement et de responsables de coopérative
DCVD	Discours de chefs de villages déplacés
DCVND	Discours de chefs de villages non déplacés
DDSN	Discours de directeurs de structure nationale
DDSPAR	Discours de directeurs de structure et de présidents d'association régionale
DEESA	Discours d'employés d'Eskom et de l'ADRS
DEPDE	Discours d'élus politiques et de directeurs d'école
DEPR	Discours d'élus politiques régionaux
DRAAS	Discours de responsables d'association et d'agents de santé

Dans la figure 40, l'axe vertical renferme 32,15 % de l'écart à l'indépendance. L'axe horizontal correspond à 19,81 %. Ils représentent 51,96 % du khi ^{2}.

L'analyse du tableau lexical sur les impacts négatifs montre une liaison entre les deux variables. À l'évidence, certains mots ont été particulièrement utilisés par un code. Le risque de rejeter l'hypothèse selon laquelle les lignes et les colonnes du tableau sont indépendantes, alors qu'elle est vraie, est inférieur à seulement 0,01 %.

On constate que la distance par rapport au centre de gravité du graphique est plus faible pour les codes DCVD, DCVND, DEPDE et le DRAAS. Les codes DEESA, DDSPAR, le DEPR, DDSN et le DCCRC sont quant à eux plus éloignés. Il s'agit d'une séparation entre les acteurs qui utilisent des mots spécifiques (à droite) et ceux plus analogues (à gauche). Autrement dit, l'axe vertical représente le niveau de connaissances des effets néfastes.

Un jargon d'experts à l'opposé des réalités vécues

Dans le DEESA, des termes comme *risques*, *pollution* et *mesures* ont été mentionnés. À Bamako, on peut constater que le groupe de mots *maladie hydrique* est très présent dans le DDSN. Certainement pas pour les mêmes raisons, il est également plus entendu dans le DRAAS. Les premiers donnent l'impression de se servir d'un jargon d'experts, ce qui n'est pas le cas dans les villages.

Dans ces derniers, les mots s'appuient sur des exemples de bouleversement des activités, comme les difficultés de transhumance des éleveurs depuis la mise en eau. Autour du lac, dans le DCCRC, l'effet négatif est peu perçu. Les chefs de campement et de responsables de coopérative ne voient presque pas de répercussion négative, en dehors du dérangement des techniques de pêche, de l'accès à l'école et du manque d'électricité. À cet effet, l'axe horizontal de la figure 40 renseigne sur les perturbations des activités économiques.

Des explications sans critiques

Les représentants de l'État interrogés se sont exprimés sur les impacts écologiques et sur les risques de conflits. Leurs réponses ressemblent davantage à des explications qu'à des critiques. Elles sont aussi l'occasion pour eux de proposer des solutions. Par exemple, un membre du Conseil régional de Kayes révèle :

« La construction du barrage a entraîné une fuite énorme des espèces. La réserve du Bafing est l'une des cinq plus grandes réserves du Mali. Cette réserve est malheureusement une des victimes du barrage. Le mode de vie de ces populations qui dépendaient des ressources naturelles a changé […]. Au lieu d'aller chasser directement, maintenant, ils vont acheter de la viande. Ceci est une dépense de plus. Le conseil général essaie de trouver des solutions sur ce point. Nous organisons un forum économique de Bafoulabé pour voir comment cette ville, à travers toutes ses potentialités, peut se développer[141]. »

Dans le même sens, l'opinion du sous-préfet des communes de Bamafélé et de Diokéli est plus précise. Il laisse entendre que le barrage est un élément séditieux de la gestion foncière :

« Le déplacement de l'amont vers l'aval a complètement désorienté les habitants du Bafing. Ils étaient bien, dans leurs anciens sites. Mais le barrage a causé un déphasage par rapport à la réalité. D'autres problèmes, comme le manque de terres de culture, se sont également posés. Dans l'ancien site, les habitants n'étaient pas nombreux. Ils avaient des terres abondamment riches et beaucoup d'espace. Ils vivaient d'activités agropastorales […]. Avec le déplacement, chaque village a été réinstallé et a reçu des terres cultivables limitées. Si 10 ha pouvaient combler les besoins des habitants d'un village, ces besoins ont augmenté. Par conséquent, les gens créent de plus en plus des hameaux de culture. Le barrage a aussi amené une rareté de l'eau, à laquelle les villageois sont confrontés en saison sèche. L'eau des forages ne suffit plus. Heureusement, en accompagnement des travaux de bitumage de la route de Manantali à Mahina, la SOGEM et les Chinois vont construire 30 forages couvrant les deux communes. Ceci va être un vrai soulagement pour les habitants[142]. »

Une contradiction a été notée dans cette conversation. Dès le début, le sous-préfet a montré des connaissances sur l'histoire de la zone et sur les difficultés subies par les habitants, particulièrement des cas de conflits autour de la question foncière, malgré le fait qu'il s'occupe de la résolution de cas de conflits. Les habitants sont toujours évoqués à la troisième personne du pluriel, laissant supposer une distance.

Comme pour se protéger, les représentants de l'État interrogés laissent apparaître des nuances dans leurs explications relatives aux impacts négatifs de la mise en marche du barrage. C'est sans doute parce qu'ils sont partagés entre leur qualité d'habitant de la région de Kayes, qui les amène à insister sur les profondes modifications, et leur responsabilité administrative, qui les contraint à adopter une position défendant l'investissement de la République et à promouvoir les

[141] Entretien avec un membre du Conseil régional de Kayes, été 2012.
[142] Entretien avec le sous-préfet des communes de Diokéli et de Bamafélé, été 2012.

solutions proposées par les services publics régionaux afin d'améliorer la qualité de vie des habitants.

L'entretien avec le préfet de Bafoulabé en est un parfait exemple :

« Il n'y a rien qui n'a pas d'impact négatif, dans la vie. [...]. Mais, lorsqu'ils existent, ils le sont plus chez les populations qui sont à côté du barrage. Je sais que les populations ont été réinstallées. C'est au moins un cas d'impact négatif, culturel et sociologique[143]. »

Pourtant, lorsque la question des mesures de prévention d'un risque de rupture a été posée, tous les responsables ont affirmé l'absence d'un plan directeur. On a vu un plan d'évacuation d'urgence affiché à la mairie de Bamafélé. Toutefois, il ne donne pas l'impression d'être connu.

Villages et campements : des positions différentes

Les chefs et les habitants des villages riverains du barrage ont été les plus critiques envers le barrage de Manantali. Dans la zone du barrage, une première différence est constatée entre les campements et les villages. Si les campements n'ont presque rien à répondre à cette question des impacts négatifs (plus de 83 % des personnes interrogées pensent que le barrage n'a aucun résultat négatif), les habitants des villages n'ont pas raté l'occasion de montrer leur mécontentement. En amont, l'impact négatif mentionné, mais dans des proportions faibles, est la fluctuation du niveau du lac (Carte 26).

Les habitants interrogés dans les villages se considèrent comme les plus grands perdants sur tous les plans. Ils ont été soit déplacés, soit accueillis dans les villages réinstallés. Notamment, cet ouvrage a créé un manque de terres cultivables dans tout le Bafing. À l'évidence, les autochtones ne parviennent pas à accepter cette situation parce que ce problème marque le début d'un cycle dans lequel ils pensent être condamnés.

À chaque village réinstallé, des terres ont été attribuées. Or, celles-ci correspondent aux champs ou zones de pâturage des anciens villages. Dès lors, ni les uns ni les autres ne peuvent agrandir leurs zones d'activité ou d'habitation. Par conséquent, les sols de culture s'appauvrissent. Malgré l'utilisation d'engrais chimiques, les rendements demeurent faibles.

---

[143] Entretien avec le préfet du cercle de Bafoulabé, été 2012.

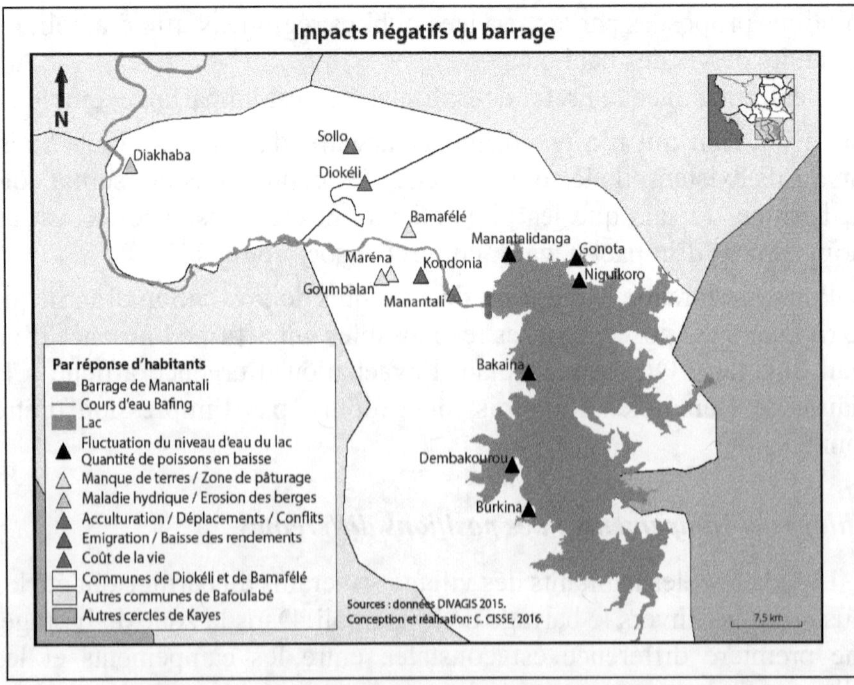

Carte 26 : principaux effets négatifs cités par localité

À Kondonia

Les habitants de Kondonia ont été plus critiques :

« Le barrage a eu beaucoup plus d'impacts négatifs sur nous. [...] Il a transformé notre havre de paix en un milieu à problèmes. Car, dans le Bafing, on n'arrivait pas à consommer tout le lait de vache, le mil, l'arachide en abondance. Mais, depuis l'arrivée du barrage, on n'a plus rien. On ne peut rien avoir. Chaque année, le nombre de problèmes augmente[144]. »

Lors de l'entretien chez le chef de village, les répondants étaient plus de 20 hommes, jeunes et adultes. Même si les inconvénients ont été plus soulevés par les habitants de plus de 50 ans, tous accusent le barrage d'être à l'origine de leurs problèmes. Ils ont également l'impression de ne pas être défendus par l'État malien, qui aurait « laissé leur destin aux mains de l'OMVS », ce qui est ressenti comme une injustice. À ce titre, les plus jeunes ont beaucoup déploré le « refus » de la société d'exploitation de les recruter.

[144] Entretien collectif chez le chef de village du Kondonia, mai 2014.

On note un sentiment de regret chez tous les chefs de village. Majoritairement présents avant le barrage, ils sont contrariés par la perte des valeurs et des traditions locales. Ces changements ont aussi affecté la cohésion des familles. Un chef de village exprime :

« Nous avons perdu nos valeurs. Auparavant, il suffisait de regarder un enfant dans les yeux pour lui faire comprendre un message. Maintenant, les enfants ne connaissent plus le langage des yeux. Quand on les regarde, ils nous demandent le pourquoi de ce geste. Les gens ne sont plus pudiques. De nombreux villages ont été déplacés et les gens n'ont plus rien, plus de parcelles et plus de bœufs. Plusieurs familles se sont disloquées [...]. Les membres des familles qui ont trouvé du travail au sein de la société d'exploitation du barrage ont acquis des terres en aval et se sont installés à Manantali. Ils ne sont plus retournés dans leur village ou ville. Ceci a considérablement augmenté la population de Manantali. Nous ne pouvons pas comprendre que tous les habitants du village n'aient pas accès à l'électricité, alors qu'on est à moins de 5 km du barrage. C'est injuste[145]. »

À Manantali

Le cas de Manantali est particulier (Carte 26). D'abord, ses habitants sont les seuls à avoir insisté sur la cherté de la vie et à parler de la présence des eaux stagnantes et des problèmes de canalisation. En fait, le discours montre la modification totale de l'organisation de ce village, devenu un centre rural. Les habitants construisent de plus en plus de maisons à étages, affichent des habitudes citadines ; les conflits autour du foncier se terminent au tribunal. Quoi qu'il en soit, sa gestion dépasse dorénavant les seules compétences de la famille du chef de village. Entre les décideurs de la société d'exploitation et le maire de la commune, le chef dispose-t-il encore d'un pouvoir ?

À Diakhaba

Le village le plus éloigné, Diakhaba, est le plus préoccupé par les conséquences sur la partie aval du Bafing. Les habitants ont expliqué les dommages de l'inondation et de l'érosion des berges. La variance du niveau de l'eau est importante et a causé de nombreux cas de noyade. Par ailleurs, le développement des plantes aquatiques a rendu difficiles la traversée du plan d'eau et l'activité économique de la vente de sable :

« L'extraction du sable est une activité qui s'est beaucoup développée, ces dernières années. Le sable du fleuve est vendu pour la construction

[145] Entretien collectif chez le chef de village de Manantali, mai 2014.

des maisons. Nous effectuons ce travail comme activité secondaire. Mais nous avons beaucoup de problèmes à cause de la présence des plantes aquatiques dans le fleuve. Elle nous dérange énormément dans notre travail[146]. »

Les personnes présentes lors de l'entretien, présidé cette fois par l'imam, ont souligné le caractère unique de ce village. Elles ne se sentent pas très concernées par le barrage. Sans doute parce qu'il n'a changé ni les activités ni les habitudes à Diakhaba.

À Maréna et Goumbalan

Le cas des villages de Maréna et de Goumbalan est plus remarqué. Cet ouvrage est le symbole des promesses non tenues par les gestionnaires. Tout au long de leur discours, les chefs n'ont cessé de faire référence au passé. Chaque impact souligné correspond à un bien perdu. Ils louent la solidarité, l'accès facile au fleuve et la tranquillité de jadis, mais, tel un fardeau, ils racontent les changements occasionnés par le barrage. Malgré eux, ils confessent qu'ils sont « obligés de reconnaître que le barrage possède des avantages, comme la route et le dispensaire ». Cependant, ces avantages sont limités face à l'insuffisance de produits agricoles à commercialiser par ces routes et au manque d'argent pour aller se soigner au dispensaire de Maréna :

« On nous a promis une vie meilleure et nous sommes venus avec ce rêve, mais, sincèrement, nous n'avons que des problèmes à cause de ce barrage. Nous avons un problème d'eau pour le jardinage. Dans l'ancien site, nous étions très proches du fleuve. Maintenant, on est loin du fleuve. Le pire est que nous n'avons même pas de l'eau potable[147]. »

Contrairement aux paroles explicatives des acteurs, celles des habitants des villages sonnent un appel au secours. Ils n'ont pas choisi le déplacement, encore moins les sites de réinstallation. En fait, ces villages n'ont jamais accepté cette situation, même 25 ans plus tard.

Malgré la cohabitation avec les allochtones et les étrangers de Manantali, ils utilisent le déterminant « notre », comme pour montrer leur possession du Bafing, des terres et de la zone, mais ils ne le lient pas au barrage.

Le sentiment de tristesse est aggravé par une comparaison répétitive avec le village de Manantali. Les déplacés s'estiment-ils plus légitimes pour recevoir les avantages du barrage ? Si la localisation de Manantali

[146] Enquête auprès des habitants du village de Diakhaba, été 2012.
[147] Entretien collectif à Goumbalan, mai 2014.

est son seul avantage, comment se fait-il que tous les autres villages étudiés soient restés traditionnels ?

Postures sur les impacts positifs : de Bamako aux campements, des similarités malgré la distance

Après l'examen des postures sur les effets néfastes, nous nous intéressons aux formes de représentations des avantages du barrage.

D'abord, selon la synthèse des réponses des habitants des villages riverains du barrage, voici les principaux impacts positifs de cet ouvrage :

1. La construction de routes et le désenclavement des villages ;
2. Le développement de la pêche ;
3. La construction d'écoles ;
4. La création d'emplois et de nouveaux métiers ;
5. Le développement de l'irrigation ;
6. La construction de centres de santé ;
7. L'électrification des villages ;
8. La présence permanente de l'eau dans le fleuve ;
9. Le développement du commerce ;
10. L'immigration.

Pourquoi les personnes interrogées à Bamako et dans les campements s'accordent-elles à faire un éloge du barrage, malgré la distance ? Une partie du tableau croisé répond à cette question (Tableau 9).

Ce tableau est composé de deux variables qualitatives : les codes ou logiques de discours et les impacts positifs. Les modalités correspondant à quelques mots ou thèmes utilisés pour décrire les impacts positifs de Manantali sont en tête de colonnes.

Tableau 9 : Modèle de tableau de contingence

		Impacts positifs				
		Routes	**Dispensaires**	**Écoles**	**Immigration**	**Programmes**
Codes ou logiques de discours	DCVD	12	5	5	0	0
	DCVND	5	0	0	15	4
	DEESA	0	24	1	9	18
	DRAAS	0	4	0	5	10
	DCCRC	1	0	0	0	0
	DEPDE	5	1	1	1	1

	DDSPAR	9	0	0	0	1
	DEPR	3	0	1	0	0
	DDSN	0	0	0	1	0
	Total	**35**	**34**	**8**	**31**	**34**

La figure 41 montre que l'axe vertical renferme 29,52 % de la variance et que l'axe horizontal en renferme 21,21 %. Ce graphique n'a pris en compte que 50,73 % de la variance du tableau, donc plus de la moyenne. Autrement dit, il révèle une opposition entre, d'un côté, le DCCRC, le DDSPAR et le DDSN et, de l'autre, les autres codes. L'axe vertical représente la posture par rapport aux avantages du barrage. De la gauche vers la droite, des conséquences les plus faibles aux plus positives soutenues.

Une lecture de l'axe horizontal indique une opposition des acteurs de la zone environnante, soit DCVND, DCVD, DRAAS, DEESA et DCCRC (en haut), face aux DDSN, DEPR, DDSPAR à Kayes et à Bamako (en bas). Cet axe horizontal informe sur le rapport quantité-portée des impacts positifs. Les discours qui sont en bas mentionnent moins de termes. Pourtant, ils ont plus de poids dans le graphique à cause des ressemblances, contrairement aux codes en haut, qui ont indiqué plusieurs formes de retombées positives.

Le DEPDE rapporte des mots aussi bien utilisés par le premier groupe que par le second. C'est pourquoi ses coordonnées sont proches du centre.

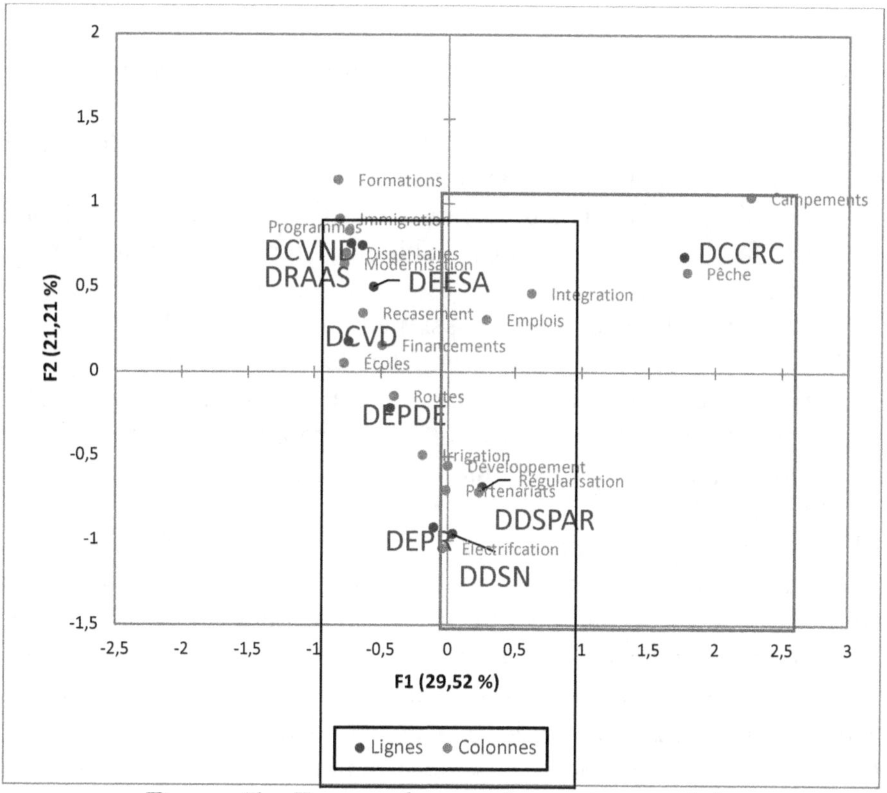

Figure 41 : Formes des représentations sociales des avantages du barrage

Effets positifs plus défendus aux échelles régionale et nationale

Les effets positifs sont plus défendus aux échelles régionale et nationale. Les habitants de ces lieux sont-ils pour autant les plus grands bénéficiaires du barrage ? Si oui, est-ce parce qu'ils n'ont pas subi les désordres lors de la construction ?

Nous constatons que les directeurs de structure se basent sur les effets dans leur domaine d'action principalement concerné (services de la pêche et de l'agriculture ou énergie et hydraulique). Le barrage a participé à la régularisation du cours d'eau, à l'augmentation du nombre de grands puits et forages ainsi qu'à l'électrification des villes. Par conséquent, les directeurs de structure sont généralement satisfaits de l'avoir dans leurs zones d'action.

Source de division en quatre groupes

Quelle est la spécificité des réponses des villages et des campements ?

La zone environnante comporte quatre groupes concernant les formes de représentations des avantages.

1. *Diokéli et Sollo :* Les deux plus gros villages déplacés ont donné de faibles réponses. Les habitants signalent néanmoins la construction de routes et le désenclavement de la zone. Le centre de santé et les écoles sont aussi mentionnés (Carte 27) ;
2. *Les petits villages de la rive gauche :* Ce sont les plus proches des périmètres irrigués. Pour eux, même s'ils ne l'exploitent pas, l'irrigation est une possibilité. Les habitants de Maréna, de Goumbalan et de Kondonia rappellent le développement de la pêche et les routes :

« La route est le seul impact positif, car on peut se déplacer vers Manantali et vers les grandes villes sans problème. Nous pouvons quitter le matin Kondonia et être dans l'après-midi à Bamako, ce qui était impossible avant le barrage. Pendant les cinq années de construction, nous avons eu du travail et c'était très bien. Le barrage a pareillement permis d'avoir de l'eau en abondance[148]. »

3. *Bamafélé et Diakhaba :* Même si Bamafélé a été déplacé, il reste le chef-lieu de commune et est un des deux villages électrifiés dans la zone. De ce fait, 61 % des personnes interrogées citent cet avantage non négligeable. À Diakhaba, l'eau pérenne et le financement octroyé par la société d'exploitation pour des événements religieux sont fortement soulignés.
4. *Manantali et les campements :* Les réponses ne révèlent pas de surprise, car les habitants des campements indiquent à 97 % le développement de la pêche. Au même titre, le lac, la création d'emplois et même l'électrification de la ville de Kita sont évoqués. Pourtant, cette ville se situe à plus de 100 km du barrage. On se demande alors en quoi l'électrification de Kita est un avantage pour les campements. En un sens, les marchés de cette ville sont d'importants lieux de commercialisation des poissons du lac. Cette électrification offre de ce fait des possibilités de conservation du poisson. De l'autre côté, les pêcheurs se ravitaillent en barres de glace au retour de Kita.

[148] Entretien collectif chez le chef de village de Kondonia, mai 2014.

Dans le village de Manantali, l'accès à l'électricité[149] est cité par 58 % des personnes interrogées. Le barrage a attiré des travailleurs internationaux de sorte que de nombreux emplois ont été créés. Dans ce contexte, le poids du village a conduit à l'installation d'un marché et d'un pont reliant les rives. Or, les transformations sont telles que l'accès à Internet et l'installation d'un bureau de la gendarmerie[150] ont été nécessaires. Un avantage des habitants est qu'ils sont ravitaillés par les trois châteaux d'eau. L'inégal accès à ces avantages est une limite dans ce village. Malgré les châteaux d'eau, certains habitants boivent l'eau du fleuve ou des puits. Dans la cohabitation avec les travailleurs internationaux, les zones d'habitation sont bien tracées : d'une part, l'emplacement du barrage, des bureaux de la société d'exploitation et les deux cités pour les employés et, de l'autre, le village traditionnel et son échelonnement. Or, à l'intérieur du village de Manantali, des postures conflictuelles sont remarquées.

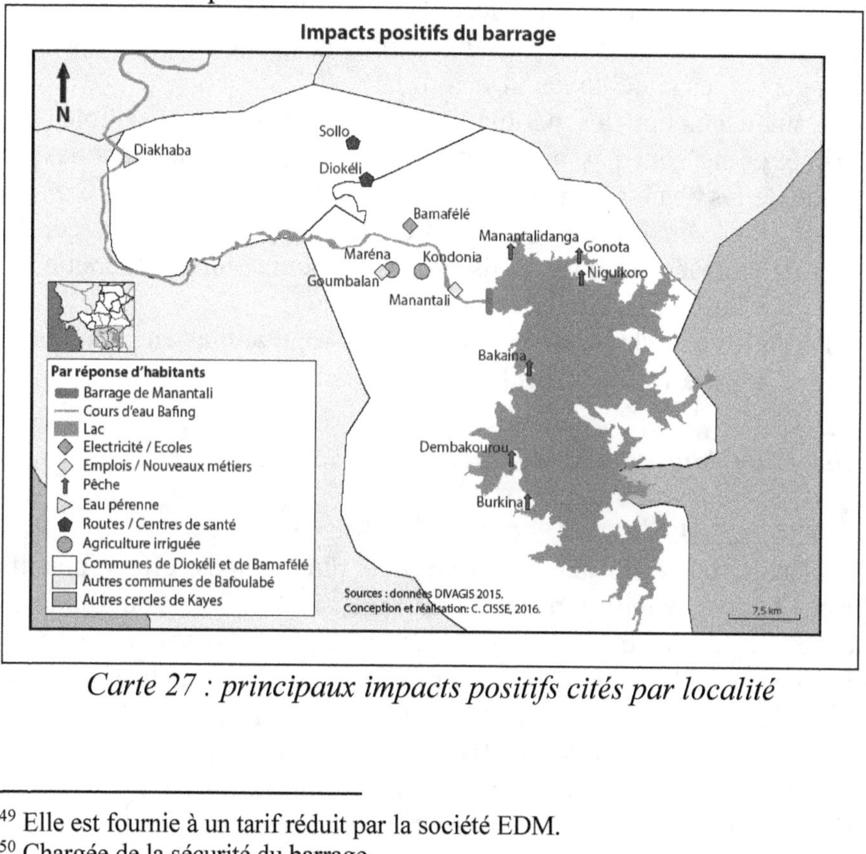

Carte 27 : principaux impacts positifs cités par localité

[149] Elle est fournie à un tarif réduit par la société EDM.

[150] Chargée de la sécurité du barrage.

Des conceptions opposées entre les autochtones et les étrangers

L'occupation spatiale de Manantali suivant l'origine des populations s'accompagne de conceptions opposées. Pour les étrangers et les allochtones, le barrage a beaucoup d'avantages. Ce sont plutôt les habitants du Bafing qui ont choisi leur mode de vie : « Ils sont fainéants et ne veulent pas travailler », selon un agent de la société d'exploitation. Cette situation crée une faiblesse des ressources financières et augmente la dépendance envers les familles des travailleurs internationaux, qui emploient les habitants comme femmes de ménage, jardiniers et gardiens. Les autochtones sont également des travailleurs journaliers dans les champs des étrangers.

Pour les autochtones, les origines de cette situation remontent à la période de construction. Ils refusent d'entendre qu'ils ont choisi de ne pas travailler. Pour eux, ce sont plutôt les gestionnaires qui ont créé une rupture dans leur mode de vie. Pendant des mois, ils n'ont pas eu besoin de pratiquer les activités traditionnelles, notamment l'agriculture et l'élevage, mais, même s'ils acceptent la cohabitation, ils se sentent dépossédés, avec l'impression d'être mis au troisième plan, après les étrangers et les allochtones.

L'aménagement des périmètres irrigués en est un exemple. Ces périmètres ne sont pas bien exploités parce que les autochtones ont décidé de les abandonner. Il serait important de les associer aux prises de décisions concernant des projets de développement et de créer des emplois dans les secteurs qu'ils proposent pour limiter l'abandon des terres du Bafing aux étrangers.

Parmi les autochtones, ceux qui partent sont de plus en plus jeunes, comme nous le verrons dans les lignes qui suivent.

L'accès à l'éducation et la fréquentation des écoles

L'école pour qui ?

L'école est citée comme l'un des plus grands effets positifs, probablement parce qu'avant le barrage, seule l'école de Bamafélé accueillait les élèves de la zone. Désormais, les villages environnants ont plusieurs écoles. Comment sont-elles réparties dans la zone ? Est-ce que les habitants y envoient leurs jeunes enfants ?

Dans les villages de Manantali, Bamafélé, Diokéli, Sollo, Maréna et Kondonia, les habitants interrogés ont au moins un enfant scolarisé, principalement parce qu'ils ont bénéficié de la construction d'une école lors de la réinstallation (Carte 28). D'autres écoles ont été financées par des partenaires étrangers. Selon le chef de village de Maréna, pour le premier cycle de l'école de Maréna, une première partie a été financée par la France et une seconde partie comprenant trois classes l'a été par l'Allemagne grâce aux programmes de jumelage. Le second cycle a été construit par les Pays-Bas. Le chef de village précise que l'Allemagne a aussi construit le centre de santé et la cité des enseignants :

« Ces amis ont beaucoup fait pour le village. Avant, ils passaient par les chefs d'arrondissement, mais, depuis la décentralisation au Mali, ils sont obligés de passer par la mairie[151]. »

Pour les villages de Goumbalan[152], de Diakhaba et les campements, on relève moins de réponses affirmatives concernant les enfants scolarisés. Il s'agit des terrains les plus enclavés. Ce facteur est éventuellement une limite. Possiblement, le statut de village religieux de Diakhaba est un obstacle.

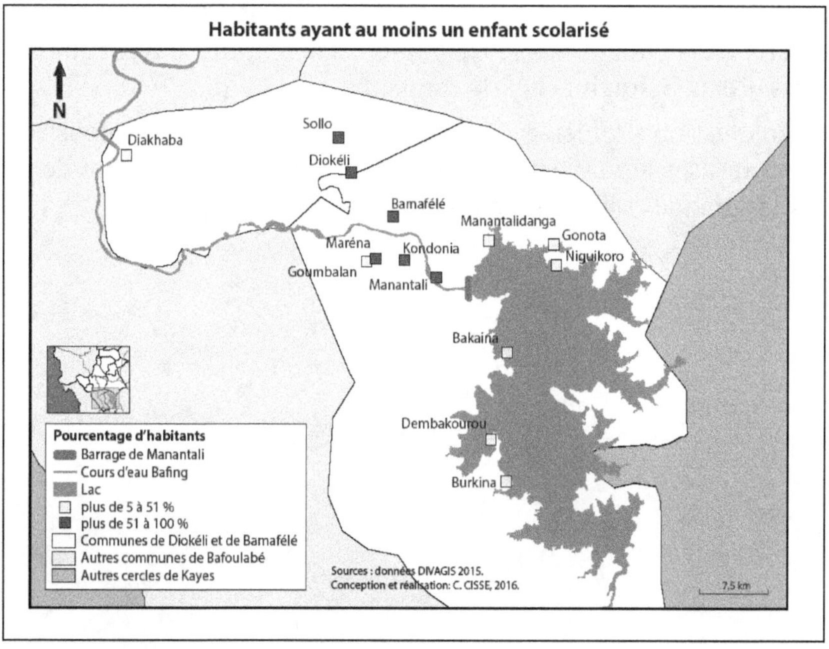

Carte 28 : Pourcentage d'habitants avec au moins 1 enfant à l'école

[151] Entretien collectif chez le chef de village de Maréna, mai 2014.

[152] L'école de Maréna accueille aussi les enfants de Goumbalan.

L'école n'est pas une nécessité au sein des campements

Sommes-nous dans un cas similaire avec les campements, où les pêcheurs travaillent souvent avec leurs enfants ?

Un chef de campement nous a confié que l'école n'est pas une nécessité pour eux. Sur l'ensemble des réponses, 69 % des habitants pensent de façon similaire. Il est cependant important de nuancer ce pourcentage. Il s'agit du nombre de personnes interrogées n'ayant pas d'enfant à « l'école française ». En effet, de nombreux enfants (garçons et filles) sont à l'école coranique.

Dans les campements, l'absence d'école explique pourquoi les quelques enfants scolarisés vont à Manantali[153]. Ceux-ci restent aussi dans les régions d'origine des parents, à Mopti et à Ségou principalement, mais aussi dans les villages voisins, à Kita ou à Bamako. Cela explique l'importance du nombre de choix de lieux de scolarisation (Carte 29).

Par ailleurs, les pêcheurs manifestent un rejet de l'école par peur de perdre leurs traditions. En effet, ils ont pour habitude d'apprendre le métier à leurs enfants dès le bas âge et se déplacent souvent autour des points d'eau. Selon un chef de campement :

« l'école est un problème, car elle détruit les familles en poussant les filles à refuser le mariage, tandis que les garçons choisissent de rester dans les grandes villes et renient leur origine[154]. »

[153] Manantali accueille 17 % des enfants des campements, tandis que 3 % vont à l'école de Tondidji ou plus loin à Mopti (2 %), à Kita (8 %) ou à Bamako (2 %).
[154] Entretien avec le chef de campement de Salingoun, été 2012.

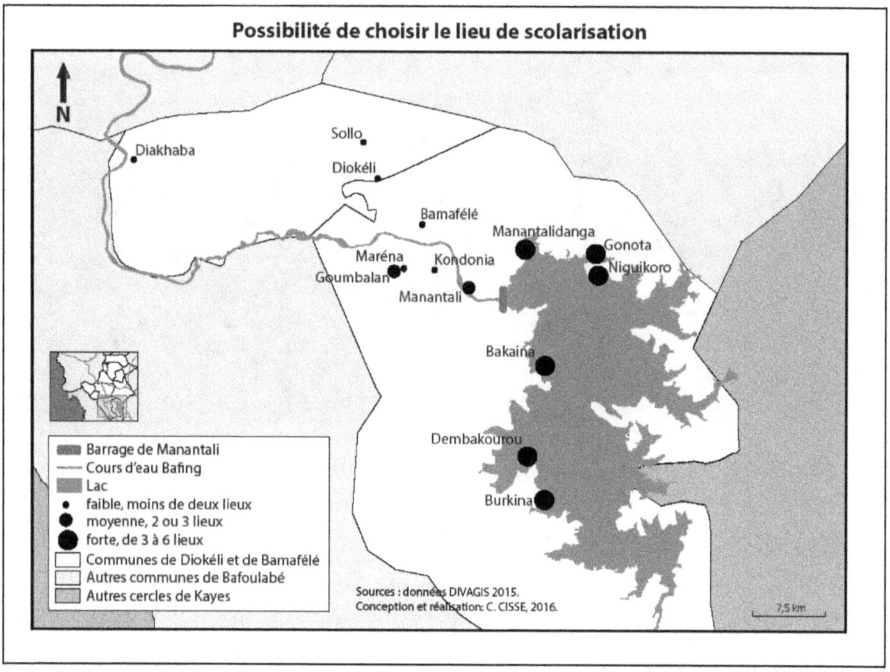

Carte 29 : Possibilité de choisir les lieux de scolarisation

Par conséquent, les enfants n'ont souvent pas le temps d'obtenir un diplôme. Ils vont aider les parents en s'investissant dans la pêche.

<u>Le rôle majeur des écoles et des lycées de Manantali dans la zone</u>

Le village de Manantali possède six écoles publiques, dont trois du premier cycle. Les trois autres écoles correspondent au second cycle. Il existe aussi dans le secteur privé deux lycées, deux écoles de formation professionnelle et deux jardins d'enfants. Après les cours, dès 18 h, les écoles se transforment en centres de développement (CED), dans lesquels des enseignants offrent des cours de langue à une vingtaine d'adultes ayant terminé leur journée de travail. Le premier cycle avait environ 387 élèves en 2014 (Photo 16). Dans chaque école du second cycle, trois disciplines sont proposées : la littérature, les sciences et l'économie.

Photo 16 : Classe de l'école de la cité des cadres de Manantali

Les difficultés rencontrées dans ces classes sont notamment le surnombre d'élèves et le manque d'enseignants. Depuis la décentralisation, l'éducation est devenue une compétence transférée. Or, les mairies[155] n'ont pas assez de moyens financiers pour recruter de nouveaux enseignants. Par conséquent, dans le premier cycle, il existe cinq classes pour quatre enseignants. Le manque de formation des enseignants est aussi une contrainte pour l'éducation :

« Ils ne sont pas non plus très enchantés de quitter les grandes villes pour venir dans cette brousse. C'est la routine, ici. Dans les grandes villes comme Bamako, ils peuvent se faire de l'argent grâce aux cours du soir à domicile[156]. »

Le manque de tables est déploré par ce directeur d'école, qui explique qu'il est normalement prévu d'installer trois élèves par table, mais qu'en réalité ils les partagent souvent à cinq ou six : « Le barrage n'apporte rien dans le fonctionnement de nos écoles[157]. »

En le questionnant au sujet des apports de l'ouvrage, il affirme qu'il faut toutefois reconnaître qu'Eskom a aidé pour l'adduction en eau potable, le mobilier et l'accès à l'électricité. Il précise qu'à chaque panne ou à chaque travail à effectuer, il suffit de rédiger une demande écrite pour que la société envoie ses techniciens.

Les parents d'élèves contribuent au fonctionnement de l'établissement en formant, avec la direction de l'école, le comité de

---

155 Les écoles publiques sont aussi subventionnées par l'État.
156 Entretien avec un directeur d'école à Manantali, été 2012.
157 *Ibid.*

gestion scolaire. Pour participer à ce comité, l'État a fixé une cotisation annuelle obligatoire, estimée à 500 FCFA par parent d'élève. Ce système se retrouve dans toutes les régions du Mali. Face aux problèmes, les parents décident de donner plus que cette somme.

Les aides ponctuelles de la société d'exploitation et celles des parents d'élèves en cas d'urgence n'accroissent-elles pas la fragilité des sites scolaires ? Les collectivités territoriales se sentent-elles vraiment concernées par ces écoles ?

Par rapport à Manantali[158], la localisation de certains villages facilite l'accès aux lycées. Ces établissements accueillent les adolescents des villages les plus éloignés. Les enfants des travailleurs internationaux vont généralement ailleurs, c'est-à-dire à Kayes, à Bamako, au Sénégal ou hors du continent. Autrement dit, si les villages en aval affichent une dépendance aux écoles de Manantali, ceux qui en ont les moyens financiers visent les meilleures écoles du Mali et à l'extérieur du pays. À partir de là, les conditions d'études et la qualité de l'enseignement ne sont-elles pas négligées ?

L'abandon des écoles au profit des zones minières

L'abandon des écoles suscite l'inquiétude dans les villages. Du premier cycle au lycée, les élèves sont de plus en plus attirés par les zones minières :

« Entre 2013 et 2014 […], 20 élèves du second cycle se sont volatilisés. Certains lycéens abandonnent l'école et ne reviennent que le jour du baccalauréat. L'année dernière, huit élèves ont complètement abandonné l'école et ne sont pas encore revenus[159]. »

Selon les habitants, les deux destinations sont les mines de Kéniéba au Mali et la zone frontalière avec le Sénégal.

Le premier facteur explicatif de ces départs est la pauvreté. Or, l'influence directe ou indirecte des travailleurs revenant des mines joue également un rôle. Un des changements les plus visibles est la transformation des cases en maisons à étages. Comme le confie le directeur d'une école de Manantali, les personnes revenant des mines impressionnent, car elles arrivent avec beaucoup d'argent et sont en mesure d'acheter de belles motos. Les jeunes qui voient ces changements sont aussi désireux de partir. Ils n'ont plus la patience de

[158] L'école de Manantali accueille 1 % des enfants de Diokéli, 9 % de Maréna, 97 % de Kondonia, 1 % de Diakhaba, 17 % des campements de pêche et 2 % de Sollo.
[159] Entretien avec un directeur d'école à Manantali, été 2012.

finir les études. Ils disent que, même après l'obtention des diplômes, il leur serait difficile d'avoir autant d'argent. Même certains enseignants se sont eux aussi lancés dans cette aventure.

Ces nouvelles migrations vers les zones minières se produisent dans tous les villages environnants. Elles ont été abordées à chaque entretien collectif :

« Depuis quelque temps, il y a un départ massif vers les zones minières à cause de la pauvreté du sol et des récoltes. Les gens cherchent du travail ailleurs. On note plus de départs que d'accueil d'étrangers, alors que c'était le contraire. Les hommes vont jusqu'à Kédougou au Sénégal et à Kéniéba, à Sadiola, à Tabakoto. Ils reviennent souvent pour construire des maisons en dur. Ces gens restent modestes malgré tout[160]. »

À Maréna, on rapporte :

« Il n'y a plus de jeunes même pour creuser les tombes lors d'un enterrement. Chaque jour, des bus se remplissent et se dirigent vers ces zones d'orpaillage. Beaucoup de jeunes meurent là-bas. Les parents ne savent plus comment faire[161]. »

Malgré les conséquences, les villages continuent à se vider. Des membres d'une famille se cotisent parfois pour préparer le départ. Ces cotisations, combinées à des prêts, permettent d'acheter un détecteur d'or. Selon les habitants, le coût de cette machine avoisine les 3 millions FCFA.

Plus de 25 ans après la mise en service du barrage, la zone de Manantali a-t-elle encore quelque chose à offrir ou bien assisterions-nous à la fin de son attractivité ?

Sur les routes du barrage

Une diversité de moyens de transport

Comme pour l'école, les habitants considèrent que la construction des routes est un autre effet très positif du barrage. Dès lors, qui en sont les principaux bénéficiaires ? A-t-elle permis de diversifier les modes de transport ? Quels sont ces modes de transport ?

---

160 Entretien chez le chef de village de Diokéli, mai 2012.
161 Entretien chez le chef de village de Maréna, mai 2012.

Des informations sur les modes de transport ont été obtenues lors des enquêtes. La carte 30 montre les principaux modes de déplacement des habitants dans les localités étudiées.

Voiture

À Manantali, les habitants privilégient la voiture. Paradoxalement, ce mode de transport est aussi utilisé par les habitants des campements et de Diakhaba, les terrains les plus enclavés. Les pêcheurs prennent en compte les camions de poissons.

Charrette

La carte 30 révèle également la forte utilisation de la charrette, surtout par les habitants de Bamafélé, Diokéli, Goumbalan et Sollo. Les motos sont aussi utilisées dans les campements, à Maréna et à Diakhaba.

Vélo

Entre les campements, certains écoliers ont choisi de faire le commerce de poissons à vélo. C'est un moyen de se faire un peu d'argent en parcourant de petites distances. En général, ce sont des élèves qui habitent dans les villages malinkés les plus éloignés du réservoir.

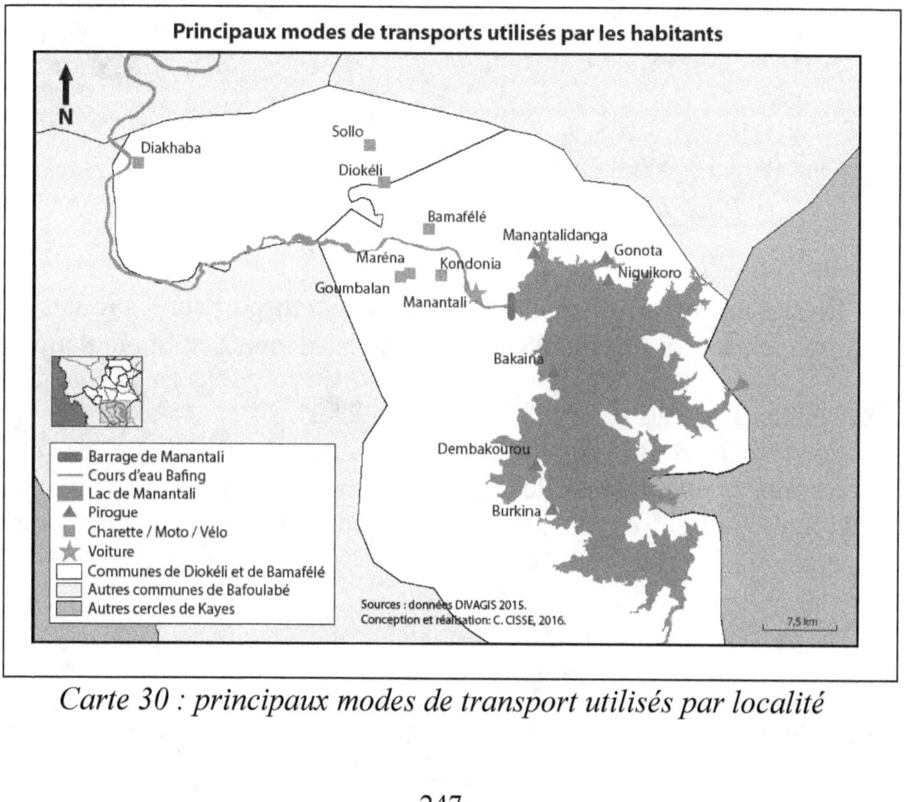

Carte 30 : principaux modes de transport utilisés par localité

Pirogue

Naviguer sur le lac peut être difficile à cause des arbres (Planche photos 16), c'est pourquoi seuls les pêcheurs osent s'y aventurer la nuit. Selon eux, ces arbres sont la cause de nombreux accidents de pirogues[162] et de nombreux filets y sont perdus. Anoh (2007) souligne :

« La présence très gênante des plantes depuis 1980 interdit l'accès à certains villages et débarcadères et présente un réel danger pour les pêcheurs (plusieurs cas de mort par noyade ont été signalés). »

La construction des routes n'a toutefois pas stoppé les déplacements en pirogue. En aval proche, les habitants de Kondonia et de Maréna y ont recours afin de rejoindre la rive droite.

Train

Avec le bitumage de la route de Manantali à Mahina, les commerçants de Manantali risquent de ne plus prendre le train.

Planche photos 16 : Navigation difficile à cause de la présence d'arbres

Bref, il existe une diversité des modes de transport sur les routes du barrage, c'est-à-dire les trajectoires possibles depuis son implantation.

Manantali, une voie d'ouverture vers Bamako

Par qui les routes principales entrant dans le cadre des mesures d'accompagnement sont-elles gérées ? Comment la prise en charge de ces routes peut-elle être un avantage pour ouvrir la région de Kayes vers Bamako et l'intérieur du Mali ?

162 Des pirogues deviennent des moyens de transport en commun les jours de marché. À Dembakourou, les habitants paient 150 FCFA pour se rendre au débarcadère.

La Direction régionale des routes de Kayes assure le suivi des réseaux routiers, supervise les travaux exécutés par les entreprises privées nationales et conseille les collectivités dans le cadre de la décentralisation. Les routes du barrage sont gérées à l'échelon régional. La Direction régionale est responsable de la route de Mahina à Manantali, qui fait environ 80 km et dont 50 % étaient déjà bitumées en 2014 :

« Nous prenons en compte dans chaque rapport annuel en perspective les routes d'accès à Manantali. Sur la route d'intérêt national Kayes-Bafoulabé-Manantali-Tambagan-Kita-Bamako, ce n'est que le tronçon de Manantali à Tambagan qui reste très difficile d'accès. Mon objectif est de motiver les autorités de Bamako à trouver des partenaires. Il faut commencer le plus tôt possible les travaux relatifs à la construction de la route de Manantali à Tambagan, après les travaux de Mahina à Manantali, bientôt terminés[163]. »

Ici, c'est l'enjeu économique de l'ouverture de la région de Kayes vers Bamako qui est mis en exergue. Pour atteindre cet objectif, il est nécessaire de bitumer le segment de Kayes à Manantali.

Dans cette perspective, deux projets de construction de ponts sur le fleuve, en plus d'un raccordement de 8 km, sont en cours de montage. Ces ponts devraient diminuer la dépendance au principal moyen de traverser le fleuve[164] : le vétuste bateau de Bafoulabé.

Dans le même sens, dans le cadre du programme d'ouverture d'un port[165] au village d'Ambidédi[166], un second pont à Kayes devrait être construit.

En l'état, il apparaît clairement que les routes du barrage ne sont pas suffisantes ; la liaison de Kayes à Bamako en passant par Manantali est donc souhaitable pour répondre aux besoins du trafic routier. C'est pourquoi le directeur interrogé a souhaité dépasser les relations

---

[163] Entretien avec le directeur régional des routes de Kayes, mai 2014.

[164] Les autres moyens actuels de traverser sont les pirogues à bâton.

[165] L'objectif est d'arriver à la navigabilité du fleuve Sénégal d'Ambidédi à Saint-Louis.

[166] Situé à environ 60 km de la ville de Kayes sur la route Kayes-Diboli en allant vers Dakar, le village d'Ambidédi est à la frontière de trois pays : le Mali, la Mauritanie et le Sénégal. Ce port est donc une priorité pour les trois pays. Toutefois, l'existence d'un seul pont à Kayes pose un souci d'accompagnement des activités du futur port. Le premier pont a été construit pour désenclaver et rallier Kayes Ndi (ou petit Kayes) à Kayes Ba (ou grand Kayes). Le financement de ce pont a été effectué par les populations, les élus et les opérateurs économiques.

« timides » que sa structure entretient avec l'OMVS. Il affirme que le barrage de Manantali est un très bel ouvrage et souligne son caractère extrêmement important en raison de ses impacts sur le fleuve Sénégal et, par conséquent, sur la vie de tous les villages qui bordent son lit :

« On sent nettement l'influence de son fonctionnement jusqu'à Kayes, notamment en période de basses eaux et de hautes eaux. La régularisation se sent au niveau du pont de Kayes. On ressent les impacts des lâchers à travers les niveaux d'eau, la fraîcheur… C'est extraordinaire d'avoir le barrage dans notre région. Mais la direction régionale doit être plus considérée pour sa gestion […]. Je veux préciser que, pour les prises de décisions et les projets dans notre région, je sais que l'OMVS a effectué des travaux de rénovation des berges dans la région. Et à travers la SOGEM, elle construit la route de Mahina à Manantali et qu'elle ne dépend plus de Dakar. Mais elle collabore seulement avec la direction nationale. Nous voulons vraiment être associés à ce qui se fait[167]. »

Une nouvelle fois, on constate dans les propos du directeur un souhait d'être davantage pris en considération, comme on a pu le remarquer dans la pléthore d'entretiens.

Un risque d'abandon du train

Puisque les habitants des villages et des campements ont également la possibilité de se rendre à Kayes par le train, il ne faudrait pas négliger le risque d'abandon total de ce moyen de transport après la finalisation de la route de Bamako à Manantali et Kayes.

Pour des raisons financières, la Régie des chemins de fer du Mali, à l'origine société publique, a été remplacée en 2003 par un consortium franco-canadien du nom de Transrail. Les actionnaires publics sont le Mali et le Sénégal, conservant l'objectif de continuer le transport ferroviaire.

Le train reste un mode de transport privilégié dans les villages les plus enclavés, qui se situent entre les villes de Kayes et Kita[168], selon le chef de gare de la ville de Kayes. Ce dernier affirme que le train est très bénéfique : « C'est ce qui nous motive à vouloir l'entretenir par tous les

[167] Entretien avec le directeur régional des routes de Kayes, mai 2014.

[168] Cela s'explique en partie par une absence de route bitumée dans l'axe allant de Kayes à Diamou. Le manque de route entre Diamou et Kita en passant par Toukoto pousse les habitants à prendre le train.

moyens[169]. » Grâce à lui, les déplacements sont facilités durant la saison des pluies, période durant laquelle les routes non bitumées sont impraticables. De surcroît, de nombreux produits agricoles sont transportés par train pour éviter des pertes liées à la difficulté de maintenir une chaîne de conservation.

Toutefois, malgré son utilité, la fréquence des trains a aujourd'hui diminué. Est-ce un dommage collatéral direct qu'il faut imputer à la construction des routes du barrage ?

Cette baisse semble plutôt la conséquence de plusieurs facteurs, à commencer par la qualité dégradée de la voie ferrée[170]. C'est pourquoi seuls les trains de marchandises sont autorisés à y circuler, avec une fréquence estimée à un par jour. Ces trains portent les numéros 123, 125, 214 et 216 : les numéros impairs partent de Dakar, tandis que les numéros pairs s'y rendent. Dans un sens, des denrées alimentaires (riz, sucre, farine) et du matériel sont acheminés vers le Mali. Dans l'autre, vers le Sénégal, ce sont des « produits pauvres », par exemple le karité, des fruits secs, mais aussi le coton produit par la CMDT.

Selon le chef de gare de Kayes, la privatisation des chemins de fer en 2003 a entraîné des conséquences dommageables sur le trafic, notamment à travers le licenciement, qu'il estime être de 700 personnes. Avant 2009, pour le transport de passagers, deux trains circulaient quotidiennement : l'un à destination de Dakar, l'autre à destination de Bamako. Il existait également un train de banlieue entre Kayes et Mahina. Depuis 2009, en raison d'un accident, la liaison Dakar-Bamako a été arrêtée. Par conséquent, sur la partie malienne du réseau, la liaison Bamako-Kayes reste irrégulière. Le temps d'attente peut atteindre 48 heures, car seulement trois trains passent par semaine, et ce, dans les deux sens. Ainsi, un train au départ de Kayes à 20 h 15 arrivera vers 13 h le lendemain à Bamako, d'où il ne peut repartir que le jour suivant.

À la suppression de la première classe, les voyageurs ne peuvent acheter que des billets pour la seconde classe. Les prix varient en fonction du trajet et de la place assise. Elle est de 6 585 FCFA[171] pour une distance allant de Kayes à Bamako. Pour se rendre à Kati, le trajet coûte 6 400 FCFA. Il s'élève à 4 110 FCFA pour Kita, alors qu'un

[169] Entretien avec le chef de gare de Kayes, mai 2014.

[170] Les matériaux qui composent le réseau ferroviaire seraient vieux de plus d'un siècle et généralement importés.

[171] Les prix ne concernent que les grandes gares. Les petites gares intermédiaires n'ont pas été citées lors de l'entretien.

voyage vers Toukoto[172] revient à 3 185 FCFA. Enfin, la somme de 2 010 FCFA permet d'avoir un billet Kayes-Mahina. C'est le « minimum de parcours » sur un rayon de 150 km. Quelle que soit la destination, la place assise correspond à un numéro vendu[173] à 375 FCFA.

À la lumière de ces éléments, il est possible que la route Kayes-Manantali-Bamako puisse renforcer le poids du chemin de fer et accélérer l'intégration territoriale par le bas, encouragée par les acteurs de la pêche dans la zone riveraine.

Le bitumage de la route de Manantali à Mahina facilitera l'accès à la gare de Mahina, à partir de laquelle les habitants des villages et campements pourront écouler plus simplement leurs productions aux voyageurs.

Attitudes face aux gestionnaires du barrage et attentes exprimées

Nous constatons que les habitants ne font pas de distinction entre les trois entités de gestion du barrage – l'OMVS, la SOGEM et Eskom –, qui sont les « barragetigui[174] » ; ils sont tous les trois désignés sous l'appellation « gestionnaires ».

Les habitants connaissent les gestionnaires, car ces derniers ont octroyé du matériel de pêche et de navigation, font des campagnes de lutte contre les maladies hydriques, aménagent des périmètres irrigués, ont mis en place des mesures d'accompagnement et ont introduit un nouveau mode de vie. Il semble que les avantages obtenus ou bien les désagréments subis jouent un rôle dans les représentations sociales des gestionnaires et du barrage par les habitants.

Le poids des avantages favorise une appropriation du barrage

Dons de matériel de pêche et de navigation

Dans les campements, les gestionnaires ont permis l'obtention de matériel de pêche et de navigation à travers des dons de fours en métal et de filets de la part de l'OMVS (Carte 31).

---

[172] Le plus grand dépôt à l'époque coloniale. C'était également la zone de formation des agents.

[173] On peut payer un billet sans avoir une place assise.

[174] En langue bambara, ce mot signifie « les propriétaires du barrage ».

Dans le cadre du PGIRE, le développement du secteur de la pêche est visé. Cet apport est important pour les pêcheurs et leur offre le privilège d'améliorer leurs conditions de travail. Les résultats de la pêche constituent les principaux revenus financiers des familles. Il faut néanmoins nuancer cette façon de percevoir les gestionnaires, car seuls les pêcheurs adultes ont été interrogés. Les femmes et les jeunes ont peut-être des idées différentes.

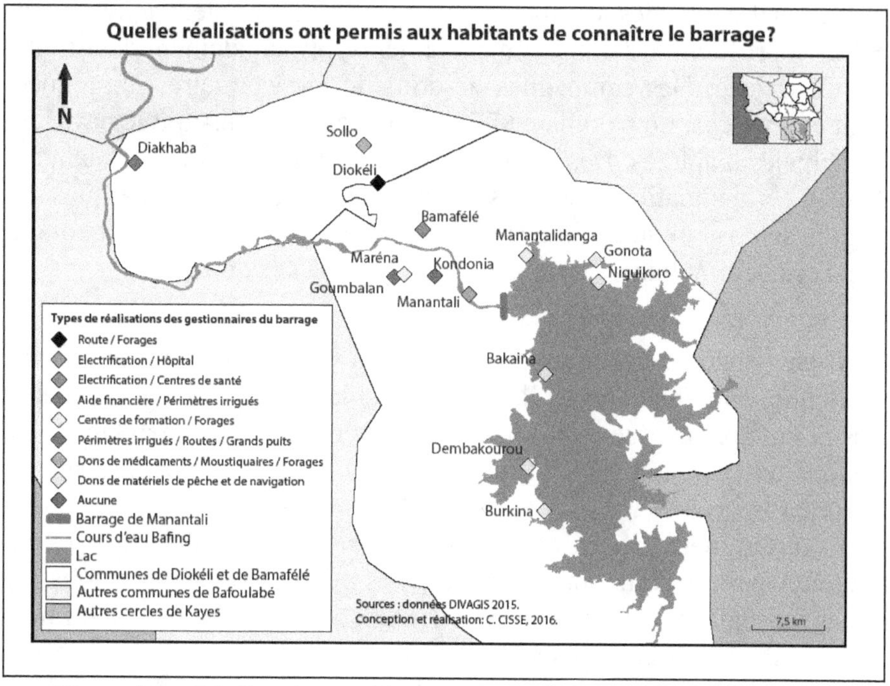

Carte 31 : Réalisations qui ont permis de connaître le barrage

Cette forme de connaissances des gestionnaires est-elle influencée par les gains obtenus ? La réponse à cette question est affirmative et les pêcheurs les identifient également par rapport à la construction du débarcadère. L'inauguration de ce dernier a fait l'objet d'une cérémonie politique, en présence des élus de la commune et des hauts fonctionnaires de la région.

Sur ce point, on s'interroge sur les principaux gagnants de ces types de dons. Est-ce les pêcheurs destinataires des dons et du débarcadère ou plutôt les gestionnaires, qui se font une bonne image ? Quel est le rôle des élus et des autres invités dans le suivi ?

Financement d'événements religieux à Diakhaba

Pour les habitants du village de Diakhaba, on retrouve cette forme de connaissances. À l'occasion des événements religieux, la société d'exploitation contribue à leur financement. Du soutien logistique a été pareillement évoqué.

Dons de médicaments et de moustiquaires

Les habitants des campements et des villages de Diokéli et de Sollo[175] profitent des dons de médicaments, principalement pour traiter la bilharziose. Des campagnes de dons de moustiquaires imprégnées sont énumérées. Le paludisme fait partie, comme dans tout le pays, des principales maladies. Des familles entières peuvent en tomber malades. Face à cette situation, des dons de cette nature sont bien marqués. Là encore se pose la question des objectifs. Les gestionnaires sont connus dans ces deux villages, principalement grâce à ces dons.

Aménagement des périmètres irrigués

Il en est fait mention essentiellement à Goumbalan et à Diakhaba, alors que, paradoxalement, ils ne sont pas les villages les plus proches des périmètres irrigués. Si l'on en croit les réponses, les habitants n'en bénéficient pas non plus. Alors, pourquoi cette idée positive sur les périmètres irrigués ?

Contrairement aux campements, la connaissance ne se justifie pas toujours par le gain obtenu. Cette mesure est connue par tous les villages, mais, à Goumbalan et à Diakhaba, les habitants pourraient vouloir en bénéficier. Non seulement les périmètres font partie des mesures d'accompagnement perceptibles, mais il peut y avoir un intérêt derrière cette occurrence, un besoin ou une volonté d'exploiter ces périmètres. Une lecture des attentes exprimées par ces villages permettra de mieux comprendre les enjeux.

Les mesures d'accompagnement et le mode de vie particulier à l'échelle rurale

On peut compter parmi ces mesures la construction de routes, de centres de santé et d'écoles ; le forage de grands puits ; et l'électrification rurale. Sont principalement concernés par ces services les villages de Bamafélé, Goumbalan et Maréna. Bamafélé est

---

[175] Le centre d'alphabétisation est cité à Maréna et à Sollo.

dorénavant traversé par la route et électrifié. Comme pour l'aménagement des périmètres irrigués, cet élément est connu de tous les villages.

Formes de connaissances sur les gestionnaires et le barrage

Le mode de vie est à l'origine des savoirs sur les gestionnaires. Le cas de Manantali en est un exemple. Ce qui est intéressant, ce sont les mots employés par les habitants. À travers les châteaux d'eau, l'hôpital et le foyer des jeunes, les gestionnaires ont introduit dans le village une autre manière de vivre et de construire. En référence aux deux cités des employés, les habitants parlent d'*habitat moderne*.

Là encore, on remarque une autre forme de décalage entre Manantali, les villages et les campements. Ces habitants donnent l'impression d'être dans un autre contexte. D'ordinaire, dans les villages et les campements, les formes de connaissances se réfèrent plus aux mesures d'accompagnement ou aux dons, mais, à Manantali, elles se justifient par l'introduction d'une autre manière de vivre. Cette différence peut-elle entraîner des répercussions sur les relations entre les habitants et le barrage ?

Appropriation ou rejet : quel sentiment ?

Après le constat des formes de connaissances sur les gestionnaires et le barrage, il nous a semblé intéressant de nous interroger sur les sentiments des personnes rencontrées par rapport au barrage.

Les positions adoptées sur la présence du barrage sont certes variables. Il est donc nécessaire de s'interroger sur les éléments influant ces positions (Carte 32).

La carte 32 montre que les campements de pêche et les villages de Manantali, Diakhaba et Maréna sont ceux qui s'approprient le plus le barrage. Sans surprise, les villages déplacés et Kondonia manifestent plus de rejet quant à la présence du barrage.

On peut distinguer trois éléments explicatifs :

- la fonction des habitants ;
- la proximité du barrage ; et
- le déplacement des villages.

Fonction des habitants

Les employés de la société d'exploitation et de l'OMVS ont tendance à défendre sa présence. Ils vont jusqu'à justifier son caractère essentiel. Une médecin de l'hôpital assure que le barrage, c'est presque sa vie :

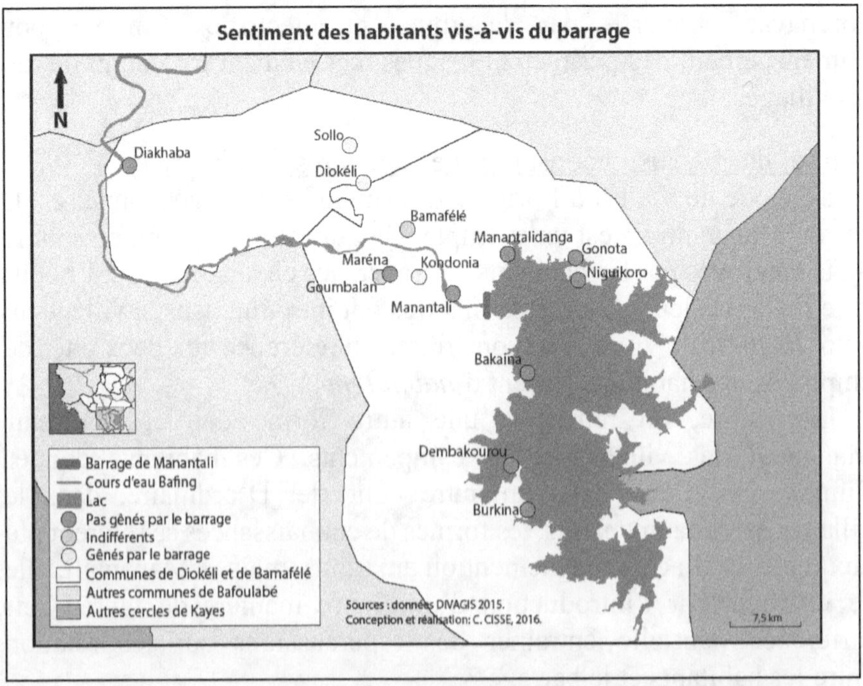

Carte 32 : Sentiment des habitants vis-à-vis du barrage

« Depuis 1982, j'ai toujours vécu avec lui à travers mon mari. Il fait partie de ceux qui ont travaillé sur la maquette. Cet ouvrage m'a éblouie, car c'est un bel édifice. On doit faire de son mieux pour sa meilleure exploitation. On doit aider à améliorer l'entretien du barrage à vie. C'est vraiment quelque chose à préserver. Je veux dire qu'il faut beaucoup plus motiver le personnel. Il exploite un ouvrage d'une grande taille qui participe à l'intégration sous-régionale. Il fait la fierté de la sous-région. Je pense qu'il participe au développement de la sous-région, voire de l'Afrique. Toute personne qui veut aller de l'avant doit le prendre à cœur […]. Le personnel n'est pas que du Mali ou des pays de l'OMVS. Les travailleurs sont venus du monde entier. Par exemple, pendant la construction de la centrale, j'ai eu à travailler avec des médecins et des infirmiers moldaves. Je n'avais jamais imaginé cette possibilité, qui ne peut être offerte que par un barrage. Je ne savais même pas que les Moldaves pouvaient venir jusqu'ici. On prie Dieu que nos enfants aussi profitent et qu'ils n'oublient pas l'importance de protéger le barrage. Ce n'est pas que l'eau et l'électricité. Ce sont quatre pays qui se sont donné la main pour un meilleur lendemain. Ceux qui ont signé les textes ne sont plus là. Ceux qui ont posé la première pierre, même s'ils sont vivants, ne peuvent pas savoir ce qui se passe ici. Tous les villages jusqu'à 40 km viennent se soigner à Manantali[176]. »

L'ensemble des responsables politiques et administratifs interrogés à Kayes et à Bamako partagent également la même opinion, à l'exception des maires de Diokéli et de Bamafélé. S'ils sont convaincus de la présence indispensable de cette infrastructure, ils posent des conditions, parmi lesquelles une augmentation des retombées dans la zone du barrage, qui pourrait, selon eux, atténuer le mécontentement des autochtones. Leurs demandes ne semblent pourtant pas se baser sur l'estimation des besoins réels des communes parce qu'à chacune des conditions posées se trouve une comparaison avec les apports relatifs aux mines. Comme si l'apport de la société minière est le modèle de référence. Le maire de Bamafélé confie :

« Nous avons décidé de demander de l'aide aux communes des zones aurifères qui font des dons aux communes pauvres. La commune de Sitakili dans la zone aurifère de Kéniéba a offert 5 millions [FCFA] aux ressortissants du nord, tellement qu'elle a de l'argent[177]. »

Proximité du barrage

La proximité du barrage est le second élément explicatif d'appropriation. Si le village de Diakhaba n'a pas vraiment d'avis, ce n'est pas le cas des habitants de Kondonia, de Bamafélé, de Maréna, de Manantali et des campements, qui ne s'imaginent plus vivre sans le barrage. Les campements ont émergé à la suite de sa mise en eau. Ils continuent de vivre de la pêche. Cet ouvrage est pour eux une source de revenus. Il est au cœur de leur motivation à immigrer dans la zone du Bafing.

Or, que vont devenir ces campements en cas de rupture ? Les pêcheurs vont-ils pouvoir retourner dans le delta du Niger avec leur famille ? Est-ce envisageable pour ceux qui ont fondé une famille sur place ?

Même si ces questions ne se posent pas pour les autres villages, il est intéressant de voir leur adhésion, qui peut s'expliquer par le niveau de transformation.

Si le statut de Manantali est devenu discutable, pour les habitants de Kondonia et de Bamafélé, il est impensable de retrouver les dispositions d'avant-barrage. Lors d'un entretien collectif, on a pu relever que,

---

[176] Entretien à Manantali, été 2012.

[177] Entretien avec le maire de Bamafélé, été 2012.

malgré tous les problèmes, ils ne peuvent plus imaginer l'absence du barrage. Un habitant de Bamafélé raconte :

« Mon père avait accepté le barrage, alors je n'ai pas le droit de dire le contraire. Au moment des déplacements, on avait beaucoup de regrets. Mais, maintenant, on s'est rendu compte qu'on ne pourrait plus jamais retourner sur l'ancien site. Il n'y a plus de place pour nous. On accepte la situation, mais elle est dure[178]. »

La position de ces villages apparaît dès lors comme une sorte de résignation. Pourtant, ils continuent à espérer que les gestionnaires du barrage puissent répondre à leurs besoins.

Déplacement des villages

Pendant ce temps, l'émigration semble une issue. Le chef de village de Kondonia précise :

« Le barrage n'a aucun sens. Il est sur le Bafing, mais ne profite vraiment pas aux Bafingués. Les jeunes du village ne sont pas recrutés par Eskom pour travailler au barrage. Si nous ne pouvons pas cultiver la terre et nous ne sommes pas embauchés, nous sommes obligés d'émigrer [...]. Il n'y a aucun projet pour nous. Malgré cela, nous voyons tous les jours les câbles qui traversent nos champs. Nous savons que l'énergie du barrage va jusqu'à Bamako, à Nouakchott, au Sénégal, alors que notre village est à environ 10 km. Malheureusement, à part Bamafélé et Manantali, aucun village du Bafing n'est électrifié. On laisse faire tout cela sans rien dire[179]. »

Il ajoute, comme si cette acceptation était temporaire : « Mais s'ils continuent de recruter les étrangers et pas nos enfants, nous ne serons pas contents. » Ce possible mécontentement met-il en exergue un risque de conflit ? Combien de temps les habitants vont-ils accepter cette présence « imposée » du barrage ?

Son absence en cas de rupture ne semble pas déranger les villages de Sollo, Goumbalan et Diokéli, puisque, d'après eux, le barrage a introduit une misère aggravée par les pertes de terres de culture. Cette pauvreté, inconnue dans les anciens sites, est devenue une réalité. Dans leurs discours, ils expriment souvent l'espoir de retrouver ces sites. Ils ont d'ailleurs le sentiment que le barrage n'est pas pour eux. Il appartient au village Manantali, ce qui crée une sorte de « rivalité » entre les villages.

---

[178] Entretien collectif chez le chef de village de Bamafélé, mai 2014.

[179] Entretien collectif chez le chef de village de Kondonia, mai 2014.

Les attentes sont-elles le reflet des représentations sociales des impacts ?

Après avoir présenté les critiques sur les politiques des gestionnaires et les opinions sur la nécessité du barrage, il paraît intéressant de déterminer les attentes réelles des habitants. Comment ces attentes traduisent-elles les formes de représentations sociales ? Quelle lecture spatiale avoir des attentes exprimées ? Si l'on prend en compte les formes des représentations sociales des impacts, est-il possible d'établir une comparaison entre les profils des attentes ? Retrouve-t-on les mêmes ressemblances ou les mêmes différences lorsque l'on fait une lecture spatiale ?

Un exemple est celui des campements ayant quasi exclusivement cantonné les effets positifs au secteur de la pêche. Est-ce que les attentes soumises par ces campements correspondent à des projets visant le développement de cette activité ?

Un autre exemple est celui des villages déplacés, qui ont davantage évoqué des effets négatifs. Ces villages ont-ils plus d'attentes que les autres ? En quoi leurs attentes sont-elles particulières ?

À travers ces différents exemples, nous pouvons déterminer l'objectif. Dans cette perspective, les attentes des acteurs sont analysées avec la méthode de l'analyse factorielle des correspondances (AFC), tandis que les réponses des habitants ordinaires, issues principalement des enquêtes, sont toujours traitées avec l'analyse des correspondances multiples (ACM).

Les résultats de l'AFC sur les attentes des acteurs

Dans la figure 42, l'axe vertical représente 33,51 % de la variance et l'axe horizontal, 20,56 %. En fait, il ne représente que 54,08 % de la variance de notre tableau lexical. Ce pourcentage étant supérieur à la moyenne, il est donc acceptable.

L'AFC a permis de visualiser les mots utilisés lors des entretiens individuels et collectifs pour répondre à la question des attentes. Comme pour les graphiques sur les impacts, les logiques de discours sont en bleu et les modalités, en rouge.

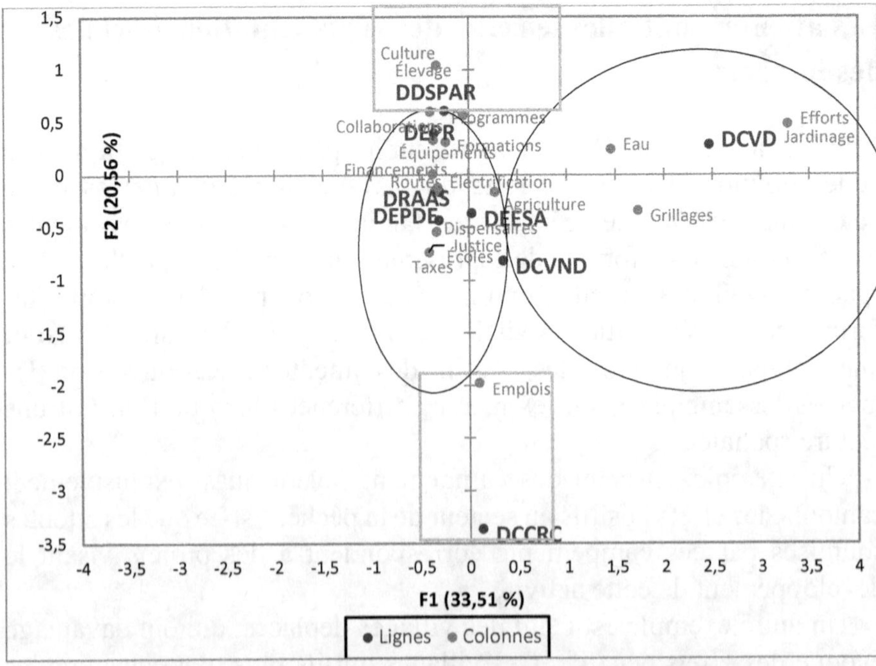

Figure 42 : Attentes exprimées par les acteurs

La figure 42 montre un premier résultat sur la séparation des codes DCVND, DCCRC, DEESA et DCVD (à droite). À l'opposé se situent les codes DEPR, DDSPAR, DRAAS et DEPDE (à gauche). Autrement dit, les attentes énoncées par les codes à droite sont différentes de celles du groupe à gauche. Ainsi, l'axe vertical représente la singularité des attentes soumises.

<u>Les attentes des responsables des structures</u>

Le plus surprenant dans ce graphique est l'absence du code des logiques de discours à Bamako. Les responsables des structures nationales manquent-ils de vision intégrant le barrage ? Ou bien est-il possible qu'ils soient influencés par leurs fonctions ? Prennent-ils plus en compte les règles de gestion internationale de cet ouvrage ?

Pourtant, le chef de division de la Direction nationale de l'énergie de Bamako précise :

« les populations attendent beaucoup de l'OMVS, principalement le projet de rendre navigable le fleuve Sénégal. Cela va être une très bonne chose sur le plan économique pour les trois pays. Nous espérons aussi qu'elle a renforcé les mesures face au risque de rupture du barrage. J'avoue qu'on ne souhaite pas que cela arrive. Sinon, trouver une solution immédiate va être difficile. Il y a eu des périodes durant lesquelles on a eu des problèmes avec le barrage de Sélingué, qui produit 40 MW. La production hydroélectrique était interrompue et il fallait la remplacer par une production thermique [...]. Ce qui nous a coûté très cher financièrement. On n'a vraiment pas les moyens de faire face à une rupture de barrage de Manantali. Il y aura encore des délestages. On compte incontestablement sur les projets de barrages de l'OMVS, même si on a commencé à réfléchir à l'utilisation de l'énergie solaire[180]. »

Les attentes des villages, des campements et des associations

Les chefs de campement, de village et les responsables d'association ont utilisé des termes spécifiques comme *efforts*, *jardinage*, *eau*, *grillage* et *agriculture*. Puisque les politiques des gestionnaires sont insuffisantes, les personnes interrogées exigent plus d'efforts de leur part. Concrètement, pour les villages déplacés, il s'agit d'une demande de respecter le cahier des charges établi lors des déplacements. Malheureusement, les engagements pris alors ne sont plus tenables, non pas pour des raisons de motivation, mais parce qu'ils ne sont plus adaptés aux réalités des villages.

Les attentes des pêcheurs

Pour la coopérative des pêcheurs, la gestion commune du niveau de l'eau dans le lac est indispensable. La mise en place d'un plan de suivi alterné est nécessaire. Elle permettrait à la société d'exploitation de présenter aux pêcheurs un agenda d'utilisation de l'eau pour la production d'électricité. Ces derniers pourraient choisir d'y accoler un calendrier de pêche plus organisé dans le but de développer une pêche plus respectueuse de l'environnement, d'établir une relation de travail entre la société d'exploitation et la coopérative des pêcheurs. Peut-être qu'en comprenant mieux la fluctuation du niveau de l'eau et en se sentant plus concernés par celle-ci, ils arrêteront de la considérer comme négative.

Les attentes des agriculteurs

Une lecture du côté gauche de l'axe vertical de la figure 42 révèle une plus grande concentration de mots autour des codes DEPR, DRAAS, DDSPAR et DEPDE, qui sont proches à cause d'une presque

[180] Entretien avec le chef de division de la Direction nationale de l'énergie de Bamako, été 2012.

conformité des prévisions. De nombreux termes traduisent une nécessité de changer les rapports entre les gestionnaires et les responsables de structure régionale. Parmi ces mots, *collaboration*, *programme*, *financement*, *formation*, *équipement* et *taxe*. Ils sont analysés dans la lecture de l'axe horizontal.

Le forum du barrage : un moyen de réduire les frustrations

Les maires des deux communes voisines souhaitent l'organisation d'un forum du barrage. Le maire de la commune de Bamafélé soutient :

« Nous attendons que les gestionnaires acceptent de faire un forum avec les deux communes qui ont subi tous les impacts négatifs. Ils ne peuvent pas nous mettre au même niveau que les autres communes du Mali, des pays de l'OMVS. Nos problèmes sont différents de ceux des autres pays et doivent bénéficier d'un traitement particulier. Nous ne voulons plus rien demander. Nous savons qu'ils ne répondront pas à nos besoins. Nous payons l'électricité alors que nous sommes au pied du barrage. Notre mairie a payé une ambulance pour sauver sa population. Pourquoi vouloir trouver une solution générale ? En tant que maire, normalement, je devais être mis au courant de ce qui se passe [...]. Ils doivent me recevoir lorsque je demande un rendez-vous pour parler des problèmes des habitants. Vous savez que c'est aussi dans leur intérêt de développer la zone puisque leurs enfants naissent et vivent ici. Et, comme le dit le proverbe bambara : *Là où tu vis, c'est chez toi, quelle que soit ton origine*. La seule solution pour régler les impacts négatifs, pour moi, est qu'ils donnent les moyens à la commune. Par exemple, en mettant en place un bureau de coordination OMVS/Commune de Bamafélé. Sinon, on n'ira jamais dans la même direction. On doit faire des réunions, on doit collaborer [...]. Ils sont puissants et riches ; nous, nous n'avons rien. Mais, puisqu'ils ne viennent pas vers nous, forcément, ils ne sont pas au courant des vrais problèmes. Je soulignerai également que, malgré toutes les avancées que nous avons obtenues grâce au barrage, la population attend encore beaucoup de choses. Elle pensait avoir un changement de vie radical et extraordinaire au moment des transferts. Elle ne comprend donc pas comment, après plus de 20 ans d'existence du barrage, même le village de Manantali n'est pas électrifié dans sa totalité[181]. »

---

[181] Entretien avec le maire de la commune de Bamafélé, été 2012.

Cette proposition de concertation dans la zone proche du barrage est intéressante. Elle permettrait aux élus des deux communes et aux habitants de mieux accepter les changements profonds de leur environnement. Toutefois, faut-il dépasser le simple constat des problèmes locaux et des effets négatifs, et essayer de les transformer en propositions concrètes des habitants, en différents projets ? Il ne faut pas non plus se contenter de les traduire en rapport de forum.

Par l'association des habitants au financement partiel, la réalisation de ces projets deviendrait plus concrète pour eux. Le cas du financement du grand barrage de la Renaissance en Éthiopie en est un exemple.

Acteurs régionaux : une soif de prendre part aux projets visant le barrage

Le désir de participer à tous les projets liés au barrage rassemble les responsables des structures administratives de Kayes (DDSPAR). Ils sont rejoints par les élus politiques régionaux (DEPR) (haut de l'axe horizontal de la figure 42). Il les oppose aux codes DCVND, DEPDE, DRAAS, DEESA et DCCRC. C'est pourquoi on considère que cette moitié supérieure du graphique présente la multitude des attentes.

À l'opposé, dans la moitié inférieure, on remarque l'isolement des campements. Un examen du tableau lexical révèle que ces derniers ont moins répondu à cette question. Le mot *emploi* a été utilisé par les chefs de campements, mais plus encore par ceux des villages anciens, ce qui explique sa position entre les deux codes. Selon les chefs, la création d'emplois pour les jeunes doit passer par l'installation d'usines de transformation des productions locales.

Dans le sens opposé, les responsables des structures régionales et les hauts fonctionnaires interrogés ont souligné la nécessité de participer activement aux projets liés au barrage. En d'autres termes, les structures ont besoin d'avoir des moyens pour exécuter leurs programmes. Or, on a constaté des difficultés de fonctionnement dans tous les services régionaux. Bien que l'OMVS soit une organisation internationale, une participation à la dynamique des structures régionales de chaque État membre ne serait-elle pas plus profitable ? Est-il pertinent d'avoir des programmes pour les populations du bassin, alors que la capacité des services régionaux demeure faible ? Certes, cette organisation internationale a besoin d'avoir un mode de fonctionnement particulier. Elle tente de collaborer avec les structures de Kayes, qui lui fournissent des données statistiques, mais cela ne semble pas suffisant. Ne faudrait-il pas plutôt leur confier directement des missions en lien avec leurs domaines d'activité ?

Là encore, il est intéressant de proposer des formations et de ne pas se limiter aux dons de logistique, si souvent évoqués lors des entretiens. Il s'agit d'allier le travail technique des experts et les connaissances pratiques des agents des services régionaux sur le terrain. Avec la rémunération des missions, la subvention de l'État malien et la subvention du Conseil régional de Kayes, ces services deviendraient plus dynamiques. Les acteurs régionaux trouveraient la place souhaitée dans la gestion du barrage. Un conseiller au cabinet du gouverneur de Kayes affirme :

« Je sais que c'est une organisation sous-régionale, mais, si vous allez à l'assemblée régionale ou au Conseil régional de Kayes, les programmes sont là. À ce niveau des populations, il y a d'autres préoccupations. Il y a d'autres propositions qui ne sont pas soumises à l'OMVS et elle pourrait faire des projets plus concrets. Dans les programmes de développement au niveau de la région, le barrage n'est pas pris en compte. Nous n'avons rien à voir avec cette organisation, alors qu'elle travaille dans notre région [...]. Nous n'avons pas un droit de regard et nous ne sommes au courant de rien. C'est vrai que l'OMVS dépasse le cadre de la région. Il paie des taxes à la commune, mais nous, nous n'avons rien. Les populations sont frustrées. Malheureusement, elle ne peut pas descendre jusqu'à notre niveau[182]. »

Dans le même sens, le préfet du cercle de Bafoulabé a reconnu la part de responsabilité des acteurs régionaux dans cette faiblesse de participation. Selon lui, ils ont manqué d'initiatives dans la recherche de partenariats avec les gestionnaires, mais il assure l'existence de tentatives, qui se sont soldées par des échecs. Une des raisons fournies est le statut de l'organisme. Dans ce contexte, ce préfet espère malgré tout voir plus de politiques concrètes en matière d'infrastructures :

« Dans le secteur de la pêche, Manantali produit beaucoup de tonnes de poissons. Je pense que la construction de plus de routes et de marchés augmentera les aubaines pour les pêcheurs. Je sais que Manantali est un ouvrage international. Mais on doit plus sentir ses impacts positifs dans le cercle. Par exemple, sur le volet socioculturel par la construction de CESCOM [...]. On doit sentir un renforcement des bénéfices pour les habitants du cercle. Notre terre porte l'ouvrage. Ceci devrait donner le

---

182 Entretien avec un conseiller au cabinet du gouverneur de Kayes, été 2012.

droit aux populations d'en bénéficier encore plus. Dans les zones minières, par exemple, les collectivités ont des millions et des appuis sur le volet social[183]. »

Parmi les grands enjeux liés au bitumage de la route de Manantali à Mahinanding, le désenclavement du cercle de Bafoulabé est majeur. Le goudronnage du tronçon de Manantali à Tambagan va faciliter l'ouverture du cercle, donc de la région, vers Bamako. Ce même préfet ajoute :

« Cette route devient indispensable, car le cercle connaît une croissance économique, avec les activités de la cimenterie, de l'usine de fer, de la société d'exploitation de Manantali, de l'usine de carreaux. Bafoulabé est un cercle qui abrite beaucoup d'unités industrielles, dont beaucoup de production, en plus des productions des périmètres irrigués [...]. Le marché de consommation du cercle est très limité en dehors des quelques fonctionnaires. La route pourra donc favoriser le développement du trafic routier et donner les moyens d'écouler les productions[184]. »

Vivre à l'ombre du barrage : quelle lecture spatiale des types de besoins des habitants ?

Malgré la bonne volonté des démarches participatives, les politiques de lutte contre les effets du barrage restent limitées. Certains habitants jugent qu'elles ne correspondent pas à leurs besoins. Moins critiques, d'autres ne doutent pas de leur caractère nécessaire, mais en attendent toujours plus. L'enjeu d'encourager les habitants à s'approprier le barrage pour mieux exploiter ses retombées de manière durable est devenu important.

Les réponses des habitants permettent une lecture spatiale des types de besoins de soutien (Carte 33). Il s'agit de l'électrification des villages, de l'adduction en eau potable, du développement de l'agriculture, du développement de l'élevage ainsi que de la construction de plus de centres de santé et d'écoles.

[183] Entretien avec le préfet du cercle de Bafoulabé, été 2012.
[184] *Ibid.*

L'électrification des villages

L'électrification des villages se présente comme une évidence. Pour tous les villages, elle est un droit. Cet élément témoigne de la connaissance du rôle principal du barrage au sein de ces populations. À partir de là, ce souhait est présenté comme un devoir des gestionnaires. Il semble intéressant de réfléchir sur la notion du « droit à l'électricité » dans un contexte de barrage hydroélectrique.

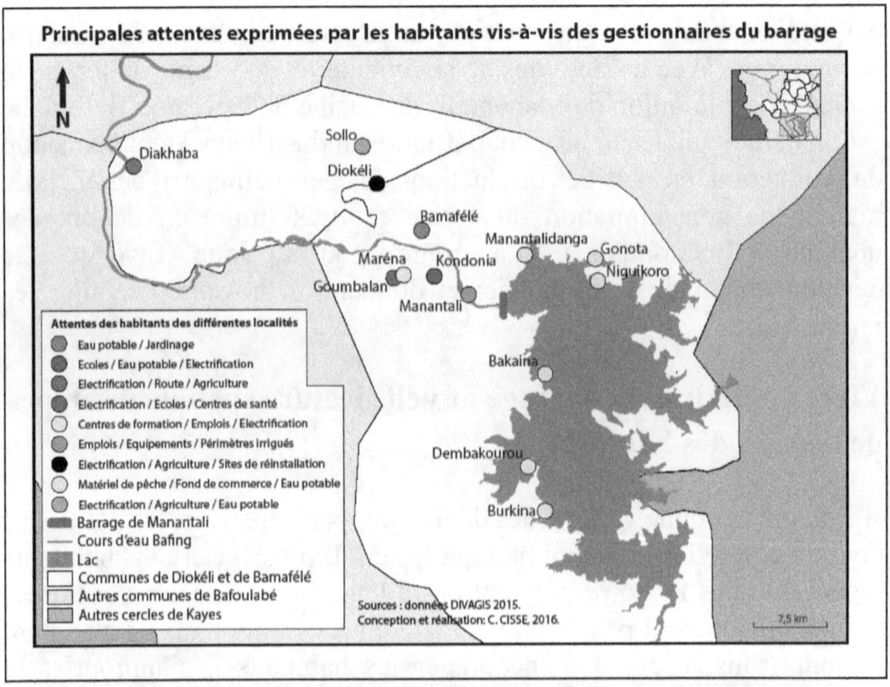

Carte 33 : Types d'attentes exprimées dans la zone environnante

L'adduction en eau potable

Les villages de Diokéli, Maréna, Kondonia, Goumbalan et Bamafélé parlent en priorité de l'accès en eau potable. Ces villages utilisent principalement l'eau du Bafing, ce qui augmente les risques de maladies hydriques.

Le développement de l'agriculture

Le développement du secteur de l'agriculture a été aussi évoqué. Les habitants ont une idée précise des éléments à améliorer, par exemple la mise en place d'un système de crédits afin de faciliter l'achat d'équipements agricoles et d'engrais qui seraient subventionnés par les gestionnaires. Ensuite, tous les agriculteurs sont intéressés par des formations sur l'utilisation des engrais et des équipements. À Sollo, un habitant déclare :

« Nous avons constaté qu'il ne pleut plus beaucoup, maintenant. Nos problèmes sont le manque de terres de culture et les animaux. Nous ne pouvons pas cultiver à cause de la grande divagation des animaux des transhumants peuls. Le manque d'espace et les problèmes avec les animaux empêchent d'avoir des rendements acceptables en fin de saison des pluies. La solution serait de clôturer les champs et les jardins de culture avec des grillages, mais nous n'avons pas les moyens [...]. Les femmes sont très braves, mais n'ont également pas de matériel de culture. Elles se débrouillent seulement avec la daba et n'ont même pas de charrue. Par exemple, sur cinq familles d'agriculteurs, uniquement une famille possède la charrue. On fait face à un manque d'équipements très sérieux. On n'a presque rien. La conséquence est que nos jeunes hommes migrent beaucoup. L'agriculture ne donne plus rien[185]. »

L'installation d'une usine de transformation des céréales pourrait créer des emplois et mieux organiser l'exportation des productions locales. Selon les habitants, ils vendent les produits agricoles à bas prix dans les marchés des villes et les marchés hebdomadaires parce qu'il semble impossible de les conserver longtemps dans les villages.

Le développement de l'élevage

D'autres améliorations concernent le développement de l'élevage. Un habitant de Maréna mentionne souhaiter :

« Avoir de grands puits et des subventions pour les engrais chimiques afin d'avoir plus de rendements. Dans le cadre de l'élevage, nous souhaitons avoir une subvention des tourteaux. On n'a pas les moyens d'acheter les tourteaux. Cela peut éviter les nombreux cas de conflits causés par la divagation des animaux[186]. »

La construction de centres de santé et d'écoles

Dans le village de Manantali, l'édification d'un centre de formation professionnelle et sportive est importante pour les moins de 20 ans.

Par ailleurs, le plus surprenant dans les réponses a été le souhait d'avoir un programme de soutien au retour en amont. Malgré la présence du lac, des habitants envisagent la possibilité de s'installer à côté des villages malinkés plus éloignés. Il s'agit spécialement de

---

[185] Entretien collectif chez le chef de village de Sollo, mai 2014.
[186] Entretien collectif chez le chef de village de Maréna, mai 2014.

quelques habitants des villages de Sollo, Diokéli et Maréna. Or, comme s'ils doutaient de la possibilité de réalisation de cet « idéal », ils réclament une restauration des cases. Un habitant de Maréna dit :

« Nous ne pouvons toujours pas comprendre les types de constructions de nos cases par les ouvriers de l'OMVS. Les cases sont très mal faites. Elles sont inhabitables. La réinstallation a été tout simplement mal faite[187]. »

Le maire de Bamafélé revient sur cette nostalgie des anciens sites :

« La commune de Bamafélé n'a eu de l'électricité qu'en 2009. Je veux dire par exemple que, sur les 42 villages des deux communes, seuls deux sont électrifiés, alors que l'électricité est la base du développement. Nous souffrons énormément. Il suffit de discuter avec la population pour savoir qu'elle est déçue. Des personnes vont même jusqu'à dire que rien n'a été fait dans la localité. Les promesses tenues par les gestionnaires sont très insignifiantes [...]. On s'attendait à des choses concrètes. Par exemple, ils devraient nous construire des centres de santé et arrêter les nombreux dons. Ils dépensent ainsi des milliards de FCFA sans conséquence dans le futur et pas de traces visibles. Dans notre zone, en dehors de l'hôpital de Manantali, nous ne disposons que des centres de Bamafélé et un nouveau à Maréna. Or, l'hôpital de Manantali est normalement réservé aux travailleurs de la société d'exploitation. On vit misérablement, dans la zone. Je pense sincèrement que le niveau de vie de la population doit dépasser cette étape très basse en présence d'un grand projet de l'ampleur du barrage hydroélectrique de Manantali. Les deux communes qui ont le plus payé les frais du déguerpissement ne parviennent toujours pas à se développer [...]. Lorsque les gens entendent parler de Manantali, ils pensent à une chose grandiose. Les communes voisines pensent que nous avons tous des avantages. Mais rien n'a été concrètement fait pour nous. On a tout perdu, à cause de ce barrage. Je rappelle encore et toujours que, dans l'ancien site, même s'il ne pleuvait pas, on pouvait faire des sacrifices et la pluie tombait. À cause du barrage, on a tout laissé là-bas : nos ancêtres, nos pères, nos mères... Ils sont tous sous l'eau, à cause de ce barrage. On se réconforte en se disant qu'il sert à plusieurs pays et que c'est normal. Mais rien ne va, on supporte et on se dit finalement que c'est notre destin[188]. »

---

[187] *Ibid.*

[188] Entretien à Bamafélé, été 2012.

Ombre à la fois malfaisante, spatiale et protectrice

Ainsi, l'ombre du barrage de Manantali peut être « malfaisante ». Elle est la face cachée du barrage, qui perturbe les habitudes des habitants ordinaires et des acteurs. Ces impacts négatifs sont majoritairement perçus par les habitants des villages déplacés, les agriculteurs, les éleveurs, les chefs de village, les responsables de société civile et les responsables de structure sanitaire et scolaire, qui dénoncent les manquements des gestionnaires du barrage.

Cette ombre devient pesante pour les autochtones, qui nourrissent une certaine nostalgie du passé, et des allochtones, parfois déçus.

Si les effets négatifs existent à toutes les échelles, la zone riveraine (ombre spatiale) reste marquée par un changement profond, qui participe à la construction d'un sentiment de rejet de l'ouvrage dans son ensemble.

À l'inverse, une ombre « protectrice » découle des avantages obtenus par les habitants ordinaires et par les acteurs. Chaque variable retenue dans le questionnaire est représentée différemment et les codes utilisés par les personnes interrogées pour la qualifier sont affectés des avantages individuels ou collectifs, qui peuvent varier en fonction du groupe, de la localité et de l'échelle. Les représentants de l'État, les responsables administratifs, régionaux et nationaux, les habitants ordinaires et les acteurs du centre rural de Manantali lui confèrent l'image d'un ouvrage de développement ayant introduit une modernité des conditions de vie et d'accès aux services. Les gestionnaires et le barrage sont connus à travers les mesures d'accompagnement : la construction de routes ; la construction d'écoles et de centres de santé ; les dons de médicaments, de matériel de pêche et de moustiquaires ; et de l'aide financière dont ont bénéficié certains villages.

Les différentes attentes exprimées résultant des formes de représentations sociales des impacts construites par les personnes interrogées ont mis en exergue le souhait de nouvelles pratiques qui prendraient désormais en compte les possibilités offertes par ce grand ouvrage de développement local et régional.

Résumé du chapitre 8

L'objectif de ce chapitre a été d'exposer les divergences et les accointances entre les différentes formes de représentations sociales concernant les impacts et les attentes relatifs au barrage. Ce chapitre révèle également les connaissances des personnes interrogées sur les actions des gestionnaires. Ces connaissances, en plus du facteur de localisation et des types d'impacts subis, participent à l'ampleur des attentes exprimées. La création d'emplois, le développement de la pêche, l'immigration, la création de routes ou l'électrification constituent autant d'impacts positifs que les habitants souhaitent voir renforcer.

Le premier constat concerne l'absence d'attentes énumérées à l'échelle nationale, qui est liée à un manque de représentations des impacts négatifs, à une meilleure connaissance des règles des gestionnaires ou à une plus grande collaboration avec les gestionnaires. À l'opposé, les acteurs régionaux, qui se sentent exclus des programmes des gestionnaires, espèrent plus de partenariats.

Les habitants ayant subi les impacts négatifs semblent accepter cet ouvrage désormais présent sur leur territoire en proposant un nouveau rôle dans le développement local.

Troisième partie résumée

Cette dernière partie a permis une lecture spatiale des différentes formes de représentations entre les échelles locale, régionale et nationale. Les avantages obtenus ou les désagréments subis jouent un rôle dans ces représentations des impacts du barrage. Pour nous parler des changements introduits par le barrage, les acteurs interrogés aux échelles régionale et nationale ont recours à des connaissances liées à leur formation et à leur statut politique ou administratif, contrairement aux habitants ordinaires, qui s'inspirent de leur vécu. Cette différence donne lieu, d'une part, à un jargon d'experts et, d'autre part, à des explications accompagnées d'exemples du quotidien.

Les discours des représentants de l'État ont moins mis l'accent sur les effets négatifs du barrage et se présentaient sous une forme explicative, comme si l'objectif était de défendre cet ouvrage. Cependant, il arrive par moments que leur statut d'habitant de la région de Kayes laisse apparaître des contradictions dans leurs réponses. La faiblesse, voire l'inexistence de mesures de prévention du risque de rupture du barrage, à l'exception du plan d'évacuation d'urgence affiché à la mairie de Bamafélé, a été déplorée par tous les acteurs politiques et administratifs rencontrés.

Les acteurs dans la zone riveraine ont émis plus de critiques sur le rôle du barrage. Le sous-préfet, les maires des deux communes, les chefs de village et les responsables d'association ont laissé entendre que le barrage est un élément perturbateur de l'organisation et du fonctionnement des localités riveraines.

Comme chez les acteurs, les réponses des habitants riverains ont été l'occasion de constater la multiplicité des formes de représentations sociales de ces impacts. Les apports de la pêche en amont conduisent à une image positive du barrage par les habitants des campements. Au contraire, tous les villages déplacés et l'ancien village de Kondonia ont profité de l'occasion pour signifier leur mécontentement et leur sentiment d'être les plus grands perdants à la suite de leur réinstallation.

Il existe une difficulté d'acceptation chez les autochtones bafingués des changements de conditions de vie. Ils pensent être condamnés à supporter la présence du barrage et ne pas être soutenus par l'État malien dans leur mal quotidien.

L'éloignement du village de Diakhaba a rendu particulières les préoccupations de ses habitants, qui ne se sentent pas vraiment concernés par les effets négatifs du barrage : les conséquences des lâchers sur le cours d'eau du Bafing, les risques de se noyer, l'inondation des terres agricoles, le développement des plantes aquatiques et les possibilités de vente du sable du fleuve sont leurs principales inquiétudes.

Cet effort d'appropriation du barrage a été fait par les habitants ordinaires et par les acteurs de la zone environnante et de Kayes. À l'échelle nationale, les réactions se sont limitées aux questionnements sur les types d'impacts.

LISTE DES CARTES

Carte 1 : Pays de l'OMVS en Afrique de l'Ouest *14*
Carte 2 : Haut bassin du fleuve Sénégal situé au Mali *14*
Carte 3 : Barrages construits et en projet de l'OMVS *19*
Carte 4 : Moyenne des pluies dans les stations entre 1990 et 1999 .... *43*
Carte 5 : Moyenne des pluies dans les stations entre 2000 et 2009 .... *44*
Carte 6 : Moyenne des pluies dans les stations entre 2010 et 2012 .... *44*
Carte 7 : Répartition des stations de mesure sur le lac *48*
Carte 8 : Nombre d'habitants par cercle de la région de Kayes en 2009 .... *80*
Carte 9 : Nombre d'habitants par commune du cercle de Bafoulabé *81*
Carte 10 : Diversité ethnique dans la zone riveraine *90*
Carte 11 : Motivations à l'installation dans la zone riveraine du barrage . *91*
Carte 12 : Origine géographique des habitants des localités étudiées *94*
Carte 13 : Période d'installation dans la zone du barrage *95*
Carte 14 : Bénéficiaires de l'électricité du barrage dans la zone riveraine *120*
Carte 15 : Niveau de connaissances sur le rôle du barrage et sur les bénéficiaires de l'électricité *122*
Carte 16 : Origine de l'eau utilisée par les habitants de la zone riveraine *125*
Carte 17 : Pourcentage d'habitants qui renoncent aux soins *137*
Carte 18 : Choix des lieux de soins des habitants *138*
Carte 20 : Activités économiques secondaires par localité *150*
Carte 21 : Part des produits agricoles dans les ventes par localité *209*
Carte 22 : Part des poissons dans les ventes par localité *209*
Carte 23 : Centralité du marché de Manantali *211*
Carte 24 : Localisation des marchés et destinations des production locales *212*
Carte 25 : Part importante des denrées alimentaires dans les importations *213*
Carte 26 : principaux effets négatifs cités par localité *232*
Carte 27 : principaux impacts positifs cités par localité *239*
Carte 28 : Pourcentage d'habitants avec au moins 1 enfant à l'école *241*
Carte 29 : Possibilité de choisir les lieux de scolarisation *243*
Carte 30 : principaux modes de transport utilisés par localité *247*
Carte 31 : Réalisations qui ont permis de connaître le barrage *253*
Carte 32 : Sentiment des habitants vis-à-vis du barrage *256*
Carte 33 : Types d'attentes exprimées dans la zone environnante 266

Planche cartes 1 : Maladies hydriques touchant le plus les habitants 134

LISTE DES FIGURES

Figure 1 : Organigramme du Haut-Commissariat de l'OMVS.................. 22
Figure 2 : Réseau interconnecté de Manantali (RIMA)............................ 33
Figure 3 : Répartition d'électricité entre les sociétés d'électricité de 2003 à 2013.. 35
Figure 4 : Variation de la surface d'eau du lac entre 1987 et 2013........... 40
Figure 5 : Variation du volume d'eau dans le lac.................................... 40
Figure 6 : Variation du niveau du lac entre 1987 et 2013.......................... 41
Figure 7 : Variation du niveau du lac par mois.. 42
Figure 8 : Débits des stations du Bafing avant et après le barrage............ 45
Figure 9 : Évolution des débits lâchés à Manantali................................... 46
Figure 10 : Impacts du barrage de Manantali sur le fonctionnement de la station de Bakel 47
Figure 11 : Mesure de la qualité de l'eau à la station 1 du lac 51
Figure 12 : Mesure de la qualité de l'eau à la station 3 du lac 51
Figure 13 : Mesure de la qualité de l'eau à la station 4 du lac 52
Figure 14 : Mesure de la température et de la conductivité de l'eau du bassin d'amortissement 54
Figure 15 : Mesure de l'oxygène et du pH de l'eau du bassin d'amortissement 54
Figure 16 : Mesure de la température et de la conductivité de l'eau à Bafoulabé.. 56
Figure 17 : Mesure de l'oxygène et du pH de l'eau à Bafoulabé 56
Figure 18 : Classification des poissons du lac de Manantali 60
Figure 19 : Nombre de poissons du Bafing vendus à Mahina entre 2003 et 2013 62
Figure 20 : Nombre de poissons du Bakoye vendus à Mahina entre 2003 et 2013 62
Figure 21 : Nombre de poissons du fleuve Sénégal vendus à Mahina entre 2003 et 2013 62
Figure 22 : Part du Bafing dans l'offre de poissons au marché de Mahina 63
Figure 23 : Processus de construction d'une représentation sociale 67
Figure 24 : Opérationnalisation du concept et des trois hypothèses........... 75

Figure 25 : Évolution de la population dans les campements 82
Figure 26 : Évolution par catégorie de population dans les campements ... 83
Figure 27 : Composition ethnique des villages et des campements 89
Figure 28 : Origine géographique des habitants de la zone riveraine 93
Figure 29 : Pourcentage d'autochtones dans la zone d'étude 95
Figure 30 : Liste des associations dans la zone du barrage 96
Figure 31 : Origine de l'eau utilisée par les ménages dans la zone riveraine 124
Figure 32 : Maladies dont souffrent le plus les habitants 132
Figure 33 : Répartition des activités économiques des habitants 146
Figure 34 : Nombre de pêcheurs en amont 190
Figure 35 : Évolution du nombre de campements de pêche par année 192
Figure 36 : Évolution du nombre de pirogues en amont 197
Figure 37 : Production de poissons frais entre 1989 et 2011 206
Figure 38 : Quantités vendues de poissons frais, fumé et séché entre 1989 et 2011 207
Figure 39 : Circuit de vente de poissons du lac de Manantali 223
Figure 40 : Formes des représentations chez les acteurs interrogés 228
Figure 41 : Formes des représentations sociales des avantages du barrage 237
Figure 42 : Attentes exprimées par les acteurs 260

Planche figures 1 : Évolution de l'utilisation des outils de pêche 200

LISTE DES PHOTOS

Photo 1 : Barrage et centrale hydroélectriques de Manantali.................... 25
Photo 2 : Zone de Manantali avant le barrage 38
Photo 3 : Zone de Manantali après le barrage et la création du lac artificiel 38
Photo 4 : Début du lac de Manantali en amont 39
Photo 5 : Balise de localisation de mesure de la qualité de l'eau 50
Photo 6 : Localisation du bassin d'amortissement du barrage de Manantali.. 53
Photo 7 : Modèle de four pour fumer le poisson offert par l'OMVS à la Coopérative des hommes bozos 101

Photo 8 : Organisation spatiale dans un campement en amont de Manantali 103
Photo 9 : Occupation de l'espace du village de Manantali 112
Photo 10 : Occupation de la cité des cadres de Manantali 113
Photo 11 : Difficulté d'accès à l'eau dans les campements 126
Photo 12 : CESCOM de la commune de Bamafélé 142
Photo 13 : Pêche avec une pinasse traditionnelle 195
Photo 14 : Pirogue motorisée contenant de vieux réfrigérateurs 196
Photo 15 : Pêcheur qui retravaille les mailles de son filet 198
Photo 16 : Classe de l'école de la cité des cadres de Manantali 244

Planche photos 1 : Types d'îlots visibles sur le lac artificiel de Manantali 39
Planche photos 2 : Bafoulabé ou la rencontre des affluents du Bafing et du Bakoye 55
Planche photos 3 : Différentes activités sur le Bafoulabé 57
Planche photos 4 : Types de poissons du lac et du Bafing 59
Planche photos 5 : Grand marché de Mahina 61
Planche photos 6 : Types de constructions dans les campements de pêche104
Planche photos 7 : Construction de la route bitumée de Manantali à Mahina 113
Planche photos 8 : Modes de transport de l'eau du lac vers les campements 127
Planche photos 9 : CESCOM de la commune de Diokéli 145
Planche photos 10 : Périmètre irrigué B dans la zone de Manantali 166
Planche photos 11 : Outils de pêche des femmes 202
Planche photos 12 : Rencontre du samedi au débarcadère de Manantali. 214
Planche photos 13 : Camions de transport des poissons du lac vers Bamako 215
Planche photos 14 : Transport des poissons par des courriers à moto 221
Planche photos 15 : Commerçants ambulants dans les campements 224
Planche photos 16 : Navigation difficile à cause de la présence d'arbres 248

LISTE DES TABLEAUX

Tableau 1 : Évolution de la production d'électricité de 2003 à 2013 34
Tableau 2 : Répartition des habitants dans des associations par tranche d'âge 99

Tableau 3 : Localisation des campements selon la hauteur 105
Tableau 4 : Liste des communes et villages dépendants de l'hôpital de Manantali 139
Tableau 5 : Campements de pêche en amont du barrage de Manantali en 2013 191
Tableau 6 : Maillage des filets de pêche 199
Tableau 7 : Exemple de résultats de conversion en équivalents poissons frais 207
Tableau 8 : Prix des poissons et produits agricoles à Mahina 217
Tableau 9 : Modèle de tableau de contingence 235

RÉFÉRENCES BIBLIOGRAPHIQUES

Abric, J-C. (2003). Méthodes d'étude des représentations sociales, Ramonville Saint-Agne, Erès.

Adams, A. (1997). *Fleuve Sénégal : gestion de la crue et avenir de la vallée*. [s. l.]

Agence de développement rural de la vallée du fleuve Sénégal (ADRS). (2011). *État général des lieux de la commune de Bamafélé (cercle de Bafoulabé) : rapport final*. ROCHE Canada/ID-Sahel Mali.

Alhousseyni, S. (1999). *Peuplement ichtyologique et exploitation des espèces d'intérêt halieutique de la retenue de Manantali* [Thèse de doctorat]. Université de Provence-Aix-Marseille I.

Anoh, K. P. (2007). *Pêche, aquaculture et développement en Côte d'Ivoire* [Thèse de doctorat]. Université de Nantes.

Ba, S. (1995). Le statut juridique du barrage de Manantali. Dans F. Conac (dir.), *Barrages internationaux et coopération* (p. 154-168). Karthala.

Bailly, A. (1985). Distances et espaces : vingt ans de géographie des représentations. *Espace géographique*, *14* (3), 197-205.

Bailly, A., Béguin, H. et Scariati, R. (2016). *Introduction à la géographie humaine* (9e éd.). Armand Colin.

Barbier, B., Yacouba, H., Hama Maïga, A., Mahé, G. et Paturel, J.-E. (2009). Le retour des grands investissements hydrauliques en Afrique de l'Ouest : les perspectives et les enjeux. *Géocarrefour*, *84* (1-2), 31-41.

Barbier, B., Ouedraogo, H., Dembélé, Y., Yacouba, H., Barry, B. et Jamin, J. Y. (2011). L'agriculture irriguée dans le Sahel ouest-africain. *Cahiers Agricultures*, *20* (1-2), 24-33.

Bureau d'études de conseils et d'interventions au Sahel (BECIS). (1987). *Étude d'évaluation à mi-parcours du projet de réinstallation des populations du barrage de Manantali : rapport provisoire*. BECIS.

Bonin, S. (2004). Au-delà de la représentation, le paysage. *Strates*, *11*.

Brondeau, F. (2009). Un grenier pour l'Afrique de l'Ouest ? *Géocarrefour*, *84* (1-2), 45-53.

Bureau central du recensement (BCR). (2012). *Recensement général de population et de l'habitat (RPGH) 2009*.

Cellule limnologique. (2012). *Synthèse des rapports sur la situation limnologique et halieutique du lac du barrage de Manantali de 1989 à 1999*. SOGEM.

Chartier, D. et Rodary, E. (2016). *Manifeste pour une géographie environnementale : géographie, écologie, politique*. Presses de Sciences Po.

Dalmasso, A. (2008). Ingénieurs et habitants autour des barrages alpins. Dans N. Blanc et S. Bonin (dir.), *Grands barrages et habitants : les risques sociaux du développement* (p. 141-153). Éditions de la Maison des sciences de l'homme.

Di Méo, G. (2008). Une géographie sociale entre représentations et action. *Montagnes méditerranéennes et développement territorial, 23*, 13-21.

Doise, W., Clémence, A. et Lorenzi-Cioldi, F. (1992). *Représentations sociales et analyses de données*. Presses universitaires de Grenoble.

Durkheim, E. (1898). « Représentations individuelles et représentations collectives ». Revue de Métaphysique et de Morale, tome VI.

Flament, C. (2003). Structure et dynamique des représentations sociales. Dans D. Jodelet (dir.), *Les représentations sociales* (p. 224-239). Presses universitaires de France.

Fremont, A. (1974). Recherches sur l'espace vécu. *L'Espace géographique*, *3* (3), 231-238.

Gado, B. A. (1993). *Une histoire des famines au Sahel : étude des grandes crises alimentaires (XIXe-XXe siècles)*. L'Harmattan.

Gallais, J. (1967). *Le delta intérieur du Niger, étude de géographie régionale* (2 t.). IFAN.

Groupement Manantali (ingénieurs-conseils). (1978). *Étude d'exécution du barrage et de l'usine hydroélectrique de Manantali : rapport final*.

Hassane, A., Kuper, M. et Orange, D. (2000). Influence des aménagements hydrauliques et hydroagricoles du Niger supérieur sur l'onde de la crue du delta intérieur du Niger au Mali. *Sud-Sciences et Technologies*, *5*, 16-31.

Institut des sciences humaines (ISH). (1985). *Étude archéologique de la zone de retenue du lac de Manantali*.

Koenig, D. et Diarra, T. (1998). Les enjeux de la politique locale dans la réinstallation : stratégies foncières des populations réinstallées et hôtes dans la zone du barrage de Manantali. Dans V. Lassailly-Jacob (dir.), *Communautés déracinées dans les pays du sud* (p. 28-44). IRD Éditions.

Luginbühl, Y. (2012). *La mise en scène du monde : construction du paysage européen*. CNRS.

Magrin, G. et Seck, S. M. (2009). La pêche continentale en sursis ? *Géocarrefour*, *84* (1-2), 55-64.

Maïga, M. (1995) *Le bassin du fleuve Sénégal : de la traite négrière au développement sous-régional autocentré*. L'Harmattan.

Marková, I. (2007). *Dialogicité et représentations sociales*. Presses universitaires de France.

Milet, É. (2007) *Mali*. Éditions Olizane.

Moliner, P. (1996). *Images et représentations sociales : de la théorie des représentations à l'étude des images sociales*. Presses universitaires de Grenoble.

Moliner, P., Lorenzi-Cioldi, F. et Vinet, É. (2009) Utilité sociale des représentations intergroupes de sexe : domination masculine, contexte professionnel et discrimination positive. *Les cahiers internationaux de psychologie sociale*, *83* (3), 25-44.

Moliner, P. et Guimelli, C. (2015). *Les représentations sociales : fondements historiques et développements récents*. Presses universitaires de Grenoble.

Moscovici, S. (1961). *La psychanalyse : son image et son public*. Presses universitaires de France.

Ndiaye, E. H. M. (2003). Le fleuve Sénégal et les barrages de l'OMVS : quels enseignements pour la mise en œuvre du NEPAD ? *Vertigo*, *4* (3).

Niasse, M., Afouda, A. et Amani, A. (2004). *Réduire la vulnérabilité de l'Afrique de l'Ouest aux impacts du climat sur les ressources en eau, les zones humides et la désertification : éléments de stratégie régionale de préparation et d'adaptation*. IUCN.

Organisation pour la mise en valeur du fleuve Sénégal (OMVS). (1977a). *Évaluations des effets sur l'environnement d'aménagements prévus dans le bassin du fleuve Sénégal : rapport partiel sur la climatologie*.

Organisation pour la mise en valeur du fleuve Sénégal (OMVS). (1977 b). *Le barrage de Manantali : note technique de présentation*.

Parent, G., Ouédraogo A., Zagré, N. M., Compaoré, I., Kambiré, R. et Poda, J.-N. (1997). Grands barrages, santé et nutrition en Afrique : au-delà de la polémique… *Santé : Cahiers d'études et de recherches francophones*, *7* (6), 417-422.

Remini, W. et Remini, B. (2003). La sédimentation dans les barrages de l'Afrique du Nord. *Larhyss Journal*, *2*, 45-54.

Rochette, C. (1974). *Le bassin du fleuve Sénégal*. IRD Éditions.

Rosemberg, M. (2003). Contribution à une réflexion géographique sur les représentations et l'espace. *Géocarrefour*, *78* (1), 71-77.

Rossi, G. (1996). L'impact des barrages de la vallée du Mono (Togo-Benin) : la gestion de l'incertitude. *Géomorphologie : relief, processus, environnement*, *2* (2), 55-68.

Sambou, S., Diémé, Y., Touré, A. K., Badji, A. M. et Malanda-Nimy, E. N. (2009). Effet du barrage de Manantali sur les modifications du régime hydrologique du fleuve Sénégal dans le bassin amont : une approche statistique. *Science et changements planétaires/sécheresse*, *20* (1), 104-11.

Semin, G. R. (2003). Prototypes et représentations sociales. Dans D. Jodelet (dir.), *Les représentations sociales* (p. 259-271). Presses universitaires de France.

Service Santé, Sécurité, Environnement (SSSE). (2013). *Troisième rapport d'activités limnologiques du troisième trimestre*.

Severino, J.-M. (dir.). (2008). *Évaluation ex post conjointe : le barrage de Manantali – Rapport de synthèse*. Banque allemande de développement (KfW), Banque européenne d'investissement (BEI) et Agence française de développement (AFD).

Tondo, B. L. et Commission internationale du bassin Congo-Oubangui-Sangha (CICOS). (2007). *Compte rendu du voyage d'études sur le développement d'infrastructures hydrauliques à l'Organisation de la mise en valeur du fleuve Sénégal (OMVS)*.

Venot, J.-P. et Cecchi, P. (2011). Valeurs d'usage ou performances techniques : comment apprécier le rôle des petits barrages en Afrique subsaharienne ? *Cahiers Agricultures*, *20* (1-2), 112-117.

TABLE DES MATIÈRES

REMERCIEMENTS 7

SIGLES 9

PREMIÈRE PARTIE : LES ENJEUX DE L'EXPLOITATION DU FLEUVE SÉNÉGAL PAR L'OMVS : L'IMPLANTATION DU BARRAGE DE MANANTALI 11

CHAPITRE 1 : QUELS ENJEUX DE L'IMPLANTATION DU BARRAGE DE MANANTALI SUR LE FLEUVE SÉNÉGAL ? 13

Héritage commun : l'histoire politique et du peuplement 15

L'OMVS ou l'aboutissement de nombreux projets d'aménagement 17

Fonctionnement et objectifs de l'OMVS 18

Un modèle spécifique de fonctionnement 20

Barrage de Manantali : de la conception à l'exploitation 24

Les phases de construction du barrage 25

La zone du Bafing avant et pendant la construction du barrage 27

La composition socio-spatiale avant les déplacements 28

La phase de construction du barrage : une rupture 29

Les conditions de déplacement et de réinstallation des habitants... 29

Construction des villages : un projet trop ambitieux et mal organisé 31

La production et la distribution de l'énergie aux États membres de l'OMVS 33

Résumé du chapitre 1 35

CHAPITRE 2 : LE PROBLÈME DU BARRAGE DE MANANTALI 37

Création d'un lac de retenue en amont du barrage 37

Variation de la retenue d'eau et du Bafing en aval 40

La superficie et le volume d'eau 40

La cote du lac 41

La dynamique des précipitations essentielles pour le stockage de l'eau 42

Une tendance générale à la baisse 42

L'influence du barrage sur les débits des stations hydrométriques 45

Stations situées en amont 45
Stations situées sur les cours d'eau régularisés 45
Sur la station de Bakel 47
La qualité de l'eau 48
Du lac 48
Du Bafing en aval 53
Effets du changement des conditions physiques sur la dynamique des poissons 58
Le bouleversement de la population de poissons 59
Dans les eaux du Bafing, du Bakoye et du fleuve Sénégal 61
Résumé du chapitre 2 63
CHAPITRE 3 : COMMENT COMPRENDRE LES REPRÉSENTATIONS SOCIALES DU BARRAGE ? 65
Représentations sociales : une forme de connaissances 65
Les quatre approches de la théorie des représentations 68
Géographie des représentations 70
Opérationnalisation des hypothèses et présentation des variables étudiées 74
Résumé du chapitre 3 75
Première partie résumée 76
DEUXIÈME PARTIE : LA PERTURBATION PROFONDE DES CONDITIONS SOCIO-SPATIALES 77
CHAPITRE 4 : LA RECOMPOSITION SOCIALE DE L'ESPACE 79
Dynamique générale de la population de Kayes et de la zone riveraine du barrage 79
Dynamique de la population dans les campements et les villages aux environs du barrage 81
Dans les campements 81
Dans les villages en aval 83
Villages environnants : une histoire perturbée 84
Les anciens villages : Manantali, Diakhaba et Kondonia 84
Les villages déplacés : Bamafélé, Diokéli, Sollo, Maréna et Goumbalan 86
Composition ethnique à dominante malinkée et bozo 88
Des régions du Mali et de l'international 92

L'appartenance à une association ou stratégie de lutte contre les impacts du barrage 96
Un bouleversement profond du territoire local 102
Type d'habitat dans les campements et les villages 103
Mécanismes d'accès au foncier rural 106
Occupation de l'espace : le cas du centre rural de Manantali 110
Règles en vigueur : permis de construire et limites 114
Résumé du chapitre 4 117
CHAPITRE 5 : DES INÉGALITÉS D'ACCÈS AUX SERVICES AGGRAVÉES PAR LE BARRAGE 119
Accroissement des inégalités d'accès aux services de base 119
De l'électricité pour les grandes villes et les pays voisins 119
Des inégalités d'accès à l'eau 123
L'absence de réseau d'eau potable dans les campements 125
Une politique de gestion des eaux usées presque inexistante 129
Les maladies hydriques causées par l'implantation du barrage 131
Types de maladies et leurs impacts sur la santé 131
Causes d'aggravation des maladies et importance de Manantali dans l'offre de services de soins 136
L'histoire et le fonctionnement de l'hôpital de Manantali aval 139
Des prix de soins variables dans les CESCOM des chefs-lieux ... 141
Les limites des services de soins et les solutions proposées 142
Multitude des secteurs d'activités économiques 145
De l'agriculture aux nouveaux métiers 145
Sources de complément des revenus familiaux 149
Résumé du chapitre 5 151
Deuxième partie résumée 152
TROISIÈME PARTIE : LA RÉORGANISATION DES ACTIVITÉS ÉCONOMIQUES ET L'ANALYSE DES FORMES DES REPRÉSENTATIONS SOCIALES 153
CHAPITRE 6 : L'AGRICULTURE, L'ÉLEVAGE ET LA PÊCHE 155
L'agriculture : nouvelle organisation dans la pratique 156
Agriculture pluviale : enjeux dans les villages déplacés 157
Des solutions problématiques 159
Agriculture pluviale : les mêmes enjeux dans les anciens villages 160

Agriculture par irrigation : mesures d'accompagnement pour les périmètres irrigués par l'ADRS 162
L'histoire de l'ADRS 162
L'aire d'intervention de l'ADRS et la gestion du périmètre B . 164
Les échecs de la mission de l'ADRS selon les gestionnaires ... 167
Le contexte socioculturel : un frein aux politiques d'exploitation des périmètres irrigués 167
Les nouvelles mesures prises par l'ADRS 170
Le manque de collaboration avec les habitants à l'origine de l'échec 173
Des habitants résignés qui proposent des solutions 176
Rôle de la Direction régionale de l'agriculture 178
L'élevage : son développement dans la zone du barrage 183
Conflits entre éleveurs et agriculteurs à Manantali 183
Quelques solutions aux problèmes des éleveurs 186
Enjeux des éleveurs à l'échelle régionale 187
L'exportation du bétail de la région vers les pays voisins du Mali 188
La pêche : première activité économique en amont proche 189
Le nombre de pêcheurs en amont 190
Une pêche professionnelle émergente 193
Les techniques et les outils de pêche à Manantali 194
Résumé du chapitre 6 204
CHAPITRE 7 : LA ZONE DE CHALANDISE DES VENTES DES PRODUCTIONS LOCALES 205
Quantité importante de poissons du lac 205
Des milliers de kilogrammes de poissons 205
Commercialisation des poissons et des produits agricoles 208
Zone de chalandise des ventes des productions locales 210
À l'échelle locale : une priorité au village de Manantali 210
Les marchés des villes : lieux de commercialisation des produits de la zone riveraine 211
Une place importante des denrées dans les importations 213
Variété des circuits de commerce des poissons du lac 214
Une grande irrégularité des prix 216
Variation au grand marché de Mahina 216

De Manantali à la ville : un circuit qui crée des emplois............. 219
Le métier de courrier : entre ventes de poissons et importations . 220
Résumé du chapitre 7.. 225
CHAPITRE 8 : LES FORMES DE REPRÉSENTATIONS SOCIALES DES IMPACTS ET LES ATTENTES 227
Postures sur les impacts néfastes : différentes, voire conflictuelles... 227
Des acteurs observateurs 228
Un jargon d'experts à l'opposé des réalités vécues..................... 229
Des explications sans critiques 229
Villages et campements : des positions différentes..................... 231
Postures sur les impacts positifs : de Bamako aux campements, des similarités malgré la distance... 235
Effets positifs plus défendus aux échelles régionale et nationale. 237
Des conceptions opposées entre les autochtones et les étrangers. 240
L'accès à l'éducation et la fréquentation des écoles.................... 240
L'école pour qui ? 240
L'école n'est pas une nécessité au sein des campements.......... 242
Le rôle majeur des écoles et des lycées de Manantali dans la zone 243
L'abandon des écoles au profit des zones minières 245
Sur les routes du barrage 246
Manantali, une voie d'ouverture vers Bamako 248
Un risque d'abandon du train.. 250
Attitudes face aux gestionnaires du barrage et attentes exprimées.. 252
Le poids des avantages favorise une appropriation du barrage 252
Dons de matériel de pêche et de navigation.............................. 252
Financement d'événements religieux à Diakhaba 254
Dons de médicaments et de moustiquaires 254
Aménagement des périmètres irrigués...................................... 254
Les mesures d'accompagnement et le mode de vie particulier à l'échelle rurale 254
Appropriation ou rejet : quel sentiment ?.................................. 255
Les attentes sont-elles le reflet des représentations sociales des impacts ?... 259

Les résultats de l'AFC sur les attentes des acteurs 259
Les attentes des responsables des structures 260
Les attentes des villages, des campements et des associations . 261
Les attentes des pêcheurs 261
Les attentes des agriculteurs 261
Le forum du barrage : un moyen de réduire les frustrations......... 262
Acteurs régionaux : une soif de prendre part aux projets visant le barrage 263
Vivre à l'ombre du barrage : quelle lecture spatiale des types de besoins des habitants ? 265
Résumé du chapitre 8.. 269
Troisième partie résumée 271
LISTE DES CARTES 273
LISTE DES FIGURES... 274
LISTE DES PHOTOS.. 275
LISTE DES TABLEAUX 276
RÉFÉRENCES BIBLIOGRAPHIQUES 278

Structures éditoriales du groupe L'Harmattan

L'Harmattan Italie
Via degli Artisti, 15
10124 Torino
harmattan.italia@gmail.com

L'Harmattan Hongrie
Kossuth l. u. 14-16.
1053 Budapest
harmattan@harmattan.hu

L'Harmattan Sénégal
10 VDN SICAP AMITIE 3
BP 45034 Dakar-Fann
direction@senharmattan.com

L'Harmattan Cameroun
Tsinga/Derrière polyclinique FECAFOOT
BP 11486 Yaoundé
Jacques.koukam@harmattan.fr

L'Harmattan Burkina Faso
Villa 281, secteur 23 623, rue 14.32
Ouagadougou
zagbie@outlook.fr

L'Harmattan Guinée
Almamya, rue KA 028 OKB Agency
BP 3470 Conakry
harmattanguinee@yahoo.fr

L'Harmattan RDC
185, avenue Nyangwe
Commune de Lingwala – Kinshasa
matangilamusadila@yahoo.fr

L'Harmattan Congo
219, avenue Nelson Mandela
BP 2874 Brazzaville
deunovmikhael@gmail.com

L'Harmattan Mali
Immeuble Mgr Jean Marie Cissé
Aci Hamadallaye
BP 145 Bamako
syllaka@yahoo.fr

L'Harmattan Togo
Djidjole – Maison Amela
face EPP BATOME
02 BP 20680 Lomé
didieramela11@gmail.com

L'Harmattan Côte d'Ivoire
Résidence Karl – Cité des Arts
Abidjan-Cocody
03 BP 1588 Abidjan
harmattan.ivoire@gmail.com

L'Harmattan Bénin
Rue 604, (Immeuble à l'entrée
de la rue UCAO- Cite de Saint-Jean)
Cotonou
stepcorpus@gmail.com

Nos librairies en France

Librairie internationale
16, rue des Écoles
75005 Paris
librairie.internationale@harmattan.fr
01 40 46 79 11
www.librairieharmattan.com

Librairie des savoirs
21, rue des Écoles
75005 Paris
librairie.sh@harmattan.fr
01 46 34 13 71
www.librairieharmattansh.com

www.ingramcontent.com/pod-product-compliance
Lightning Source LLC
LaVergne TN
LVHW011259061026
849535LV00005B/1309